21世纪高等学校
经济管理类规划教材
高校系列

CHANNEL MANAGEMENT

渠道管理

✚ 尹元元 主编
✚ 孔繁正 赵胤淳 副主编

ECONOMICS AND MANAGEMENT

人民邮电出版社
北京

图书在版编目（CIP）数据

渠道管理 / 尹元元主编. -- 北京 : 人民邮电出版社, 2013.9(2017.1重印)
21世纪高等学校经济管理类规划教材
ISBN 978-7-115-32218-0

Ⅰ. ①渠… Ⅱ. ①尹… Ⅲ. ①企业管理—销售管理—高等学校—教材 Ⅳ. ①F274

中国版本图书馆CIP数据核字(2013)第175957号

内 容 提 要

本书内容分为 4 篇，即分销渠道概念、分销渠道设计、分销渠道管理和分销渠道控制。其中，分销渠道概念篇介绍了分销渠道的基本概念以及渠道战略，分销渠道设计篇介绍了分销渠道的结构、设计、模式三个方面的内容，分销渠道管理篇包括渠道成员管理、冲突管理和激励管理，分销渠道控制篇包括渠道控制和渠道绩效评估。

本书内容完整，案例丰富，适合普通高等院校经济管理类学生作为教材使用，也可供市场营销一线的精英以及对渠道管理感兴趣的其他人员参考阅读。

◆ 主　　编　尹元元
副 主 编　孔繁正　赵胤淳
责任编辑　武恩玉
责任印制　彭志环　焦志炜

◆ 人民邮电出版社出版发行　　北京市丰台区成寿寺路 11 号
邮编 100164　　电子邮件 315@ptpress.com.cn
网址 http://www.ptpress.com.cn
北京艺辉印刷有限公司印刷

◆ 开本：787×1092 1/16
印张：14　　2013年9月第1版
字数：349千字　　2017年1月北京第5次印刷

定价：32.00 元

读者服务热线：(010)81055256 印装质量热线：(010)81055316
反盗版热线：(010)81055315

前 言 Forward

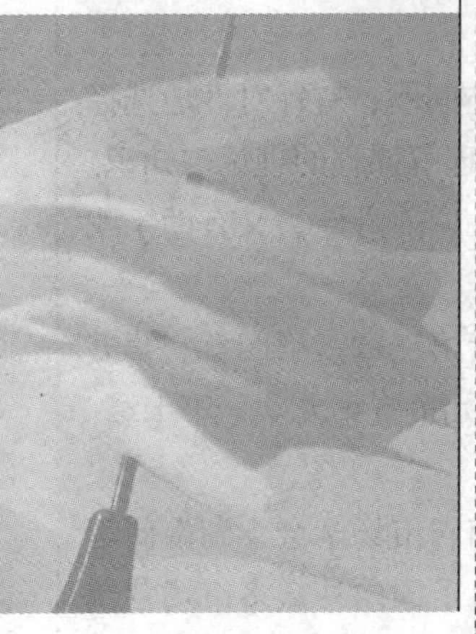

在激烈竞争的市场环境下，企业越来越认识和理解“终端制胜”“渠道为王”的含义。传统的“4P”营销策略中的渠道策略，对产品销售至关重要。对于新产品来说，好的渠道设计意味着符合市场需求的销售通路，直接影响产品能否顺利达到消费者手中，关乎市场问题；对于已有的产品来说，和谐的渠道管理和控制是产品销售的重要保证，同时也是企业市场竞争力的直接体现，关乎可持续发展问题。为此，设计科学的渠道网络以及建立完善的渠道管理和控制体系，对于现代企业来说，不仅是市场营销中的重要问题，更是企业战略性发展的关键决策。

在实际的营销活动中，企业在渠道策略上主要面临两大选择：直接销售或者经销商分销，两者之间各有优缺点，往往让企业难以决策。尤其在分销体系中，企业非常关注品牌的销售，但并不在意产品是从哪个渠道体系中销售的；而分销商却非常关注消费者是否从自己的渠道中购买商品，在利润额相同的情况下，分销商并不在意卖了谁的产品，为此，生产企业与分销商经常会产生各种矛盾（Floor and Schraders，1983）。这也是近年来生产企业实施渠道“扁平化”的重要动因之一。此外，随着网络时代的到来，现实渠道体系不断地受到虚拟渠道体系的冲击和影响，给企业的选择带来了更多的复杂性和艰巨性。

在市场营销学中，渠道策略并非是一个单独的组成部分，与产品、品牌、价格、促销等密切相关。为了让营销决策者充分认识到渠道管理的意义与价值，并充分认识渠道设计、渠道管理以及渠道控制等的方法和原理，“渠道管理”在本科生教育以及高职教育、研究生教育过程中成为核心骨干课程之一。但是受多种因素的制约和影响，相关的教材相当缺乏。为此，这次由我国著名营销学者中国人民大学郭国庆教授担任总编，由人民邮电出版社负责出版的市场营销专业系列教材，将此列入其中，特别有意义。此书由湖南市场学会副秘书长、湖南商学院市场营销系尹元元副教授牵头，联合各个高校该领域的学者共同编著，以满足高校经济管理类等专业的本科学生，以及高职学生、研究生培养或企事业单位等相关领域的人员的学习需要。

本书的主要特点如下。

1. 内容的完整性。本书综合了国内外众多学者对渠道管理问题的研究成果，不仅延续了渠道管理的相关概念与理论，而且继承了市场营销管理理论对渠道管理的认知与探讨。全书以管理学的基本逻辑关系为起点并结合营销理论进行分析，将全书分为“分销渠道概念”“分销渠道设计”“分销渠道管理”“分销渠道控制”4篇共10章；同时，也可以从新产品的渠道设计以及现有渠道的管理和控制这个视角来看待全书的结构，以使读者能够从实际操作的角度全面掌握渠道管理的基本理论、方法和技巧。

2. 案例的丰富性。在理论阐述的基础上，本书结合每章论述的具体问题，有针对性地选择相关案例作为补充，既体现了理论的应用性，又有利于学习者更深刻地理解课程的理论与知识。大部分案例是我国当前知名企业的成功经验或典型事例，既具有时代性、前沿性，又有助于我们进一步认知我国企业发展的现状及特点。

本书各章撰写人员如下：尹元元负责第一章、第二章；孔繁正负责第三章、第四章、第五章；王苏凤负责第六章；赵胤淳负责第七章；胡张勇负责第八章；尹元元负责第九章、第十章。全书由尹元元主编、总纂、定稿、修改。

本书在编写过程中，得到了中国人民大学、人民邮电出版社、湖南省市场学会、湖南商学院等有关领导和国内学术界营销专家、教授的关心和支持，并广泛借鉴了国内外众多市场营销学专家、教授的最前沿的学术成果、一批专家学者已出版的同类教材的相关内容，以及企业界最新的渠道管理实际经验，在此一并表示衷心的感谢！由于作者水平有限，书中难免存在不足和错误，恳请广大读者斧正！

编者

2013年5月27日

Contents

目录

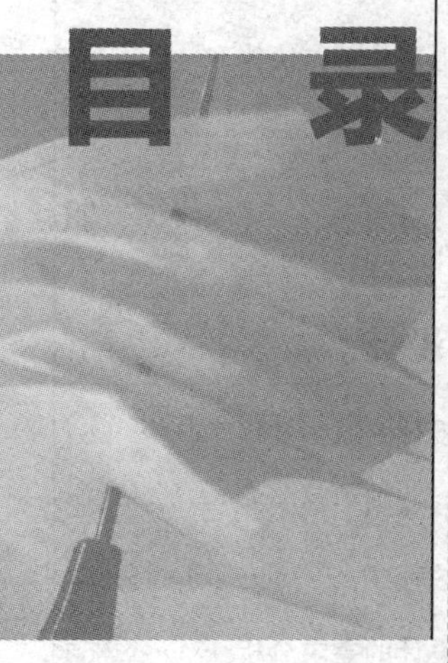

第一篇　分销渠道概念

第二篇 分销渠道设计

第三篇 分销渠道管理

第一篇
分销渠道概念

第二篇
分销渠道设计

第三篇
分销渠道管理

第四篇
分销渠道控制

第一章 分销渠道的基本概念

【学习目标】

分销渠道作为生产企业产品销售的通路，是“4P”营销策略中的重要内容之一。因此，了解和熟悉分销渠道的概念，深入理解分销渠道在市场营销活动的功能和地位，有助于科学地应用分销渠道策略，从而帮助企业提高销售量，实现营销目标。

通过本章的学习掌握以下知识：

- 了解分销渠道的概念；
- 了解分销渠道的功能；
- 理解分销渠道的管理；
- 掌握分销渠道管理的影响因素。

【能力目标】

- 能分析不同类型分销渠道的功能；
- 能分析具体企业面临的分销渠道管理环境。

【知识导图】

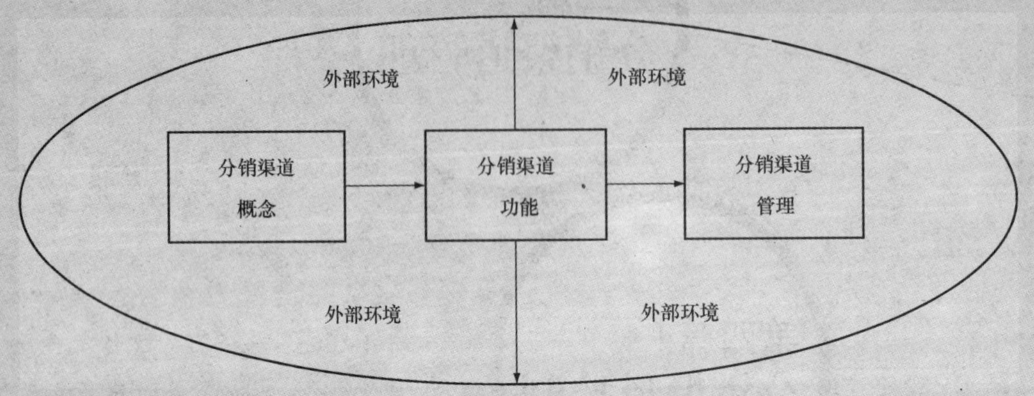

【引导案例】

诺基亚与中国经销商的是非纷争

诺基亚在中国的渠道有全国代理商（ND）、省级直控分销商（FD）、省级运营商直控平台（ODEP）、指定二级代理商（WKA）、直供零售商和诺基亚专卖店（NS）等几种模式。长期以来，诺基亚与经销商是手机产业链上“和谐生态”的最好样板。但是自 2010 年开始，诺基亚与中国经销商在市场上不断爆发各种矛盾，先是因窜货案而对簿公堂，后是部分经销商公开声讨。至 2012 年 6 月，发展到经销商齐聚长沙声讨诺基亚以及诺基亚发表声明，双方冲突不断升级，尽管最后结局不得而知，但是没有一方是胜利者。透过现象看本质，诺基亚与中国经销商的矛盾，实质上是利益之争。近年来，中国的手机市场竞争越来越激烈，不管是国外知名品牌，还是在夹缝中生存的国产品牌，都将面临日趋饱和的消费者市场以及相对成熟的技术条件，如果没有苹果公司的技术创新能力，那就只能从价格上寻找竞争力，自然就引发了渠道的调整和波动。从战略层面来看，处于渠道体系中的生产企业和分销商是唇亡齿寒的关系，尽管有着各种利益的博弈，但是总体目标是一致的。因此，科学地设计渠道体系，并建立完善的管理和控制体系，对于生产企业来说，具有重要的意义。

（资料来源：根据网上素材整理形成）

第一节 分销渠道的概念及功能

在实际的经营活动中，生产企业主要采取两种方式分销产品：一种是生产企业直接将产品销售给目标顾客;另一种就是生产企业借助于一系列的中间商将产品转售给最终用户或消费者。商品在流通领域内的转移包括两部分：一是由商品交易活动完成的商品所有权转移过程；二是由存储、运输等活动完成的商品实体转移过程。生产企业通过借助分销渠道的这些功能，才能将商品顺利地送达到消费者手中，商品的交易才得以实现。因此，了解分销渠道的概念及特点，理解分销渠道成员的角色和作用，深入探讨它们是如何分工、合作的，以及掌握影响它们决策的环境因素是十分必要的。

一、分销渠道的概念、特点与演变

关于渠道的定义，学术界的理解和界定各不相同。美国营销协会（AMA）认为，分销渠道是指企业内部和外部代理商和经销商（批发和零售）的组织机构，通过这些组织机构，产品才得以上市销售。菲利普·科特勒认为，分销渠道是指某种货物或服务从生产者向消费者移动时取得这种货物或服务的所有权或帮助转移其所有权的所有企业和个人。因此，分销渠道主要包括中间商（取得所有权）和代理中间商（帮助转移所有权）。此外，它还包括作为销售渠道的起点和终点的生产者和消费者。但是，它不包括供应商、辅助商等。

著名的市场营销学家斯特恩（Stern L.W.）对分销渠道所下的定义是：“分销渠道是促使产品或服务顺利流通到消费者手中，被消费或使用的一整套相互依存的组织。”

美国学者迈克尔·R.辛科塔（Michael R. Czinkota）、彼德·R.迪克森（Peter R. Dkkson）、帕翠克·邓恩（Patrkk Dunne）、伯特·罗森布罗姆（Bert Rosenbloom）等在其合著的《营销学：最佳实践》中是这样定义分销渠道的：“分销渠道是由为消费者和商业用户创造时间、地点和所有权效用的机构所构成的网络。”该书指出：“分销渠道的任务是将产品送到消费者手中，在此过程中，它所采取的形式或方式就是通常所说的渠道结构。诸如运输公司、仓储公司、保险公司之类的公司叫做协助机构，因为它们不涉及购买、销售和转移商品的所有权，所以，它们不被看做渠道结构的一部分。”

罗森布罗姆在其《营销渠道管理》中指出：“分销渠道的概念容易混淆，有时被认为是商品从生产企业到消费者或其他最终用户的通路，有时是通过各种不同代理商品的名称来定义的，还有其他以贸易为目的而联合在一起的松散企业联盟构成的分销渠道。”他采用分销渠道管理决策的观点，即从生产企业的管理决策角度来观察问题，进一步将分销渠道定义为："与公司外部关联的、达到公司分销目的的经营组织。"

菲利普·科特勒在《市场营销管理》一书中采用了斯特恩和艾斯利（Ansary，A.I.）对分销渠道所下的定义，指出："大多数生产商都要和营销中介机构打交道，以便将其产品提供给市场，营销中介机构组成了分销渠道（也称贸易渠道或营销渠道），分销渠道是促使产品或服务顺利地被使用或消费的一整套相互依存的组织。"

美国学者斯特恩、艾斯利、科兰等在《市场营销渠道》一书中指出："营销渠道可以看成一系列相互独立的组织机构，它主要从事为最终的消费或使用提供产品或服务的活动……营销渠道不仅以适当的地点、价格、数量和质量来提供商品和服务以满足人们的需求，而且能通过有关单位（如零售商、批发商、企业销售部、办事处）的促销活动刺激需求。因此，我们应当把营销渠道看成是一个和谐的网络系统，它通过提供时间、地点、销售形式、产品和服务为最终用户创造价值。"

美国学者佩尔顿（Pelton L.E.）在《营销渠道：一种关系管理方法》中将营销渠道定义为："在获得、消费、处置产品和服务过程中，为了创造顾客价值而建立的各种交换关系。"这个定义隐含交换关系是作为一种服务于市场需要的方式，是因市场需要而产生的。在进入市场之前，渠道成员必须做好充分准备，才能满足不断变化的市场需要和欲望。

我国学者李飞在其《分销渠道设计与管理》一书中，对于分销渠道、营销渠道、流通渠道的范畴进行了界定："分销渠道是指商品所有权从生产者或商人手中转移至消费者手中所经过的路径。营销渠道是指采购原材料和销售成品引起所有权转移所经过的路径。分销渠道是营销渠道的重要组成部分，仅指销售渠道，而营销渠道既包括销售渠道，也包括采购渠道。"他进一步指出："商品流通渠道与分销渠道、营销渠道没有本质上的差别，只是所属学科和分析问题的角度略有差异。"学者常永胜在其《营销渠道：理论与实务》一书中，从生产企业的视角出发，将营销渠道定义为：存在于企业外部的、促使产品或服务顺利地经由市场交换过程转移给消费者使用或消费的一整套相互依存的组织。学者李先国在其《分销渠道管理》一书中，将分销渠道定义为产品从生产者转移向消费者或用户所经过的、由企业和个人连接而成的通道。分销渠道的起点是生产者，终点是消费者或用户，中间环节为中间商，包括批发商、零售商、代理商和经纪人。他们都成为分销渠道的成员，共同构筑起分销渠道。

市场营销渠道和分销渠道常被人们混为一谈，其实是两个不同的概念，应加以区别。科特勒曾经指出："市场营销渠道是指那些组合起来生产、分销和消费某一生产者的某些货物或服务的所有企业和个人。"这就是说，市场营销渠道包括某种产品的供产销过程中所有的企业和个人，如资源供应商、生产者、商人中间商、代理中间商、辅助商（包括运输企业、公共货栈、广告代理商、市场调研机构等）以及最后的消费者或用户等。

根据市场营销渠道和分销渠道的定义可以明了，第一，二者涉及的范围不同，市场营销渠道比分销渠道广，前者包括原材料或零部件供应商和辅助商，而后者却不包括；第二，二者的起点不同，前者的起点是供应商，而后者则是制造商。

（一）分销渠道的特点

1. 分销渠道能为公司带来更持久的优势

作为营销组合中的一个，渠道越来越显示出比其他 3 个要素（产品、价格、促销）更能为公司带来持久的竞争优势（见图 1-1）。

技术越来越成熟，而且全球竞争也使得技术转移和共享更具有可能性，因此任何依赖于产品的差异化而获取的优势已经变得极其难以维持了。全球经济中通过价格战略维持竞争优势甚至比通过产品战略获取的灵活性更少。越来越多的企业有能力运营全世界的生产设施，在不同的产品领域参与残酷的价格竞争，结果是一个公司侧重于比竞争对手更低的成本战略是不可能持久的。想通过促销获取持久竞争优势也是不可靠的。广告和其他每日向消费者传达的促销信息数以亿计，严重地削弱了促销信息到达和影响消费者的能力。所以，面对密集的促销信息，通过促销维持持久的竞争优势已经变得不可靠。

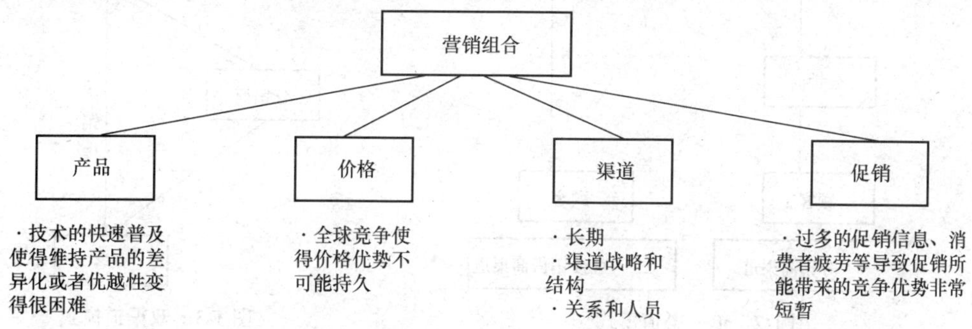

图 1-1　渠道在营销组合中脱颖而出

渠道则能形成竞争对手难以在短时间内模仿的竞争优势。首先，渠道的构建是长期的系统工程；其次，渠道通常要求有一个包括组织和人员的实施机构，这些都是短时间内很难获得的；最后，渠道是一群在不同组织中共同发挥作用的人来具体执行的，因此渠道关系是不容易树立和维持的。以上特征决定了渠道能够为公司带来持久的竞争优势，也是越来越多的公司越来越重视分销渠道的原因所在。

2. 分销渠道的起点是生产者，终点是消费者

分销渠道的这一特征具有非常重要的意义，它实际上指出了谁是渠道运作的发力者与受力者，即厂家和消费者是分销渠道的基本服务对象。很明显，分销渠道的基本功能是帮助生产者把产品卖出去，让消费者想买就买得到。若将渠道理解为仅仅是中间商活动的舞台，那就本末倒置了。

3. 分销渠道引发转移商品所有权的行为

伴随着商品实体从生产者手中转移至消费者手中，商品所有权也从生产者手中转移至消费者手中，尽管在转移过程中，实体与所有权可能发生分离，但方向与终点是一致的。

在直接销售渠道，即零层分销渠道的情况下，商品从生产者手中直达消费者手中，仅转移一次所有权。在非直接销售渠道，即一层或多层分销渠道的情况下，商品从生产者手中，经过中间商，再到达消费者手中，需多次转移商品所有权。

当然，生产者通过代理商销售商品，与代理商之间、代理商与消费者之间不发生所有权转移，因为代理商对商品没有所有权，只是代买代卖，帮助生产者转移商品所有权。

4. 中间商的介入往往是必不可少的

尽管生产者可以直接与消费者进行沟通，实现零渠道运作，但对于绝大多数生产者来讲，中间环节的介入是产品分销成功所不可缺少的。这些中间环节主要包括批发商、零售商、代理商和中介服务机构等。

（二）分销渠道的演变

分销渠道不是一成不变的，其含义也是发展变化的。随着时间的推移和环境的变化，分销渠道经历了 3 个阶段的演变。

1. 单一渠道

20 世纪 60 年代以前，大部分的公司处于大量市场分销阶段，采用单一销售渠道（直接销售渠道或分销商网络）来覆盖目标顾客（见图 1-2）。在这个阶段，竞争相对还不那么激烈，主要集中于产品和价格上的竞争，这也是由当时的社会生产力和科技水平决定的。

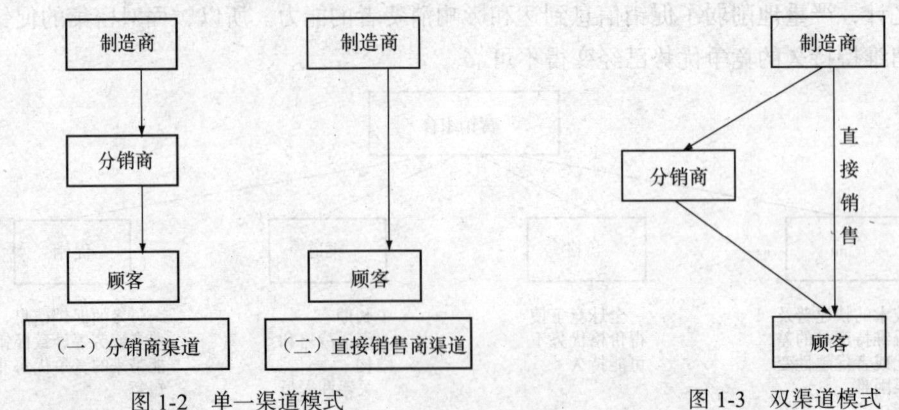

图 1-2　单一渠道模式

图 1-3　双渠道模式

2. 双渠道

20 世纪 60 年代后期至 80 年代初期，直接销售和分销商网络常常被结合起来使用，以争取覆盖更大的市场，并且部分公司采用直接营销策略以更有效地到达目标顾客（见图 1-3）。随着技术的发展，产品和价格上的竞争优势被削弱了，制造商将重心转移到渠道和促销工作上。

3. 多渠道

20 世纪 80 年代后期，伴随计算机技术和网络的使用，越来越多的公司采取多渠道模式（见图 1-4）。多渠道的整合可以利用传统的、联合的和非常规的资源分配计划来全面服务于顾客的需要。多渠道模式不仅方便了消费者选购商品，更重要的是不同的渠道迎合了不同消费者的需求：百货店能够提供许多增值服务，网上销售能够节约消费者的购物时间，便利店能够为消费者提供便利的营业时间和地点等。

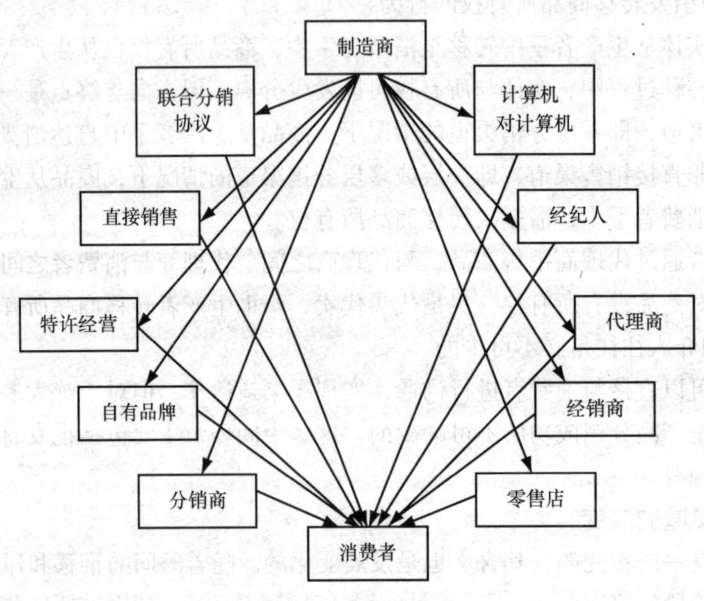

图 1-4　多渠道模式

从分销渠道的演变历程可以看出，生产企业（制造商）对渠道是越来越重视，渠道对于企业来说也越来越显示出重要的作用和地位。

二、分销渠道的功能

分销渠道的功能可以从社会、企业和消费者 3 个方面进行分析：从社会角度来看，分销渠道是社会分工的一种模式，有利于提高经济效率；从企业角度来看，分销渠道是企业实现产品销售的重要载体，更是企业连接市场的桥梁；从消费者角度来看，分销渠道是消费者购买商品的途径和地点，是满足消费需求的一种方式。具体来说，分销渠道的功能体现在以下几个方面。

（一）分销渠道的企业功能

概括地看，分销渠道对于企业主要有 3 种功能：便利搜寻，调节品种与数量差异，提供服务。

1. 便利搜寻

由于生产方和消费方各自存在不确定性——生产方不知道怎样接触到最终用户，消费方则不知道在哪里找到自己所需要的产品。中间机构的存在就为两者搭起了一座桥梁，通过减少消费者的搜寻成本，实际上提高了顾客的让渡价值。

2. 调节产销

分销活动要服从市场营销战略的安排，同时要为提高市场营销效率发挥应有的作用。分销在市场营销中承担创造条件或通道来消除所有权归属差异、空间差异、时间差异及信息沟通差异的任务。

（1）建立商品销售的渠道，消除所有权归属差异。分销的核心就是要把商品销售给需要它的消费者，商品销售的本质就是所有权交换，让需要商品的消费者或最终用户能够及时从生产商处获得商品，并有效地消费、使用，从而创造所有权效用。分销管理还包括所有权转让形式的创新，如多环节连续销售的通道，代销、经销、地域销售独占、融资促销等多种销售形式。

（2）在消费者面前组织销售，消除空间差异。在市场营销组合的英文表述中，与分销对应的营销功能要素是“Place”即地点，其含义就是要到消费者需要的地点销售商品，让顾客能够零距离地购买和最便利地使用，创造空间效用。分销职能偏重分销渠道的创立和维护，就是为了适应消费者需要的时间和地点高度分散的状况，建立起一个能够面对面地对每一个消费者销售商品的分销网络，而不论消费者是近在咫尺还是远在天涯海角。

（3）建立和组织物流体系，消除时间差异。商品销售只有在消费者需要的地点和需要的时间进行才能创造应有的价值。为减少顾客需要时商品供应的短缺和顾客不需要时商品的积压，分销职能还包括建立和管理物流体系的功能，重视物流管理，追求合理的库存、快速的运输以及灵敏的需求响应。

（4）建立信息沟通渠道和促销渠道，消除信息沟通的差异。“生产商有商品要销售”的信息必须让消费者知道。分销职能还包括了商品展示、人员推介、现场促销等多方面的工作，旨在向顾客传递企业和商品信息，创造知识信息效用。除此之外，“消费者需要商品”的信息，也要让市场营销者知道，让他们能够向消费者提供正确的产品，而且在消费者需要的时间和地点组织销售。作为与消费者直接联系的接触点，分销还承担着收集市场信息、适时反馈调节的功能。

3. 提供服务

中间机构提供的服务可以包括信用、物流、市场信息与研究、售后服务等。也有学者将渠道的功能进一步细化，例如，V. 卡斯特力·兰根将渠道的功能分为 8 个方面：产品信息、产品定制化、产品质量确定、产品规格、产品分类的集合、产品应用、售后服务和后勤服务。菲利普·科特勒认为分销渠道执行了下述功能：信息、促销、谈判、订货、融资、承担风险、占有实体、付款和所有权转移。

在不同的分销渠道中，这些功能由不同的渠道成员承担。当渠道系统发生改变时，这些功能的结合方式也会发生变化，但所需要承担的工作总量不变，只不过是由不同的渠道成员分担了。

分销渠道的建立和维系是企业长期运营的结果。渠道一旦建成，可以给予厂家丰厚的回报。一方面可以作为企业持久竞争优势的来源，例如入世前后中石油和中石化公司的“跑马圈地”，争建和竞购加油站。再者，一条良好的销售渠道不仅可以自用，还可以对外出租，收取费用，如海尔公司将自己的销售网络和物流渠道出租给可口可乐等公司。

（二）分销渠道的经济意义

各类中间商的存在是社会分工和商品经济发展的产物。在商品经济条件下，生产越来越专业化、产品越来越多样化，交换也变得越来越复杂和困难，生产与消费在产品数量、品种、时间、地点和所有权等方面的矛盾也就越来越大。在这种情况下，中间商的出现与存在成为了必然，因为中间商能够减少交易次数，通过专业化和分工提高各个环节的效率，以及降低交易费用等。

1. 减少交易次数

假设有 5 家生产厂家直接向 5 家零售商供货，则需要 25 次交易（见图 1-5）；如果通过一家中间商向零售商供货，只需要交易 10 次（见图 1-6）。由此可见，通过中间商的集中交换确实能够减少交易次数，从而提高交易效率，减少交易费用。

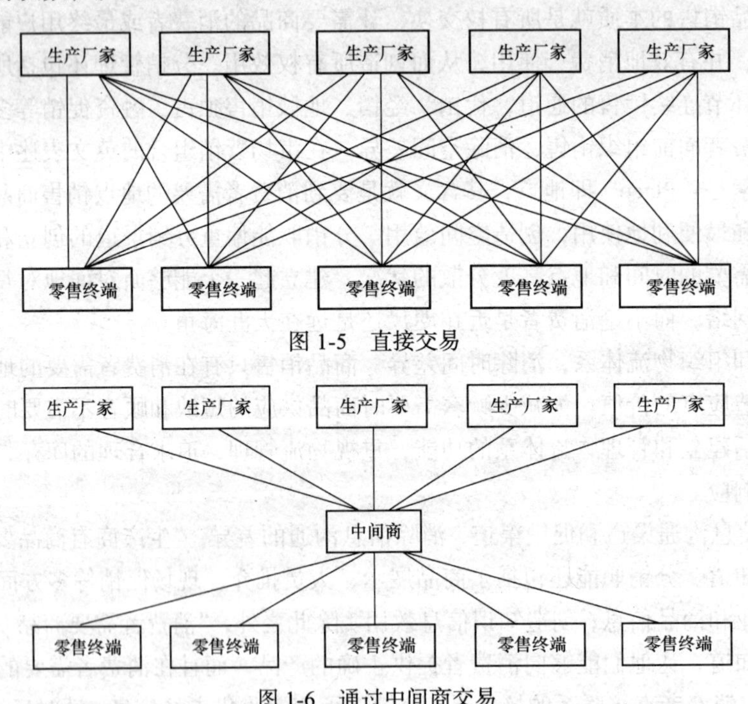

图 1-5 直接交易

图 1-6 通过中间商交易

2. 提高交易效率

中间商的出现是分销渠道专业化分工的结果。有关专业化分工原理是由亚当·斯密在《国富论》中提出的。这个原理已经广泛地应用于生产领域，其实该原理同样可以应用到分销领域：通过将一个复杂的任务分解成比较简单的活动，再把它们分配给处理这些问题的专家，以获取更大的效率。所以，正如生产经理按照专业化分工来分配生产任务，渠道经理也应该这样分配分销任务，他应该将渠道任务分配给最能够有效地完成这些任务的企业，并且，各企业之间通过共享资源、协同管理等提高交易的成功率，减少商品运输、宣传、包装等费用。

三、分销渠道流程

分销渠道流程是指渠道成员一次执行的一系列功能，是描述各成员的活动或业务的概念。图 1-7 显示了 9 种广义的渠道流程，这些流程将所有的渠道成员联系起来。

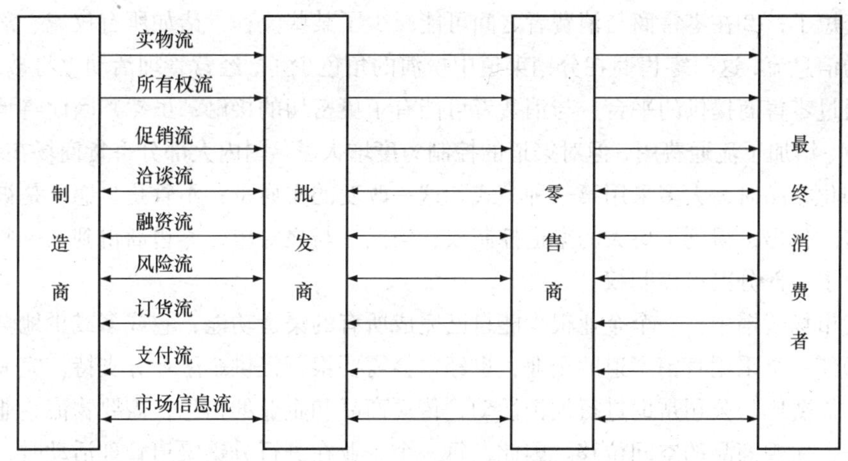

图 1-7　营销渠道流程图

（1）实物流也称物流，是产品实体在渠道中的运动，其主要部分是产品运输和储存。合理组织商品储运或物流，是提高分销渠道效率和效益的关键。

（2）所有权流指产品所有权或持有权从一个渠道成员转移到另一个成员手中的流转过程，这一流程通常是伴随购销环节在渠道中向前移动的。在租赁业务中，该流程转移的是持有权和使用权。

（3）促销流是渠道成员的促销活动流程。促销流从制造商流向中间商，被称为贸易促销，直接流向最终消费者则称为最终使用者促销。所有渠道成员都有对顾客的促销责任，既可以采用广告、公共关系和营业推广等大规模促销方式，也可以采用人员推销等针对个人的促销方式。

（4）洽谈流贯穿整个渠道。产品实体和所有权在各成员间每转移一次，通常就要进行洽谈。如制造商、批发商和零售商之间为产品种类、价格和促销条件的洽谈。

（5）融资流是渠道成员之间融通资金的过程。分销渠道的融资流有前向融资和后向融资两种形式。前向融资的例子是某汽车制造商设立专门机构，不仅为汽车用户提供财务帮助，而且还为持有其汽车存货的经销商融资；后向融资的例子是住房消费者购买“楼花”（预付购房款）、某百货商店承诺预付一定数额款项大量订购某种款式的时装等。

（6）风险流是分销渠道成员之间分担或转移风险的流程。渠道风险不仅与交易过程中的产品报废、过时、丢失、返修、违约、保险和税金等相关，也与存货量过大、影响资金周转，或处理存货的损失相关。

（7）订货流指渠道成员定期或不定期向供货机构发出的订货决定。订货流通常是由用户向零售商、零售商向批发商、批发商向制造商的后向流程。

（8）支付流是指货款在渠道各成员间的流动。例如，客户通过银行账户向代理商支付货款账单，代理商扣除佣金后再付给制造商，并支付运费和仓储费。

（9）市场信息流是各成员相互传递信息的流程。这一流程在渠道的每一环节均必不可少。

在以上各种功能流中，实物流、所有权流、促销流的流向是从生产者流向最终消费者或用户；支付流、订货流是从消费者或用户流向制造商；而融资流、洽谈流、市场信息流和风险流则是双向的，因为不同成员之间达成交易，谈判、风险承担及资金往来均是双向的。

在实际的经济生活中，分销渠道的功能流并不一定都是按上述方式流动的，它会有各种各样不同的变化，体现在以下方面。①在生产制造商和零售商之间有时可能没有批发环节，因此，分销渠道变短了；②在零售商与消费者之间可能减少了某些流程，诸如所有权流、洽谈流和订货流与市场信息流，这时零售商在分销渠道中扮演的角色少了，经营管理活动也将被大大简化；③供应商通过零售商提供的平台，与消费者可能有了更密切的接触，虽然其因此将承担更多的责任和风险，增加了流通费用，但对渠道的控制力度增大了。国内大部分百货商场在销售服装、家用电器和化妆品时，大多采用第三种模式。这一改变的实质是：不管是自愿还是被迫，供应商通过更多的付出，得到了更大的渠道控制权；当然，与之对应，零售商得到了一些利益，但同时也放弃了一部分渠道控制权。

在现代市场营销中，一个企业很少能自己完成所有的渠道功能，它或多或少地会需要别人的帮助。即使一个采用直销渠道的企业，也经常会需要银行提供金融业务支持，完成商品所有权的转移；需要广告公司帮助进行促销活动，传送商品和企业的信息；需要物流企业提供运输与存储服务，实现商品的空间位移。因此，每一个企业在进行分销渠道管理活动时，都涉及渠道合作伙伴的功能安排问题。

分销渠道的功能通过渠道流程来完成，流程效率决定功能产出效率，这是分销渠道功能与流程的基本关系。

如上所述，分销渠道理论的一个基本原理是：各种不同的渠道功能可以由不同的成员完成，但任何一种功能都不可缺失。可以通过渠道的结构调整，取消或替代一些渠道参与者，但那些参与者所发挥的功能不能被取消。当一些渠道参与者被取消之后，它们的功能将随之上移或下移，由其他的参与者承担。事实上，分销渠道通常都要通过某类机构专门参与一种或几种流程，形成一系列专业化的分工体系，以便更有效地完成分销功能。

从管理角度看，分销渠道是一个大规模劳动分工系统。渠道成员参与不同的流程，相应地构成了分销渠道的一个个亚渠道，如所有权渠道、洽谈渠道、物流渠道、融资渠道和促销渠道，这些流程渠道需要协调和协作。实践表明，制造商引入新产品失败，常见的原因是物流与促销流缺乏配合，尽管市场促销有声有色地进行，但运输延误和分销仓库不足却阻碍了终端零售点获得产品。

渠道流程协调的关键是渠道成员之间的信息共享。信息交换在每一渠道流程中都必不可少。制造商、批发商、零售商、银行和其他渠道成员需要应用信息通信技术，以确保渠道运作的协调及提高服务质量所需的信息能顺畅地交流。例如，美国大型零售商凯玛特公司采用电子数据交换系统，联系 200 家供应商，并为其 2300 家商店配备了快速反应的通信装置，及时查询价格并自动记录和变更存货，有效地协调和提高了系统效率。

第二节 分销渠道管理

一、分销渠道管理的内涵

基于生产者管理的视角，我们将分销渠道管理定义为：在市场需求的驱动下，对各种渠道流进行计划、组织、协调和控制；并通过协调和整合分销渠道中所有参与者的行为实现以最低的分销成本，为顾客创造最大价值的目标管理过程。

根据上述定义，分销渠道管理的内涵可以从以下几个方面来理解。

（1）管理的目的，是通过渠道成员的职能分工与合作，实现渠道的高效运作，并在此基础上对市场需求的变化能够及时、有效地进行响应，为顾客创造价值。

（2）管理的对象，是分销渠道中的所有参与者，既包括企业内部的员工或销售机构，也包括企业外部的其他组织或个人，如中间商、消费者、经纪人等。由于管理对象的复杂性，导致了分销渠道管理的复杂性。

（3）管理的内容，是对分销渠道的功能流所进行的所有管理活动，以及为了适应外部经营环境所进行的渠道结构规划设计和优化调整，以实现渠道管理的目标。

（4）管理所采用的主要措施，是计划、组织、协调、激励和控制。渠道管理者通过执行这些管理职能，协调和整合分销渠道中所有参与者的活动以顺利完成分销目标。

二、分销渠道管理的特点

分销渠道管理是管理活动在分销渠道领域中的体现，同一般管理最大的区别在于管理对象不同。分销渠道管理是以分销渠道为对象的管理活动，由于渠道涉及组织间的活动和关系，因此，分销渠道管理更为复杂，有着与一般管理活动不同的特点。

（1）分销渠道管理属于跨组织管理。

分销渠道管理虽然也涉及本企业的员工及部门，但是在大多情况下，它涉及的当事人不属于同一个企业，而是分属于不同利益主体的组织或个人。因此，除了一些自己开设的专卖店和下属的分支机构外，企业与这些当事人的关系是平等的合作关系，而不是主从关系。

（2）分销渠道管理有一个跨组织目标体系。

由于是跨组织管理，所以目标也是跨组织的。这意味着：①渠道成员有一些共同目标，如有共同的最终服务对象，都要使渠道的运行更有效率和更有成效，都希望通过专业化与合作提高自己的竞争实力；②每一个渠道成员还有其独立的目标，如销售目标、利润目标和发展目标；③渠道成员的独立目标之间，并非总是相容的；④渠道管理的首要任务，就是要把渠道的共同目标和渠道中不同成员的独立目标整合起来，让渠道成员充分认识到共同目标的存在和重要性。当然，最好是设计一套目标体系，使渠道成员只有很好地完成渠道共同的目标，才能很好地完成自己的目标。所以，不同于一般管理的目标，在分销渠道管理中，一个企业除了要考虑它自己的销售额、利润等目标以外，还要考虑其他渠道成员的目标和所有渠道成员的共同目标。只考虑自己怎样实现目标，而不管其他企业的目标和整个渠道共同目标的实现，将会危及整个渠道运行的有效性和效率，并最终阻碍本企业渠道任务的实现。

（3）分销渠道管理，从管理职能上讲，也有自身的特点。

比如计划，不仅要考虑本企业做什么、怎么做，还要考虑渠道中其他成员做什么、怎么做；组织，更多地意味着选择机构而不是人员，以及对机构而非个人的角色分配；领导和控制，更多地意味着是影响而不是命令与指挥。

（4）在管理方式上，分销渠道管理较少地依靠制度或权力，较多地依靠合同、契约或一些规范。

当然，主要是靠利益协调各方面力量。分销渠道从本质上讲就是一张以一个企业为轴心而组成的利益关系网，一旦一方不能从中获利了，这张网就破裂了。因此，企业在进行渠道管理时，如何处理不同环节、不同销售渠道之间的利益关系，减少冲突，提高各环节的积极性，就成为成败的关键。

三、分销渠道管理的内容

分销渠道管理的内容主要是控制分销渠道结构与分销渠道行为。

分销渠道结构，指参与完成商品所有权由生产制造者向消费者或用户转移的所有组织或个人的构成方式。它涉及很多方面的问题，比如分销渠道是由哪几个层级构成的？每一个层级又由哪些类型的渠道参与者构成？每一个区域需要设置多少网点？分销渠道都需要发挥什么功能？渠道一体化程度需要达到什么水平？渠道功能如何在渠道参与者之间进行分配或安排？渠道的集中程度、规范程度、标准化程度如何？营销渠道结构的本质，是分销任务或渠道功能在渠道参与者之间的分解与分配。

分销渠道行为，指渠道参与者为了完成渠道任务所进行的渠道领导、激励与控制活动，以及与其他参与者之间的互动行为。涉及的问题主要包括：渠道成员的关系基础是什么？渠道成员为什么要相互依赖？哪些因素会影响渠道成员之间的互依关系？互依关系怎样影响渠道权力、冲突与合作？渠道成员怎样进行渠道控制？怎样合作？怎样处理合作中的冲突？怎样抑制投机行为等？渠道行为的核心是渠道控制。

渠道结构与渠道行为共同决定分销渠道的效率，三者之间的关系如图 1-8 所示。渠道结构与渠道行为互为因果——渠道结构的不同会导致渠道行为的差异，渠道行为的变化最终也会表现在渠道结构上，两者单独或共同的变化会导致渠道效率的不同。分销渠道管理实际上就是通过控制渠道结构与渠道行为的变化，提高渠道效率。

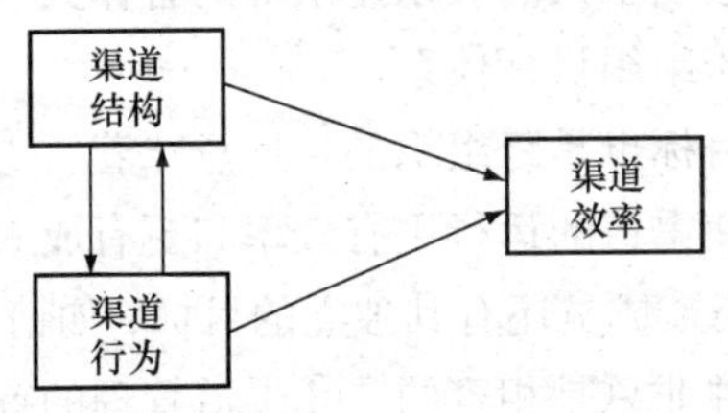

图 1-8　渠道结构、渠道行为与渠道效率的关系

在实际的商业活动中，控制渠道结构与渠道行为是很难区分开的。渠道结构强调的是设计，而渠道行为强调的是执行。有设计而没有执行，设计就没有意义；有执行而没有设计，执行就会有很大的盲目性。二者相辅相成。不过，在观察与研究分销渠道时，却需要把二者分开，这样才能把问题看得更清楚，才更易于研究与解决问题。

四、分销渠道管理的主要步骤

渠道设计、渠道组织、渠道激励和渠道控制等职能，主要通过渠道管理来实现，而渠道管理的过程可以分为：渠道的调查与分析、渠道目标的确定、渠道策略的确定、渠道策略的实施、渠道的控制、渠道效率的评估、渠道和渠道策略的调整或重建7个主要步骤。其中，前三步主要对应于渠道的设计职能，渠道策略的实施主要对应于渠道的组织和激励职能，后三步则主要对应于渠道的控制职能。

如图1-9所示，虚线框“企业总体战略与营销战略”及与其连接的虚线和箭头，表示企业的渠道管理要以企业的总体战略和营销战略为前提，主要贯穿于前三个环节之中——分销渠道的调查与分析要围绕着如何最有效地实现企业的战略目标而进行，渠道目标要根据企业的战略目标和营销目标来确定，渠道策略要根据企业的发展战略、竞争战略和营销战略来制定、评价和选择。

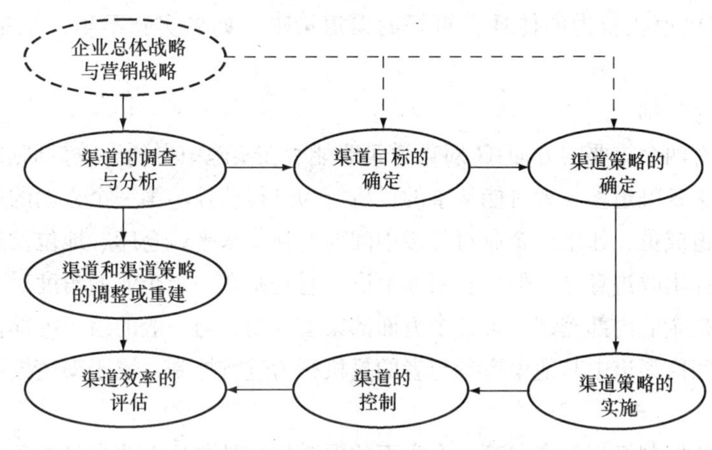

图1-9　渠道管理的主要步骤

（一）渠道的调查与分析

渠道调查与分析的目的是要了解企业的分销渠道环境，从而为企业的渠道管理提供真实可靠的信息。其主要内容包括：①企业渠道外部环境的调查与分析；②企业渠道内部环境的调查与分析；③企业渠道的SWOT分析，即以企业渠道的优势（strength）、劣势（weakness）、机会（opportunity）与威胁（threat）为分析框架，对以上关于企业渠道内外部环境的调查分析结果进行整理，作为确定渠道目标和渠道策略的依据。

（二）渠道目标的确定

企业的渠道目标，是指企业为了实施总体战略和营销战略，希望渠道管理活动在一定时间内达到的结果。渠道目标的确定，就是确定企业渠道管理活动的方向和目的，主要包括三个方面的内容：确定目标市场、确定可量化目标及确定不可量化目标。确定目标市场，主要是回答企业通过渠道管理活动为谁服务和怎样服务的问题；确定可量化目标，主要是决定企业通过渠道管理活动要达到的经济利益指标，如销售额、利润额、市场占有率、市场覆盖率等；确定不可量化目标，主要是决定在完成可量化目标时，企业要兼顾的其他难以量化的内容，如目标顾客与渠道成员的满意度、渠道发展、渠道合作、渠道氛围等。不可量化目标虽然难以测量，且大多数企业可能不把它们当作渠道目标提出来，但它们对于可量化目标的实现却有着重要的影响。

（三）渠道策略的确定

企业的渠道管理人员要根据企业的总体战略、营销战略和渠道目标，确定企业的渠道策略。这项工作一般可分为三步：①制定多套可行的渠道策略；②对每一套可行的渠道策略进行评价；③在评价的基础上，综合考虑各种方案的优劣，选择一套渠道策略或将多套渠道策略进行组合。确定渠道策略涉及很多方面，如渠道结构的确定、销售终端的选择、渠道参与者的确定、渠道覆盖面的确定、物流配送规划、渠道联盟方式的确定、信息沟通方式的确定、渠道控制方法的确定等。

（四）渠道策略的实施

渠道策略的实施首先是组织问题，其次才是领导、激励与协调问题。涉及的内容包括：渠道成员的选择、渠道成员之间渠道功能的分配、渠道成员权利与义务的规定、合约的签订和执行、物流配送计划的实施，以及渠道这一超级组织的领导、激励和协调。渠道策略的实施，是企业渠道执行力的体现，再好的渠道策略，如果实施不当，也难以达到企业的渠道目标。

（五）渠道的控制

渠道的控制有两个重要的方面：①对渠道策略能否在实施中得到有效贯彻进行监督和调控；②对中间商渠道中各渠道参与者可能从事的投机行为进行监控。第一个方面的渠道控制，虽然也会涉及其他渠道成员，如生产企业对各级中间商的存货水平、仓库、地位及运输方式等进行评价、分析，并提出改进意见，但是从根本上讲，它是站在一个企业的角度对渠道策略实施的过程进行控制，是企业内部控制。第二个方面的渠道控制，与一般的组织内部控制有很大的区别，它是要对中间商渠道中其他渠道参与者的投机行为进行控制，属于渠道控制中特有的跨组织控制问题。

这两个方面的控制互相补充。第一个方面的渠道控制是要从企业自身的角度保证企业的渠道策略在实施中得到有效贯彻，第二个方面的渠道控制则是要保证企业的渠道策略在实施中得到合作伙伴的有效配合。一般而言，前者相对容易些，因为它主要涉及的是组织内部控制问题，后者则非常困难，因为它涉及的是跨组织控制问题。

（六）渠道效率的评估

渠道效率就是渠道活动的投入—产出比。与渠道目标相对应，渠道效率也有可量化和不可量化两种。可量化渠道效率由经济利益指标测量，如销售额、利润额、市场占有率、市场覆盖范围等；不可量化渠道效率则可以通过一些主观判断或认知来测量，如目标顾客与渠道成员的满意度、渠道发展、渠道合作、渠道氛围等。

对渠道效率的评估，就是将上述渠道效率的可量化指标及不可量化指标：与企业过去的表现和竞争者的表现相对比；还应与企业的渠道任务相对比，由此找出企业渠道的差距和问题所在，为渠道和渠道策略的调整提供依据。

（七）渠道和渠道策略的调整或重建

渠道管理过程的最后一步，是在必要时对渠道以及渠道策略做出调整。渠道和渠道策略的调整可以是局部的——只调整和改进某个或某些环节，也可以是全面的——对企业的整个渠道或渠道策略进行重建，比如调整渠道结构、调整渠道政策、调整渠道关系、调整局部市场区域的渠道以及更新整个渠道网络。

渠道和渠道策略的调整，既是渠道管理过程的最后一步，也是新一轮渠道管理活动的开始。它一方面要以渠道效率评估为依据，另一方面也需要向新一轮渠道的调查与分析提供信息，形成新的渠道目标和渠道策略。企业的分销渠道管理由此循环往复，不断地进行下去。

五、分销渠道管理的新动向

目前，分销渠道管理问题正受到社会的普遍关注。对企业分销渠道中的物流、信息流进行高效协调和集成是分销渠道管理成功的关键。那么，现代管理面临的以下几个重要转变将会对企业进行分销渠道管理的实践活动起到重要的指导作用。

（一）从功能管理向过程管理转变

传统的管理将分销渠道中的制造、仓储、销售、配送等功能活动分割开来，独立运作，而这些功能都具有各自独立的目标和计划，这些目标和计划经常冲突。现代管理就是将分销渠道中的各种功能活动有效集成，实现以提高顾客服务水平以及顾客价值最大化为目标的面向过程的管理。不仅在企业内部要向过程管理过渡；在企业外部，管理渠道中的各个合作伙伴的业务活动，也需要从功能管理向过程管理过渡。

（二）从利润管理向营利性管理转变

传统的管理将利润作为企业管理的重点，但现代管理认为利润管理还是很粗放，因为利润只是一个绝对指标，并不具有可比性，应该用相对指标来衡量企业的经营业绩，而营利性就是一个相对指标。所以，国外企业界现在强调要进行营利性管理。这种营利性是建立在“双赢”基础上的，只有分销渠道中的各方均具有较好的营利性，企业自身的营利性才有可能得到保证。

（三）从产品管理向顾客管理转变

在买方市场上，是顾客（而不是产品）主导企业的生产、销售活动，因此，顾客是核心，顾客是主要的市场驱动力。而分销渠道上非常关键的一环就是顾客。在买方市场上，分销渠道管理的中心是由生产者向消费者倾斜的，因而顾客管理就成为分销渠道管理的重要内容。

（四）从交易管理向关系管理转变

传统的分销渠道成员之间的关系是交易关系，所考虑的主要是眼前的既得利益，因此，会不可避免地出现渠道成员之间为了自身利益而损害他人利益的情况。现代管理理论认为，可以找到一种途径，能同时增加分销渠道各方的利益。这种途径就是要协调分销渠道成员之间的关系，并以此为基础进行交易，以使分销渠道整体的交易成本最小化、收益最大化。特别是当企业之间的竞争转变为供应链之间的竞争时，只有倡导竞合精神，企业才能求得最佳的生存与发展空间，获得最大的市场份额或利益。这种“双赢模式”，要求从传统的销售关系中“非赢即输”的单纯交易关系改变为更具合作性的共同为谋求更大利益而努力的关系。

（五）从库存管理向信息管理转变

企业对待库存的心理一直都十分矛盾，在分销渠道成员之间，一会儿排斥库存，一会儿囤积库存，造成巨大的浪费。可以换一个角度去考虑问题：用信息代替库存。企业持有的是“虚拟库存”而不是实物库存，只有到分销渠道的最后一个环节才交付实物库存，从而可以大大降低企业持有库存的风险。因此，用及时、准确的信息代替实物库存就成为现代分销渠道管理理论的一个重要观点。

以上这些转变，发生在一个企业内部，却作用于所有的相关企业，现代管理转变产生的效应将影响到整个分销渠道。因此，发生这样的转变后，企业如果不能跟上时代变革的步伐，最终将会被市场所淘汰。

第三节 影响渠道管理的因素

生产企业（制造商）在进行渠道管理时，不仅要注意内部的可控因素，也要分析外部非可控因素产生的影响。

从广义上讲，环境由渠道管理存在的所有外部非可控因素组成，因此可能会有无数因素影响分销渠道。按照一般的外部环境分析，外部非可控因素可以分成 5 大类：①经济环境；②社会和文化环境；③技术环境；④竞争环境；⑤政治和法律环境（见图 1-10）。以上的分类并无主次之分，它们对于公司的相对重要性是因行业、因企业而不同的，即使同一个企业在不同的时间各个类别因素的相对重要性也是有所不同的。

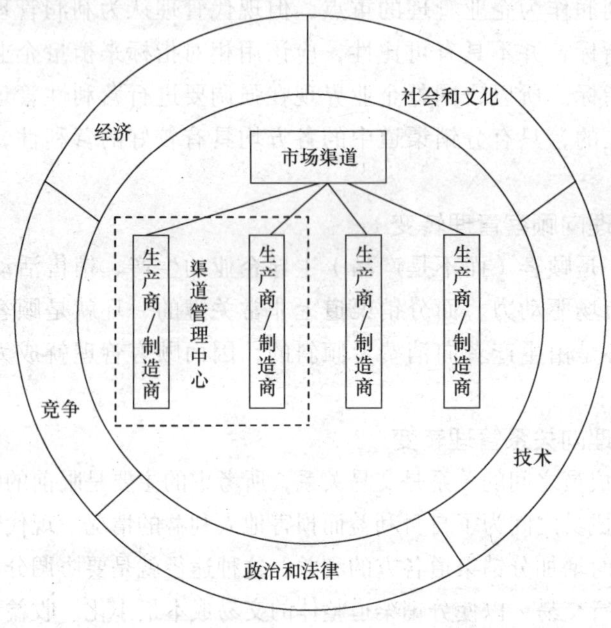

图 1-10　影响分销渠道的环境因素

1. 经济环境

经济环境是指市场的结构、消费者的消费特征和购买力、物价以及对物质资源的投资水平等因素。经济环境可能是影响所有渠道成员最明显、最普遍的环境因素。消费者以及生产、批发、零售公司的高层经理一天都离不开对经济形势的关注。

当经济衰退时，消费支出会减少，分销渠道各成员会感到其销售额和营业利润大大下降，库存大量积压，甚至到了破产的边缘。而当通货膨胀时，消费者的行为会发生许多微妙的变化：消费支出的急剧变化，压缩购买，储备便宜商品，购买低档商品等，这些都将使分销渠道的决策变得很困难。而当通货紧缩时，情况更严重，高利率会影响到所有的渠道成员。高利率会导致消费者削减消费支出，进而影响零售商、批发商、制造商和生产商的销售。而零售商、批发商、制造商和生产商常常需要借助一定的贷款，高利率会提高其成本，成本提高则价格提高而使销售更加困难，于是进入恶性循环。所以，即使在经济良好的情况下，仅仅是高利率都会对分销渠道造成巨大的影响。

由此看出经济环境对分销渠道的影响深刻而巨大。不管经济状况是好是坏，渠道经理都要密切关注经济因素对渠道管理的影响。因为甚至在"好时光"即将到来时，一些微妙的、隐匿的力量也可能造成诸多问题，隐藏渠道危机。

2. 社会和文化环境

社会和文化环境几乎渗透到社会的方方面面，一些专业人士认为社会和文化环境是影响渠道结构的主要因素。

首先人口年龄结构就深深地影响了分销渠道的选择。年轻人是伴随计算机成长的一代，他们比老年人更能接受也更倾向于网上购物，这就影响了分销渠道的选择。同时，年轻人更时尚，更偏好科技含量高的产品，这些特点不仅会影响渠道提供的产品，并使得制造商在规划渠道网络时要考虑到年轻人的需要。

许多民族都有特定的风俗习惯和消费习惯，要接近他们必须要按照他们的习惯行事。进入21世纪，少数民族商业迅速发展，许多少数民族自主的自营业务将直接面向少数民族市场。而这些制造商在选择和构建渠道时，可能更需要考虑采取少数民族渠道成员，才能成功地将产品推向少数民族市场。

教育趋势、家庭结构、妇女地位变化等诸多社会文化因素也影响着分销渠道成员以及分销渠道。

3. 技术环境

20世纪90年代以来，以电子信息技术为基础的通信设施高度发达，用户在家里就可以通过有线电视、电话、计算机系统与生产商和零售商沟通。随着微电子技术的发展，以POS、DDI、MIS等技术为内容的商业自动化系统可以及时处理收集各种信息，加以汇总分析，并提供准确、及时的决策依据，解决了商业企业信息的收集、加工、传递的困难，使连锁店、超级市场获得了强有力的技术支持。而采用POS可以在极短的交易过程中获取与顾客有关的关联信息并存入计算机。电子系统还可以使零售商小批量订货，满足时尚的消费，减少资金占用量。另外，现代电子信息技术使支付手段发生了革命性的变化，纸币被电子货币——信用卡取代，不仅方便了消费者，简化了付款手续，同时也便于生产商、批发商和零售商及时了解市场动态，加速企业资金的周转。

面对日新月异的技术发展，渠道经理不得不跟上形势发展，了解与公司和整个分销渠道参与者相关的技术，然后判断这些技术变化可能对渠道参与者产生什么影响，这些对渠道经理构成了巨大的挑战。当然，渠道经理不可能掌握所有最新技术，也不具备渠道科技更新的专业知识。然而，渠道经理应具备基础的渠道信息化知识和技能，密切关注技术的变化，及时与技术人员沟通，共同策划和论证渠道技术更新的可行方案。

4. 竞争环境

竞争是分销渠道创新最大的外部动力，尤其是在竞争已经扩展到全球范围的时代。而在考察影响分销渠道决策的竞争时，以下4种竞争是必须考虑的（见图1-11）。

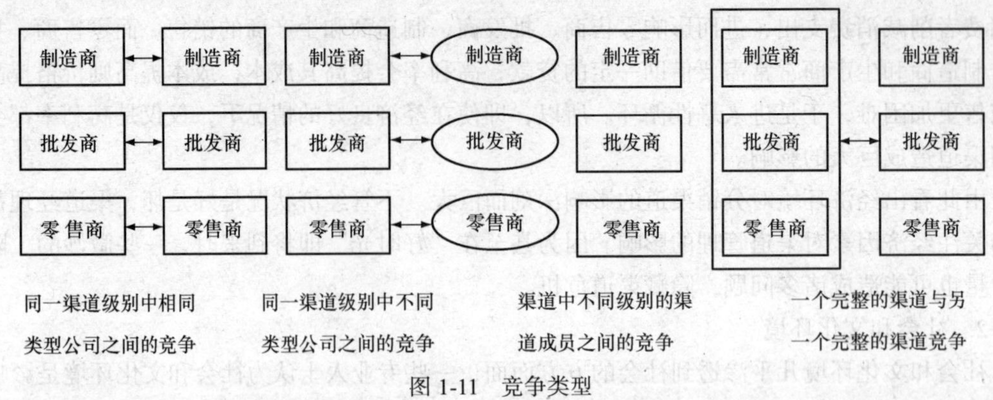

图 1-11　竞争类型

（1）水平竞争

水平竞争是指同一渠道级别中相同类型公司之间的竞争。例如，一家服装店与另一家服装店的竞争，一家房屋租赁公司与另一家房屋租赁公司之间的竞争。这是最直观的，也是被讨论最频繁的竞争类型。

（2）类型间竞争

类型间竞争是指同一渠道级别中不同类型公司间的竞争。例如，折扣店与百货店之间的竞争，或者大批发商和代理商、中间商之间的竞争。品牌服装生产商通常都会在百货店设立专柜，同时会有选择地设立折扣店，这些百货店专柜与折扣店之间就存在很强的类型间竞争。

（3）垂直竞争

垂直竞争是指渠道中不同级别的渠道成员之间的竞争，如零售商和批发商、批发商和制造商，或者制造商和零售商之间的竞争。最典型的例子莫过于沃尔玛大型零售终端自有品牌与制造商品牌之间的垂直竞争。

（4）渠道系统竞争

渠道系统竞争是指一个完整的渠道与另一个完整的渠道之间的竞争。渠道成员必须是有组织的、密切关联的机构，这样它们才能作为整体组织参与竞争。能够进入百货店或者大型零售终端的商品都是有一定品牌实力、相对强大的企业；而那些通过街边服装店或者杂货店销售的商品，虽然品牌知名度不高，但是仍然显示了旺盛的生命力，与相对强大的企业存在竞争。

综上所述可以看出，渠道经理面临着相当复杂的竞争环境。他们不仅要考虑范围较广泛的全球竞争，还要考虑水平竞争、类型间竞争、垂直竞争和渠道系统竞争。因此，熟悉上述 4 种竞争，识别和区分这 4 种竞争，并采取相应的管理方法是十分必要的。

5. 政治和法律环境

政治和法律环境是指影响分销渠道的一整套法律规范，制约着分销渠道系统的行为、结构和创新。由这些法规产生的法律体系并非静态法典，而是一套不断演化的体系，并受不断变化的价值观、准则和社会制度的影响，因此法律体系庞大而难以学习。幸运的是，渠道经理没有必要达到法律行家的水平，因为法律工作本来就是另外一项独立的工作，只有经过专业培训的法律专家才能应付。尽管如此，也应对渠道相关的一些立法有所了解，而且要熟悉与渠道有关的一些基本法律问题，如对双轨销售、排他性交易、价格差别、价格维持协议、转售限制、销售安排和垂直一体化等商业行为的法律限制。政治法律制约了渠道系统内的垄断倾向，为渠道管理和创新提供了良好的机制保证。

在对每一个环境因素及其对分销渠道的影响做进一步探讨之前，应该意识到环境影响的是整个分销渠道系统，包括零售商和批发商之类的中间商，辅助机构以及消费者的消费心理和行为特征。因此，渠道经理既要分析环境对本公司和最终目标市场的影响，还要分析环境对分销渠道中所有参与者的影响，只有综合考虑后才能做出正确的决策。

本章小结

本章主要讨论分销渠道管理的基础理论及渠道管理的主体。在分销组合的 4 要素中，分销渠道多年来都被作为其他 3 个要素的附属因素。许多企业是在考虑产品、价格以及促销后才关注分销渠道策略的。而近年来，由于产品策略、价格策略和促销策略极易被竞争对手模仿，而分销渠道的竞争优势就像个人的“关系网”一样一般较难模仿，因此，分销渠道的管理决策成为企业和分销研究人员越来越重视的话题。分销渠道是产品从制造商手中传至消费者手中所经过的各中间商连接起来的通道。它从结构上看，是“一系列相互依赖的组织”；从行为上看，是一个“过程”而不只是一个活动；从功能上看，所有成员的目标是终端用户。分销渠道的功能与作用是使产品从生产者转移到消费者的整个过程顺畅、高效，消除或缩小产品供应与消费需求之间在时间、地点、产品品种和数量上存在的差异，创造所有权、时间、地点、形式 4 大效应并由此为企业创造竞争优势。分销渠道流主要包括实体流、所有权流、信息流和资金流。渠道流的主要作用在于划分了分销渠道与物流的理论界线，便于深入研究渠道管理的范围及其复杂性。分销渠道管理是指通过计划、组织、激励、控制等措施来协调和整合分销渠道中所有参与者的工作与活动；其目的是使整个渠道的运行过程更有效率（efficiency）和效能（effectiveness）。分销渠道管理属于跨组织管理，有一个跨组织目标体系，这种管理较少地依靠制度和权力，更多地依靠合同、契约或一些规范。分销渠道管理的过程包括渠道设计、渠道策略的实施以及渠道控制三个环节。

思考题

1. 简述分销渠道的含义。
2. 分销渠道有哪些特点？
3. 分销渠道经历了哪几个阶段的演变？
4. 分销渠道的功能主要有哪些？
5. 分销渠道功能与分销渠道流程是什么？
6. 分销渠道管理的含义及过程是什么？
7. 影响分销渠道管理的外部因素有哪些？

【案例分析】

手机销售渠道再变革：C2B 成新一轮趋势

过去的 20 年间，手机终端零售经历了几番轮回。从 20 世纪 80 年代开始的运营商专业定制，逐渐出现国代商、区域代理。在连锁大卖场崛起后，手机渠道的主旋律是提升效率。在 2005 年前后，运营商重返渠道，不但打破了既有的价值链，而且跃升为整个价值链的龙头。过去的几年间，天猫、京东等电商平台的崛起，手机渠道又面临新一轮的革命。在移动互联网的冲击下，手机渠道又将演绎什么样的变革？在手机渠道演进中，迪信通是个很明显的例子。作为一家连锁店，它突破了传统的国代，开辟了手机零售连锁模式，盈利模式和超市并无本质区别，拼差价是盈利的主要路径。随着互联网的普及，手机渠道逐步扁平化。但没过多久，移动互联网又来了。广义的电商不仅仅是在网上卖东西，是指所有的基于互联网的商业行为。移动互联网可能更加促进电商的发展，是一种催化剂，把线上线下打通。移动互联网提供了一个更好的机会。为此，C2B 已然成为 2013 年手机销售的新模式，未来手机渠道还会有哪些变化，让我们拭目以待。

（资料来源：手机销售渠道再变革：C2B 成新一轮趋势，http://tech.qq.com/a/20130415/000031.htm）

问题：

1. 请结合案例分析渠道非可控因素对渠道的影响。
2. 分销渠道的功能在案例中如何得到体现？

第二章 渠道战略

【学习目标】

随着渠道在分销活动中的地位和作用不断提升，以及企业在实际经营过程中碰到越来越多的分销渠道管理问题，尤其在激烈竞争的市场环境中，近年来，分销渠道企业的发展与壮大直接影响了生产企业的渠道设计和管理，也让生产企业不得不从战略层面上思考分销渠道问题，以获取未来市场中的竞争力。

通过本章的学习掌握以下知识：

- 了解分销渠道战略的含义；
- 掌握渠道战略制定的流程；
- 理解渠道战略与分销战略的关系；
- 熟悉可供选择的渠道战略。

【能力目标】

- 能针对具体企业制定出渠道战略流程；
- 能为具体企业的渠道战略选择提供思路。

【知识导图】

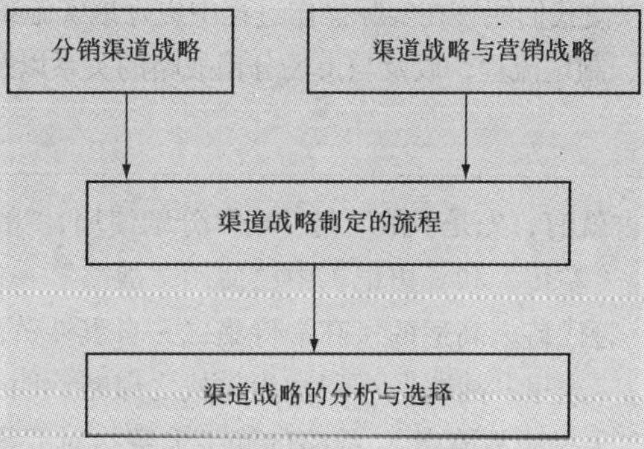

【引导案例】

飞利浦医疗渠道创新战略

自 2012 年 10 月飞利浦全球首份“基础医疗战略”在华的正式发布，到“蒲公英”工程全面推进基础医疗战略的实施，从飞利浦苏州影像基地的投产、下线，到启动“百年创新 百城同行”的渠道战略，从中不难看出，飞利浦医疗加大在中国本地化进程的同时，也更加重视渠道的建设。

2013 年 5 月，飞利浦医疗在河南三门峡举办“百年创新 百城同行”合作伙伴及用户大会，并发布了其进入中国市场以来覆盖范围最广、市场渗透度最高的“百城同行”渠道策略，成为飞利浦医疗渠道创新战略实施的标志性事件。

从 2012 年开始，一场新的渠道变革在飞利浦内部酝酿并实施，将以往产品导向的销售模式变成以用户需求为主导的销售模式。除了顶层三级甲等医院仍然采用直销的模式外，对于中间层二三线城市的基层医疗市场，则变为多层面的区域渠道代理商覆盖的销售模式。这就意味着，作为区域渠道商可以根据市场的需要为用户提供飞利浦医疗更丰富的产品。这样的改变旨在适应飞利浦医疗本土化进程的推进和基础医疗战略的全面实施。

通过渠道创新使更多的资源投放到渠道销售中，释放用户需求，成为当前飞利浦医疗渠道建设一个很重要的内容。

“一个通畅的渠道是重要的，它能快捷地让终端受益，使价值和利润得以实现，我们变了，我们来了，通过‘百城同行’的渠道活动，就是要让大家都知道。”这就是飞利浦医疗渠道创新战略的核心。

（资料来源：解析飞利浦医疗渠道创新策略，http://news.hexun.com/2013-05-25/154500039.html）

第一节 渠道战略的含义与重要性

在对上一章分销渠道的基本概念、特点及功能初步了解的基础上，我们有必要从战略层面上进一步理解和认识分销渠道，以使我们能够在实际操作过程中更好地实施渠道策略。本章主要学习分销渠道战略的含义与重要性、制定流程，以及与市场分销战略的关系以及渠道战略的选择问题。

一、战略概念的演变

“战略”一词在我国自古就有，先是“战”与“略”分别使用，“战”指战斗、交通和战争，“略”指筹略、策略、计划。《左传》和《史记》中已使用“战略”一词，西晋史学家司马彪曾有以“战略”为名的著述。唐代诗人高适的《高常侍集二·自淇涉黄河途中》有这样的诗句：“当时无战略，此地即边戍。”这里“战略”一词意为作战之谋略。明代军事家茅元仪编有《武备志》，其中第二部分为《二十一史战略考》。战略的涵义大致指对战事的谋划。到了清代末年，北洋陆军督练处于 1906 年编出我国第一部《军语》，把“战略”解释为“筹划军国之方略也”。

西方战略管理文献中没有对“战略”形成一个统一的定义。“战略”一词源于希腊语“stratgos”，意为军事将领或地方行政长官。公元 579 年，东罗马皇帝毛莱斯用拉丁文写了一本名为《Stratejicon》的书，有人认为它是西方第一本战略著作。另有一种说法认为具有战略涵义的概念首次出现于法国人颉尔特 1772 年写的《战术通论》，该书提出“大战术”与“小战术”的概念，“大战术”相当于今天所说的战略。19 世纪瑞士人约米尼著《战争艺术》一书，他认为，战略是在地图上进行战争的艺术，它所研究的对象是整个的“战场”，而在地面上实际调动军队和作战的艺术就是战术。

总体来说，“战略”一词原是个军事方面的概念。在中国它起源于兵法，指将帅的智谋，后来指军事力量的运用。西方的战略概念起源于古代的战术，原指将帅本身，后来指军事指挥中的活动。不同的学者赋予战略不同的涵义，在此介绍西方几种有代表性的观点。

（1）安德鲁斯的定义。安德鲁斯（K. Aadrews）是美国哈佛商学院的教授，他认为企业总体战略是一种决策模式，决定和揭示企业的目的和目标，提出实现目的的重大方针与计划，确定企业应该从事的经营业务，明确企业的经济类型与人文组织类型，以及决定企业应对员工、顾客和社会做出的经济与非经济的贡献。

（2）魁因的定义。魁因（J. B. Quinn）是美国达梯茅斯学院的管理学教授。他认为，战略是一种模式或计划，它将一个组织的主要目的、政策与活动按照一定的顺序结合成一个紧密的整体。他认为战略应包括以下内容。

① 有效的正式战略包括三个基本元素：可以达到的最重要的目的（或目标）；指导或约束经营活动的重大政策；可以在一定条件下实现预定目标的主要活动程序或项目。在魁因的定义中，确立一个组织的目标是战略制订过程中一个不可分割的部分。

② 有效的战略是围绕着重要的战略概念与推动力而制定的。所谓战略推动力是指企业组织在产品和市场这两个重要经营领域里所采取的战略活动方式。不同的战略概念与推动力会使企业的战略产生不同的内聚力、均衡性和侧重点。

③ 战略不仅要处理不可预见的事件，还要处理不可知的事件。因此战略的实质是建立一种强大而又灵活的态度，为企业提供若干个可以实现自己目标的抉择方式，以应付外部环境可能出现的例外情况，不管外部力量可能会发生哪些不可预见的事件。

④ 大型组织管理层次较多，每一个有自己职权的层次都应有自己的战略。重要的是，组织中所有的战略要具有一种总体的内聚力，即每一个低层次的战略都必须是实现高层次战略的内聚力的元素。同时，组织还应运用系统的方法去考察每一种分战略，检验它们是否是按照战略的主要原则而制定的。

（3）安索夫的定义。美国著名战略学家安索夫（H. I. Ansoff）与安德鲁斯一样，都是战略管理第一次浪潮的代表人物。他认为，战略是决策的基准。战略由如下要素构成。①产品市场范围，即寻求新领域的范围；②成长向量，在该项范围之内的行动方向；③竞争优势，即明确在该范围内所具有的有利竞争地位和特性；④协力效果，即判断进入新领域后是否有获取利益的能力的衡量标准。安索夫对“战略”一词只限定在“产品——市场战略”意义上的使用，即划定企业经营范围。

（4）明茨伯格的定义。加拿大麦吉尔大学管理学教授明茨伯格（H. Mintzberg）认为，战略是一种计划（plan），据此，它具有两个基本特征：一是战略在企业发生经营活动之前制订，以备人们使用；二是战略是有意识、有目的地开发。战略是一种计策（ploy），使之对竞争对手构成威胁。战略是一种模式（pattern），它反映企业的一系列行动，只要有具体的经营行为，就有战略。战略是一种定位（position），是一个组织在自身环境中所处的位置；对企业来讲，就是确定自己在市场中的位置，把战略看成一种定位，通过正确地配置企业的资源，形成企业强有力的竞争优势。战略是一种观念（perspective），它需要通过组织成员的期望和行为而形成一种共享。明茨伯格的定义，构成了战略的“5Ps”。

二、渠道战略的含义

随着社会文化和市场环境的急剧变革，企业越来越重视战略思考，制订战略计划，这与计划经济体制下的长期计划截然不同。因为后者是建立在对未来预期相当稳定的基础上的。要了解渠道战略，首先应当明白战略是什么。

战略是与战术相对而言的。美国管理学家彼得·德鲁克曾经将管理者的职责区分为“做正确的事”和“正确地做事”两种类型。高层管理者，即战略制订者的职责在于前者，而后者是战术制订者，即战略贯彻者的任务。这就是说，战略是关于“做正确的事”的规划。对于一个企业来讲，战略计划和战术计划是达到企业目标的两个部分。战略计划是面向未来的整体指导方针，战术计划是面对现实的应对措施。这两个计划的制订应该分两步走：首先制订战略计划，然后在战略计划的蓝图下开发战术计划。战略的制定强调权衡利弊，估算优劣，识别机会，规避风险。

可见，在销售人员埋头于理货、铺货、售点察看等具体事务之前，还要有人将时间和资源花在“抬头看路”上，探明企业分销渠道发展的战略之路。如果战略制定上有所闪失，意味着企业今后的航程正驶向错误的方向，计划执行得越好，工作效率越高；而偏离正确的航向越远，将导致南辕北辙的结局。

那么，什么是分销渠道战略呢?大家知道，企业发展战略，是指企业为实现长期总体目标而制定的基本思路。市场分销战略，是指公司为实现分销目标而确定的总的原则方针。

同样，分销渠道战略指的是为了实现分销渠道目标而制定的一整套指导方针。它的使命在于贯彻市场分销战略。总目标则是要最大限度地发挥渠道和产品战略、价格战略以及促销战略的协同作用，创造渠道价值链的竞争优势，为企业树立持久的竞争优势奠定基础。

分销渠道战略的特征如下。

（1）分销渠道战略是市场分销战略的一部分，它需要与产品战略、定价战略、促销战略相配合。从出发点上来讲，它必须从产品与市场相结合的角度，为特定的目标市场，以合理的价格和沟通方法，提供合适的产品。

（2）分销渠道战略给出的不是精确的行动方案，不是具体的策略措施，而是宽泛的、粗线条的、指导性的原则。这些指导原则对于企业的分销组合和企业的整体发展有重要的纲领意义。

（3）分销渠道战略是面向未来的。它需要建立在对未来竞争环境预测的基础上。戴尔电脑公司正是在把握顾客的个性化需求日益增长的趋势以及电脑配件日益标准化的这一发展趋势的基础上，确立了自己的以渠道战略为核心的业务模式。

三、制定渠道战略的重要性

在许多企业的实践中，可以毫不夸张地讲，企业销售部门99%的成员的99%的时间和精力都花在与经销商、代理商、零售商打交道上。因此，人们往往错误地认为分销管理的重要性体现在如何经年累月地打理与渠道成员的关系，解决分销渠道中出现的矛盾冲突等问题，却忽略了最根本的战略问题。俗话说，“磨刀不误砍柴工”，多做一些战略思考可以事半功倍，反之却可能事倍功半。因此，既然建立和管理分销渠道占据了企业销售部门大部分相关的资源和时间，企业就更应该重视对分销渠道战略的重要性的认识。

曾几何时，企业和分销者对分销渠道的关注是那么的缺乏。管理大师彼得·德鲁克对分销渠道现状曾做过这样一番评述：

“分销渠道中发生的变化或许对一个国家的GNP和宏观经济无足轻重，但对一家企业或一个行业来讲却关系重大。每个人都意识到技术在日新月异地发展，注意到市场在全球化以及劳动大军和人口结构方面的变迁。但几乎无人关注分销渠道中的变化。”

这番话道出了分销渠道的重要性，也提示了企业对分销的变化和发展的意义的认识不足。乐凯在胶卷战中的落伍是一个典型的教训。它没有完全忽视渠道，这从忙于建设售货点上可见一斑，但遗憾的是，它们没有从战略角度来考察战略。正是这导致了它的市场劣势。

前面我们提到，战略不同于我国计划经济时代各级单位的长期计划，也不同于二十世纪六七十年代西方发达国家企业集团的长期计划，那种长期计划都是环境不确定性相当小的情况下的产物。而随着科学技术的日新月异和经济的迅猛发展，消费者的需求越来越复杂多样，变化也越来越快，面对着这种不确定性增大的市场环境，企业需要在对未来市场需求作出预测的基础上，制定整体的指导性方针，而不再是每年按比例增长的销售计划。同样，要达到市场分销目标，也需要对未来的渠道形势进行调查研究，审时度势地调整渠道，制定分销渠道战略。所幸的是，今天越来越多的公司认识到渠道战略对于分销组合的意义，以及对于公司发展的意义。分销渠道战略的重要性可归纳如下。

（1）渠道战略可为市场营销组合策略的其他部分提供配合，实现更好的市场效益。要为目标市场有效地传递产品，需要产品、价格、渠道和促销策略的相互配合，缺一不可。即使企业有好的产品、合适的价格、对促销的投入和良好的创意，仍然是不够的。比如，外国的大米在日本卖不动，为什么呢?主要原因在于不能同日本产大米一样，进入日本的主流粮店。

（2）分销渠道战略是以产品与市场的有效结合为检验标准的，反过来，渠道战略也对企业的经营范围具有反作用。例如，加油站可利用其遍布全国的网络，提供餐饮、住宿、洗浴等服务。银行可利用其网络，出售保险，代收水电费、电信费，实现业务扩充，增加收入。银行不仅仅提供传统的金融服务，还是重要的分销商。这是分销渠道所带来的增值。

（3）与其他分销组合变量相比，分销战略对企业树立竞争优势具有更大的潜力。事实表明，分销组合“4P”（产品、价格、渠道和促销）中的其他 3 P——产品、价格和促销，都渐渐缺乏“张力”，变得没有竞争优势了。首先，通过技术领先和创新使产品具有竞争力，变得越来越难。其次，伴随技术优势丧失的是价格优势，企业难以获得超低水平的低成本优势。最后，指望促销来赢得市场，也因为其易效仿性而变得“稍纵即逝”和不堪一击。但分销却可以提供更多、更持续的优势。分销战略是一个长期战略，必须假以时日才能真正建立起一个分销体系。因此，分销战略具有隐蔽性，从建立初期至最后显山露水，很难被竞争对手察觉。待到渠道登台亮相之日，竞争对手想“克隆”却不能，只有自愧不如。

（4）渠道战略可使企业在更大的范围内进行资源配置。分销系统创造的资源对公司发展有辅助作用。分销渠道是市场分销策略组合中唯一的外部资源变量，构成分销系统的都是独立于制造商的商业企业，这些渠道成员都有自己的经营目标、方针政策和发展战略，要赢得这些成员的大力配合，并确保它们的行为促进公司的发展，显然是对公司渠道管理的挑战。然而，正是这些独立的外部资源可以给公司制造神奇的协同效应。如果制造商修筑渠道并与合适的商业企业缔结“联姻”关系，则可以相得益彰；如果渠道成员具有制造商缺乏的知名度和声望，不言而喻，与这种渠道成员联姻可以使公司的产品形象得到急剧提升，这是单凭广告促销活动或定价策略所不能创造的。另外，即使是世界知名企业，也应该力求与渠道成员形成通力合作的紧密关系。因为向目标市场提供产品的活动离不开渠道成员的合作。合作成功，可以获得 1+1>2

的效果；反之，则可能造成内耗，无法实现公司的经营目标。沃尔玛与宝洁公司的合作正是对此的一个极好的佐证。

（5）关系分销观念的流行是企业重视分销渠道战略的重要体现。分销渠道作为服务的传递者，在市场分销策略组合中扮演着重要角色。关系分销本质上是一种观念，这种观念旨在通过对客户和最终顾客的一系列承诺和履行，建立、维持和促进与顾客及其他合作伙伴的长期互利关系，而不是只想做一锤子买卖，在每次交易中获得最大的利益。其核心在于对顾客服务的承诺和履行，而要实现这一点，达到顾客满意，必须通过分销体系来传递这些服务。因为顾客对制造商满意与否来自顾客与渠道成员的互动关系。宝洁公司在考虑与沃尔玛的战略关系时，正是这样做的。

美国日用消费品生产巨头宝洁公司十分注重分销的作用，并努力寻求与重要的零售商结成战略联盟关系。沃尔玛就是宝洁公司战略联盟的对象。沃尔玛每年从宝洁公司购买价值 20 亿美元的产品，占宝洁公司在美国本土销售额的 10%。宝洁公司在沃尔玛的美国总部专门安置了一组行政人员，处理沃尔玛对宝洁产品的特殊需求。如为了配合沃尔玛搞的“每日最低价”活动以及沃尔玛下属山姆俱乐部的促销活动，宝洁公司专门特制大容量包装的产品。而且，更引人注目的是，宝洁公司的总裁埃德英·阿兹特亲自参与公司与沃尔玛及其他大零售商的分销战略制定事宜。

因此，就分销渠道自身的特点看，其所具备的特质必然会为今天企业的持续发展提供机会。很多公司独具慧眼早就认识到这一点，利用分销作为公司战略发展重点，赢得竞争主动权。在这一点上，两大软饮料巨头给了我们很好的启发。

可口可乐公司和百事可乐公司是著名的跨国饮料公司，在 20 世纪 60 年代百事可乐公司成立之后，两家公司变成了死对头，而碳酸饮料巨大的国际市场也基本上成了两家公司表演的舞台。作为生产同质产品的两家公司，它们除了不断在广告宣传和促销策略上斗法之外，越来越重视分销渠道对全球战略取胜的重要意义。两家公司竞争每一块销售阵地，甚至不放过任何一家零售店。2000 年夏天，青岛市曾发生可口可乐公司和百事公司员工在为争抢街头小店的遮阳伞广告而发生争斗的事件，这件事情虽然不太文明，造成一些不良影响，却非常生动地体现了两大跨国公司对终端促销和分销渠道的重视程度。而从整体的竞争态势上来讲，百事可乐在 2001 年的中国市场上风头正劲，向可口可乐公司的老大位置步步进逼。其原因何在呢？除了采用谢霆锋、张柏芝等年轻偶像做形象宣传，抓住年轻人市场之外，在各地的快餐店赠送售货机，在分销终端展开“擂台进攻”是最重要的原因之一。

第二节 制定渠道战略的流程

既然渠道战略是企业开拓市场不可或缺的因素，那么我们就很有必要了解制定渠道战略的流程，从而有效地制定渠道战略，建立企业持久的核心竞争优势，实现企业经济绩效。

一、制定渠道战略的前提

战略是实现目标的原则和基本方针。它主要涉及组织某一运作层面上总体的范围和远期的发展方向，致力于使资源与变化的环境，尤其是它的市场、消费者或客户相匹配，以便于达到战略制定者的目标。一般来说，战略包括使命、目标、具体目标、行为或任务以及控制措施等几部分内容。因此渠道战略作为基层作业战略的一部分，相应地包括渠道的使命、目标体系、总体的行动计划和控制措施。

从使命上来讲，不外乎是贯彻和支持市场营销战略。从目标上来讲，则一般是以最快的速度、最低的成本将一定的商品包括服务传递给目标顾客，创造尽可能多的顾客让渡价值。而具体的目标和行动计划则需要结合产品和市场的现实情况，以及现有的可能采用的渠道来加以选择制定。具体地说，分销渠道战略应回答下列问题。

1. 为使终端顾客满意，分销渠道一般需要提供哪些服务？
2. 可以通过何种营销努力来提供这些服务？
3. 由哪一类机构提供这些服务，可以做得更好，效率和效益更高？

要回答这些问题，分销渠道的设计是首要的任务，即在确定分销渠道目标之后，考虑有哪些可能的总体方案。无论何种方案，至少应有 4 项基本内容：渠道长度、渠道宽度、渠道广度和渠道系统。每项内容中可以有多种选择，如表 2-1 所示。

表 2-1 分销渠道设计方案基本内容

渠道长度	渠道宽度	渠道广度	渠道系统
零层渠道	密集分销	一种渠道	传统分销系统
一层渠道	独家分销	多种渠道	垂直分销系统
二层渠道	选择分销		水平分销系统
三层渠道	一体化分销		多渠道分销系统

此外，分销渠道战略还要回答控制渠道绩效的总的原则方针，例如，是侧重事前的、事后的还是事中的控制，使用何种评估手段，出现问题后的处理原则等。化解渠道冲突和进行渠道整合这些课题，都是要反映在分销渠道战略里面的。

总之，为实现企业分销目标，制造商要面临 4 大分销活动方面的抉择：设计分销渠道、选择分销渠道成员、管理渠道成员，以及评价和变更渠道成员。制定分销渠道战略为这 4 大分销决策提供了判断依据。

二、制定渠道战略的流程

制定分销渠道战略的基本流程如图 2-1 所示。

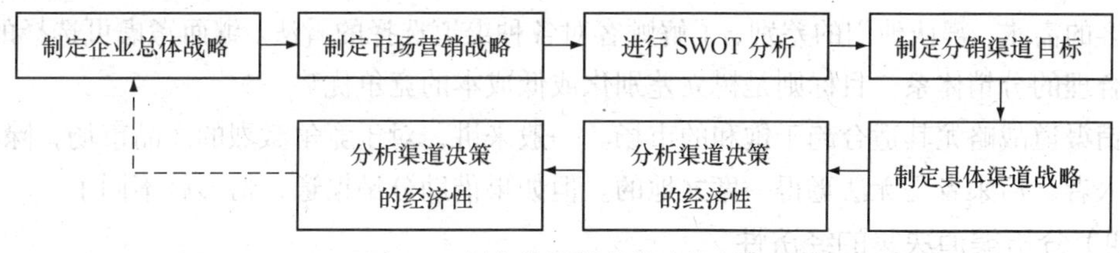

图 2-1 制定分销渠道战略的流程

制定企业总体战略→制定市场营销战略→进行 SWOT 分析→制定分销渠道目标→制定具体渠道战略→分析渠道决策的经济性→分析渠道战略的适应性和可行性，分析的结果和企业的实际情况将作为制定企业总体战略的参考。

企业总体战略和市场营销战略确定之后，就可以以其为指导，进入渠道战略的制定程序。同企业总体战略以及市场营销战略一样，渠道战略处在一个不断变化的动态环境之中，其制定必须能有效地与经营环境联系起来，因此 SWOT 分析对渠道战略的制定必不可少。渠道的 SWOT 分析主要包括从内部资源现状来评估公司的优、劣势和从外部竞争环境识别机遇和挑战，从而扬长避短，发挥优势，规避威胁，长盛不衰。

（一）用 SWOT 法分析渠道形势

SWOT 分析的内容，一是做企业内部资源的评估，分析企业现有渠道的优势和劣势；二是做竞争环境分析，分析环境的机会和威胁。这一步骤的核心是比较本企业与目标竞争对手在货物周转、市场覆盖度和成本变动趋势等方面的差别。对于许多企业来说，在分析渠道形势时，除了要搞清楚自身的情况，更重要的是了解主要竞争对手使用的渠道种类以及每条渠道的市场份额，并将这些数据与自身的情况对比，以便通过分析能知道：每条渠道的相对获利能力、渠道种类的增长速度以及市场覆盖率。

除上述分析之外，营销经理还要密切关注与制定渠道战略相关的一些趋势，包括客户购买方式可能的变化、渠道的新进入者、采用新技术进入市场的方式增加、从渠道中获取利润的压力等。这既可能是由于议价力量的增强，也可能是由于使用渠道的费用快速增长。

上面的趋势都会对目前使用渠道的未来吸引力产生重大影响。比如一直采用直销模式的戴尔，大部分增长来自于美国市场，个人消费市场和新兴市场是其两大软肋，但全球电脑市场增长潜力最大的是中国、印度等新兴市场。然而，戴尔的直销优势在这些新兴市场上似乎难以发挥出来。由于市场信任度相对较低，新兴市场的消费者在购买电脑之前先要亲身体验，可能更愿意从零售商店购买电脑。面对这些渠道的新变化，戴尔在全球大力推广体验中心，在美国市场戴尔的电脑开始摆在沃尔玛的超市销售，改变以往单一的直销模式，此外，在 2007 年 9 月 24 日，戴尔选择与中国的国美合作进军零售市场，通过这一系列的措施，有效地拉动了戴尔的销售业绩，为戴尔的进一步市场拓展提供了基础。

（二）制定分销渠道的目标

进行 SWOT 分析后，企业便面临着制定其分销渠道目标的任务。对于不同企业来讲，其分销渠道目标各不相同。有的企业分销渠道是追求一个大的市场覆盖率，而有的企业追求一个高度密集的市场渗透率。不同的渠道目标选择直接影响到渠道结构的设计和选择，关于这一点第三章将详细阐述。

（三）从顾客需求出发设计渠道，制定具体渠道战略，建立竞争优势

设计分销渠道，必须从顾客的角度思考以下问题：渠道中提供的服务项目的价值是什么，细分顾客的需求，辨认他们的差别，了解顾客对各种渠道选择的看法。继而考虑可选择的渠道，建立起合理的分销体系。目标则是树立差别化或低成本的竞争优势。

分销渠道战略尤其适合趋于饱和的市场。一般来讲，对于竞争激烈的产品市场，除非是早期的进入者，后来者是无法觅得一席之地的。但如果借助分销渠道，情形就不同了。

（四）分析渠道决策的经济性

营销经理在比较不同渠道选择的获利能力时，必须判断不同组合的收入、成本和资金需求情况。一方面，企业可以通过使用分销商以削减固定成本；另一方面，企业可以对工厂和仓储设施进行相当大的先期投资，以保持与顾客尽可能直接的联系。具体来讲，须考虑交易成本、资产特性以及大量交易可能带来的经济性。

（五）评价渠道战略的适应性和可行性

渠道战略的决策是在一个广泛的背景中做出的。因此，理想的渠道还必须在战略责任、可用资源、渠道战略的历史等限制条件下实施。这一步的目的就是要把先前步骤中识别出的最优渠道暴露在这些现实条件之下。如果确认某项选择适应当前的战略，是可行的，还必须看它是否适应将来的战略需要，并让竞争对手陷入困境。如果一种渠道战略很容易被竞争对手模仿和超越，它就不能提供一种实质性的优势。

第三节 渠道战略与市场营销战略

只有搞清楚渠道战略与市场营销战略的关系，才能更有效、更好地制定渠道战略。

（一）渠道战略服从于总体市场营销战略

渠道战略属于基层作业战略的一部分。从公司战略体系来看，直接影响分销渠道战略的是企业的总体营销战略，而总体营销战略又直接受到企业总体发展战略的作用。换句话说，分销渠道战略必须和营销战略一致，营销战略又必须和公司总体发展战略保持统一。

公司的总体营销战略包括产品、价格、渠道和促销 4 个部分。渠道战略是市场营销战略的一部分。在制定渠道战略方面，主要考虑从公司总体的市场营销战略出发。

一方面，分销渠道战略必须统一于营销战略。分销渠道战略的制定必须以公司市场营销战略为出发点。很难想象在没有公司总体发展战略的前提下，如何获得正确的分销渠道战略。

另一方面，分销渠道战略为公司的营销战略以及公司的发展战略目标的实现提供了途径。丰田当年抢滩美国汽车销售市场的案例，就恰如其分地说明了深思熟虑的渠道战略思考如何为公司总体战略决策的成功助上一臂之力。

通过大量翔实的调查和研究，丰田公司断定美国的汽车消费者正逐渐摆脱昔日的崇尚豪华、宽大的价值观，日益追求省油、耐用、价廉的实惠型汽车。于是在 1965 年，丰田带着针对美国汽车销售市场设计的节油又价廉的小型汽车再次登陆美国，此时的丰田没有忘记 1955 年首次进军美国汽车销售市场惨败的情形。当时，公司没有充分意识到渠道战略对公司发展战略的重要性，忽略了分销对公司发展的非凡意义，以至于第一年丰田在美国的经销商只有可怜的 5 家。因此，在这次丰田卷土重来的时候，公司不遗余力地在分销渠道建设方面进行长期投资。利用其在生产领域中形成的低成本优势，丰田全面铺开在流通领域的活动，利用一切可能的手法，如博览会、培训班、研讨会以及佣金制度等，广泛拉拢美国经销商，建立庞大的经销体系网络。到 1976 年，丰田汽车配售网络中的经销商就已经达到 1000 多家。丰田这种“流通”与“生产”双管齐下的凌厉攻势，决定性地确立了其在美国汽车销售市场的竞争优势，从此“质量可靠、服务优良、价格低廉”的丰田形象在美国汽车销售市场上先声夺人。

基于分销渠道战略与公司营销战略、公司总体发展战略的这种密不可分的关系，分销渠道战略的制定需要高层管理者的参与，甚至是亲自负责。

（二）渠道战略与顾客需求分析

如果我们问企业负责人：分销渠道的目标是什么？许多企业负责人会回答说："把产品卖出去。"另外还会有一些企业负责人回答说："没想过。"实际上，企业在进行分销渠道设计时，必须要以确定的分销目标为基础，而这个目标的确定必须以消费者的服务需求为基础。

1. 分销渠道设计要以消费者的需求为核心

分销渠道的演化一直是与消费革命相伴随的，并且越来越受消费者的左右。在买方市场形成的条件下，企业的一切营销活动必须以消费者需求为核心，否则会在激烈的市场竞争中败北。以消费者为核心，并非单指在营销活动前期进行消费者研究和目标市场选择，更重要的是在产品设计、价格确定、渠道选择和促销策划活动中满足消费者的需求。如果说产品是满足消费者效用需求，价格是满足消费者的价值需求，促销是满足消费者的信息需求，那么，分销渠道则是满足消费者购买时的便利需求或者说服务需求。这是分销渠道的永恒目标。

2. 服务需求的具体内容

既然分销渠道的目标是满足目标顾客的服务需求，研究服务需求的具体内容及其走势就有着非常重要的意义。具体来说，这些服务包括以下方面。

（1）为顾客购买提供空间上的便利性

绝大多数产品的生产地与消费地是不在一起的，缺少必要的中介，势必会影响产品的移转。而批发商和零售商的分散化所提供的空间上的便利性，减少了顾客不必要的行程和运输费用，能够提高用户的满意度。商业中心、超级市场、商店、自动售货机都可满足用户空间便利性的需求。

（2）减少顾客等待和交货的时间

随着人们生活节奏的加快，时间越来越珍贵。供货时间越长，顾客就越不方便。而渠道通过行使运输和仓储等物流功能可以提高对顾客的响应时间。

（3）弥补生产者和消费者信息的不对称

生产者与消费者在了解商品性能、市场供求关系等信息方面是不对等的，一般来讲，消费者处于弱势地位。信息的不对等会影响交易的安全性与交易效率，渠道的信息、沟通职能可以弥补这一点。消费者可以通过对集中于近处的零售商的同类产品做调查、比较，来了解这些信息。

（4）满足顾客需求产品品种、规格、花色多样化的需要

商家可通过进行集散、调剂、包装、组合和配送来为顾客提供便利。

（5）满足顾客消费经常性、零散性的需要

分销渠道可允许顾客一次购买少量商品，随用随买，避免了顾客可能的储存和保管费用。

（6）为顾客提供各种售后服务

分销商可为顾客提供包括信贷、送货、安装、维修等服务内容。

英国渠道专家劳伦斯·G. 弗里德曼、蒂莫西·R. 弗瑞在所著的《创建销售渠道优势》一书中，将顾客购买要考虑的因素总结为 5 个方面，不同渠道对这 5 个方面的满足是不同的，如表 2-2 所示。

我们研究目标顾客的服务需求，是为了在所设计的分销渠道中对其进行满足。这绝不意味着服务产出水平越高越好，因为服务产出水平是与成本成正比的。可见，目标的最终确定还要

考虑各种影响因素。

表 2-2　　渠道与顾客购买行为的结合

购买特点＼渠道	直接销售队伍	分销伙伴	零售店	呼叫中心	互联网
专家建立	√√√	√√	√√	√	√
培训	√√√	√√√	√√	√	√
要求定制	√√√	√√√	√	√√	√
灵活交货	√√	√√√	√√	√√√	√√√
现场安装及时	√√	√√√	√√	√	√
本地化的技术支持	√√	√√√	√√	√	√
订货快捷便利	√	√√	√√	√√√	√√√
自我服务	√	√	√√	√√√	√√√
最低价格	√	√	√√	√√	√√√
每天 24 小时支持	√	√	√	√√√	√√

（三）渠道战略与产品

产品的具体特点决定了企业选择渠道的类型，它决定了渠道的长短、宽窄、直接还是间接以及接触性的高低。产品组合也对渠道选择有一定的影响。产品组合长而深的企业适宜选用窄的营销渠道网络或者通过专卖店销售。

1. 产品不同，顾客的需求心理不同，适宜的销售渠道相应不同

如前所述，顾客购买时的服务需求表现为购买批量的多少、等候时间的长短、出行距离远近、选择范围宽窄和售后服务好坏。这一切，都会因产品不同而有很大差异。产品类别直接影响分销渠道目标的确定，分销渠道是为目标服务的，无疑其构成要受产品因素的影响。我们可以从表 2-3 中看出这种差别。

表 2-3　　顾客购买不同商品的不同心理和习惯

商品种类	食品副食品	日用百货	衣着用品	高档专用品	流行商品
购买频次	多	较多	稍少	少	大体一次
购买努力程度	比较努力	不太努力	努力	相当努力	非常努力
选择商品标准	新鲜	便利坚固	新款	称心	无要求
对价格要求	便宜	比较便宜	质价相符	质量重于价格	不在乎价格
对质量要求	一般	一般	较高	高	不怎么高
购物距离	近	较近	稍远也行	不在乎多远	多远都行
适应渠道	便利店、超市	超市、百货店	商场、商业街	大商场	高级专业商场

2. 产品不同，适应的渠道特征不同

每种产品都有自己的自然属性和社会属性：使用价值和价值。从使用价值方面看，各类产品使用价值的实现所要求的时间、空间是不同的；从价值方面看，渠道的差异会使产品价格上

升或下降。这些因素自然会影响分销渠道的长短与宽窄。

3. 产品生命周期的不同阶段适用不同的渠道策略

在产品的引入期，为了向市场推出产品，渠道应该是高接触性的，一般选择直销或者有经验的分销商，但也存在特例。在产品的成长期，为了占领更多的市场份额，多渠道组合策略是较为理想的选择。在产品的成熟期，企业应尽量减少间接渠道，选用低成本的渠道，以获取更多的利润。在产品的衰退期，企业适宜选择低成本的自有渠道。

（四）渠道战略与定价

定价是市场营销组合策略的重要部分，渠道战略对定价企业的价格策略有重要的影响。我们知道，影响商品定价的主要因素包括成本费用、销售数量、资金周转、需求的价格弹性、需求的收入弹性、竞争产品的价格、产品生命周期和产品质量等。渠道战略因其连接产品与市场，进行商品实体和服务的传送的特性，可以从两个方面影响商品的价格。

（1）价格能够影响单位商品的总成本。渠道能力是决定销售数量和资金周转速度的重要因素。因此，渠道能力的提高可以相对降低单位产品的总成本，提高商品的竞争力，使产品的定价可以享受更大的自由度；否则，就会很受限制。例如，要采取快速渗透式价格策略，必须有相当高的渠道能力来支撑。

（2）渠道成本本身是商品成本的重要组成部分，直接影响着商品的定价水平。渠道成本包括寻找中间商，建立分销体系；对渠道成员进行监督控制和物流活动等形成的成本。其中，物流成本占到很大比重。商品实体运销形成物流活动，包括运输、仓储、存货控制、搬运装卸、保护性包装、订单处理等，这些活动非常复杂，需要大量的成本。据西方国家市场专家估计，物流成本已经占到全部营销成本的 50%，且总额仍在不断增长中，与生产成本的不断下降形成鲜明对照。所有这些活动都在很大程度上受到渠道战略的制约。好的渠道战略可以显著降低销售员的事务性活动和物流活动的成本，取得事半功倍的效果。

（五）渠道战略与促销

市场营销组合策略的第 4 个要素是促销。促销是指经营者将企业或产品信息以一定的方式传递给中间商和产品的最终用户，使其了解、信赖并购买该企业的产品或者服务，建立市场信誉，从而达到扩大销售目的的全部活动。渠道战略和促销策略的关系如下。

1. 促销策略是贯彻渠道战略的重要方面

促销是在分销基础上的市场营销活动。它的使命是配合分销渠道，运用一些特殊手段大力促进产品销售。它的内容包括人员推销、销售促进、广告、营业推广及公共关系等。

前面我们曾经提到过，渠道战略的内容之一是进行渠道管理和控制，这其中就包括对中间商的激励规划。除了总体的一般按年度进行的激励之外，在特定的时刻为贯彻渠道战略也需要借助于促销策略。如为了刺激中间商的进货热情和销货积极性，提高销售量，也在与中间商的交易中使用各种各样的促销手段，主要有商业折让、批量折让、商业折扣、展售津贴、实销津贴和零售店奖品等。因为只有借助于批发商和零售商的支持，才能将产品顺利地送到消费者手中。

2. 促销策略需要渠道战略的配合

促销策略是指达到促销目标所采用的谋略和手段。促销流程是渠道流程的重要部分，促销活动的很大部分都要依靠渠道来进行。因此，选择促销策略必须考虑产品分销渠道的特点。

企业为使顾客认知并购买本公司产品，需要两种促销策略的配合，即“拉动策略”和“推动策略”。拉动策略是利用广告和销售促进等方式，直接面向消费者进行强化促销，建立消费者的购买欲望。通过“拉动策略”，消费者对产品形成认知，调动起兴趣。但此时若不能方便地买到，销售量则会大打折扣。只有与推动策略相配合，即利用销售队伍和贸易促销，通过销售渠道推出产品，才会形成理想的销售。推动策略需要制造商刺激批发商的需求，把产品推销给批发商；批发商采取积极的措施把产品推销给零售商；零售商又刺激消费者的需求，从而“推动”着产品进入分销渠道。因此，要使“拉式”和“推式”策略配合成功，必须有正确、有力的渠道战略相配合。

第四节 渠道战略的选择

了解目前有哪些可选择的渠道战略，可以使我们在制定渠道战略的过程中做到事半功倍。

渠道成员能够利用渠道的建立与管理来发展和保持长期的竞争优势。可供选择的渠道战略主要有：单一分销，双重分销，非传统渠道，建立并保持比较宽的渠道成员网络，使用新技术，提供优质顾客服务，降低分销成本和拥有进入专业市场的通道。

1. 单一分销渠道

单一分销促使完全服务型的中间商向其顾客提供高水准的服务，而没有来自那些提供有限服务的竞争者们的价格竞争之忧。通过单一分销，公司能与分销商建立并保持长期的亲密关系。在这种战略下，公司在某市场上的成功必须仰赖于中间商的成功。当然，没有公司的充分支持，分销商也不会成功。单一分销让分销商放心地开发自己辖区内的市场，而不必担心会有其他的批发商或者零售商来争夺自己辛辛苦苦开拓出来的市场。这种战略特别适合开拓国外市场，吸引海外代理商开拓市场。

2. 双重分销渠道

制造商往往通过多条渠道将相同的产品送到不同市场和相同的市场。也就是说，同一种产品，由于既卖给最终消费者用于生活消费，同时又卖给产业用户用于生产消费，公司通常通过若干不同渠道将同一产品送到不同市场（消费者市场和产业用户市场；有些制造商还通过多渠道将其产品送到同种顾客手中），这就是双重分销渠道。第一种类型的双重分销是“制造商通过两条以上竞争的分销渠道销售同一品牌的货物”；第二种类型的双重分销是“制造商通过两类竞争的分销渠道销售两种不同品牌但基本相同的产品”。例如青岛啤酒通过各种经销商（如超级市场、连锁商店、折扣商店和独立食品商店、小杂货店等）销售许多不同品牌的啤酒（崂山啤酒、青岛啤酒等），消费者可能不知道这些不同品牌的、不同价格的啤酒都是青岛啤酒公司制造的。制造商使用双重分销战略，比使用单一渠道更能实现“市场渗透”深入化。

3. 非传统渠道战略

在非传统渠道战略中，制造商、批发商和零售商能够经销与其本身关联不大的产品和服务。非传统渠道使得消费者能在方便的地方购买商品和服务。例如，亚马逊首创网上书店，在网上销售图书、CD 等，方便消费者选择和购买，节约了消费者的购买时间，同时也因非传统渠道战略而获得了巨大的成功。

4. 建立并保持比较宽的渠道成员网络

为建立并保持比较宽的渠道成员网络，公司要使用地区性和全国性的广告（提供与广告覆盖范围相当的分销网络），并创立和维持一个地区性的或全国性的品牌形象，还要提供整个市场范围内的令人满意的服务。

大多数第一档次的日本汽车制造商（本田、丰田和日产）有着较宽的覆盖全美的分销网络，第二档次的日本汽车制造商（如马自达、三菱、五十铃）也有相似范围内的坚实的经销商网络。在某市场中若没有充分数量的优秀的经销商，这些制造商不可能获得任何潜在的市场，无论是地方性的、地区性的还是全国性的。

许多年以来，三菱在美国轿车购买者中的品牌号召力很低，只有很少数量的经销商，并且还集中在东部和西部沿海地区。三菱现在改变了它的分销战略，开发了一系列轿车（包括跑车3000GT 和豪华车型 Diamante）并加强其经销商网络。它使旗下经销商的数量从 1987 年年末的 204 家增加到 1993 年中期的 550 家。不像其他的日本竞争者，三菱还决定为其豪华车 Diamante 建立单独的经销商网络。这项决定使现有经销商更加忠诚于公司，并使公司能更容易地吸收新的经销商。三菱还买下了佛罗里达的一家轿车租赁商 ValenRnt-ALar。租车业务使三菱轿车的参观和试用频率大增。最后，为了增加分销商的忠诚度，公司还花费 3000 万美元广告费以推广其 1994 年的格兰特模型，这比它以往任何一次花在新车推广上的钱都多。它还给予经销商传统的培训，并用测验考察他们的产品知识。正是三菱较宽的渠道战略执行到位，才造就了三菱的成功。

5. 使用新技术战略

渠道成员能够使用高新技术来取得并保持竞争优势。计算机已用于安排预约，保持最新的商品目录，分离畅销品和滞销品，针对有选择的目标顾客进行促销等；自动化仓库能够减少依单发货中的错误，加快运送和降低劳动力成本。

应用革新性技术来创造渠道竞争优势的一个例子是巴克斯特国际公司的“价值链自动化采购”系统。“价值链”系统使大客户，如大医院，能够通过电话连接的终端设备向巴克斯特直接订货。通过该系统订购的货物由巴克斯特直接送达订货地点（如一个手术室或护士办公室），并且数量准确无误。这样巴克特系统的用户就能从无库存系统中获益。无库存系统减少了订货和商品运送两方面的成本。这些费用几乎与产品的直接成本相等。

“价值链”系统还给巴克斯特带来了极大的好处。巴克斯特是面对医院的分销商业中的领头羊，其市场占有率约为 28%。“价值链”系统的服务被巴克斯特人视为高市场占有率的首要贡献者。该系统还使巴克斯特为这种服务收取额外费用并成为医院药品供应的唯一来源。尽管巴克斯特的价格比使用传统订货和运输方法的竞争对手的要高，但由于存货管理成本费用的节省，医院的总体费用还是有显著的降低，而这一切都是这个系统的功劳。

6. 提供优质顾客服务战略

渠道成员通过提供优质顾客服务也能建立并保持长久的竞争优势。

优质顾客服务的典型例子就是更快的运输，保留顾客服务记录，以现有存货满足 95% 以上的顾客订货，拥有较多品种和规格的产品库存和现场设备维修等。一个家用保健品公司，通过为其经销商提供最优服务取得了巨大成功。尽管其竞争对手能以更低的价格向家用保健品零售商提供相同的产品，但零售商却因此而不得不大量采购。此外，在送货方面，零售商经常要等待 3 周的时间。因此，零售商就不得不保持适量的库存以满足顾客的需要。但该公司的所作所为却正好相反，其渠道战略以当日送达为基础，它形成了包括 32 个仓库在内的巨大的库存系统。

公司提供的价格包括了运输费，而其竞争对手却将运输费单列出来。该公司还扩展其产品组合，从轮椅到医院病床和康复设备的制造，还包括诸如电动轮椅的垫子和电池等小物件商品的经销。

7. 保持低分销成本战略

建立在低成本基础上的分销战略使渠道成员能赢得对价格敏感的细分市场，将节省的费用让给消费者，并通过挑战竞争对手的价格而获得满意的利润。

渠道成员可以通过自动化（如订货、仓储和记账的自动化）、租用低租金设备（作为展厅、仓库和零售店）、将提供给顾客的服务减至最少（如通过自选购物、目录销售或对运输、设备安装和修理等收额外费用）等方法来降低其成本。

8. 拥有进入专业市场的通道

进入专业市场的通道使公司能更好地满足其目标市场的特别需要，比竞争者更有效率地进入市场。没有通向专业市场的渠道，企业就不得不想办法把它的产品和服务推向更大范围的市场，这会造成巨大的浪费。该战略适用于制造商、批发商和零售商；也适用于产品和服务的销售者，单一和双重渠道分销商，国内和国际企业；还适用于采用价格策略或服务策略的渠道成员。

尽管各种战略的优势我们是分开讨论的，企业可以将这些战略混合使用。例如，企业可采用技术策略来降低成本（如更好的管理或库存技术）或提供更为优质的顾客服务（通过维修服务），而且企业可以采用一些非传统渠道销售作为传统渠道销售的补充，从而构成双重分销。

一般来说，运用渠道竞争优势的企业总是能将企业的渠道策略与其整个市场营销策略相统一。渠道管理作为竞争优势的主要方面在于其长期性质。例如，许多特许合同 20 年才更新一次。一般建立一个零售网络是非常耗时的，而且产品如果不在市场上经历充分的展示是难以实现其销售潜力的。许多批发商不愿意承接市场上有竞争品牌和产品的商品销售。制造商因为这些限制而很难接近最得力的批发商。

除了长期性之外，渠道关系也是让竞争者难以效仿的，尽管竞争者可以模仿其价格策略，模仿其产品线，或模仿企业的促销策略，但是渠道关系可就不好模仿了。例如，最好的批发商可能早就承诺为竞争对手服务了，或者发现最佳的零售地点已经为竞争对手所占据，这样就不好办了。

本章小结

渠道战略是企业市场营销战略的一个重要组成部分，是企业取得竞争优势的一个必要环节。本章试图从总体上对市场渠道战略进行介绍，让读者认识渠道战略。本章首先介绍分销渠道战略的含义：是为了实现分销渠道目标而制定的一整套指导方针。它的使命在于贯彻市场营销战略。总目标则是要最大限度地发挥渠道和产品战略、价格战略以及促销战略的协同作用，创造渠道价值链的竞争优势，为企业树立持久的竞争优势奠定基础。主要从以下 5 个方面对建立分销渠道战略的重要性进行探讨：渠道战略可为市场营销组合策略的其他部分提供配合，实现最大的市场效益；分销渠道战略是以产品与市场的有效结合为检验标准的，但反过来，渠道战略也对企业的经营范围具有反作用；与其他营销组合变量相比，分销战略对企业树立竞争优势具有更大的潜力；渠道战略可使企业在更大的范围内进行资源配置；关系营销观念的流行是企业重视分销渠道战略的重要体现。

其次，主要介绍了制定渠道战略主要流程：制定企业总体战略→制定市场营销战略→进行SWOT分析→制定分销渠道目标→制定具体渠道战略→分析渠道决策的经济性→分析渠道战略的适应性和可行性。

再次，介绍了渠道战略与市场营销战略的关系。指出渠道战略应服从于市场营销战略。在此基础上，讨论了渠道战略与顾客需求分析；渠道战略与产品；渠道战略与定价；渠道战略与促销之间的关系。

最后，介绍了单一分销、双重分销渠道、非传统渠道，建立并保持比较宽的渠道成员网络，使用新技术，提供优质顾客服务，保持低分销成本和拥有进入专业市场的通道等渠道战略。

思考题

1. 什么是渠道战略？
2. 分销渠道战略有什么特征？
3. 分销渠道战略的重要性有哪些？
4. 分销渠道设计方案的基本内容有哪些？
5. 制定分销渠道战略的基本流程是什么？
6. 分销渠道战略的类型有哪些？

【案例分析】

分销渠道的战略性模式创新

分销渠道的战略创新是运用现代技术成果和管理知识，全方位调整分销渠道以及整个经营过程，促使其更加有效地适应 21 世纪市场环境的企业行为。与策略性调整相比较，战略性调整是涉及分销渠道所有方面的、以运用现代技术成果和管理知识为标志的、带根本性的分销渠道的创新。

1. “订货—制造—销售”一体化

“订货—制造—销售”一体化是以现代信息沟通技术的应用为基础的，典型代表是定制销售。美国有一家叫做 Software Sportswear 的服装店，店内安装了一套由摄影机和计算机组成的系统。对每位前来光临的顾客，摄影机首先拍摄其数码相片，再将拍摄结果交由计算机处理，计算出顾客的身高、胸围、腰围等基本数据，接着在屏幕上显示出顾客身着新衣服的视觉效果，包括从正面、侧面、后面等不同角度观察新衣服的得体性、美观性和舒适性。计算机可以提供 150 多种样式的新衣服供顾客选择，有关顾客选中的衣服式样的数据被传送到生产车间，几天后，顾客就可以拿到成衣。

2. 无缝分销渠道模式

无缝分销渠道，又称关系型分销渠道，是指为了提高分销渠道的质量和效率，在保证生产厂商、中间商双赢的情况下，生产厂商从团队的角度来理解和运作厂家与商家（批发商、零售商）的关系，以协作、双赢、沟通为基点来加强对销售渠道的控制力，为消费者创造更具价值的服务，并最终达到本公司的战略意图。

美国宝洁公司是运用无缝分销渠道的典型。据中华全国商业信息中心市场监评部所做的市场抽样调查显示，在我国的化妆洗涤用品市场中，宝洁公司产品的市场占有率名列前茅。美国宝洁公司之所以能在中国市场上取得骄人成绩，其中一个重要原因是在渠道管理上实施了无缝分销渠道。它们为避免因职能上的重复而造成资源浪费，与渠道成员根据各自所长进行合理分工，并加强双方的沟通与合作，从而保证了渠道的畅通高效。

（资料来源：http://manager.ef360.com/Articles/2007-11-19/48830.html）

问题：

新技术背景下，面临消费者的多样化需求，渠道战略如何进一步创新？

第一篇
分销渠道概念

第二篇
分销渠道设计

第三篇
分销渠道管理

第四篇
分销渠道控制

第三章 分销渠道结构

【学习目标】

对于生产企业（制造商）来说，新产品投入市场之前，对产品进入市场的通道设计是至关重要的。实际上，并不是所有的产品在市场上都能找到合适的通路，换言之，现有的渠道体系并不一定适合某个具体企业的产品。为此，全面了解和掌握现有的渠道体系结构是科学设计渠道体系的前提之一。

通过本章的学习掌握以下知识：

- 了解渠道长度、宽度以及广度的内涵；
- 掌握影响分销渠道长度、宽度及广度决策的因素；
- 了解直接分销渠道的特点和类型；
- 掌握国家对直销方式的法律规制；
- 了解间接分销渠道的类型。

【能力目标】

- 能分析某一具体的渠道体系结构内容；
- 能比较分析直销和间接分销的优缺点。

【知识导图】

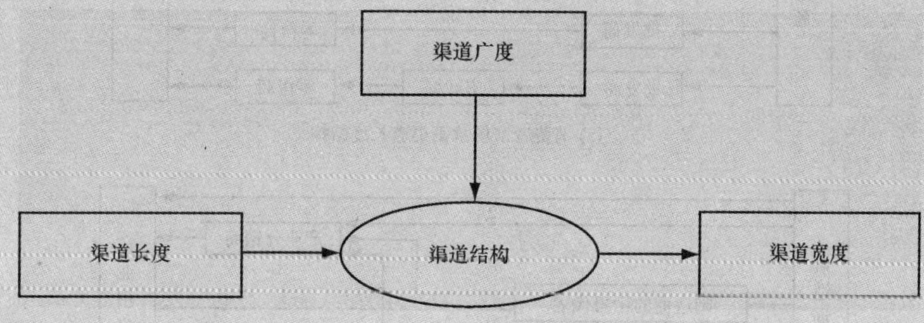

【引导案例】

保健食品供应商：凭什么决胜终端？

在经历了 20 世纪 90 年代中期的一段历史低潮的沉寂后，我国保健食品行业市场又重新崛起。尤其是近两年，随着各地区居民消费水平的提高，以及自我保健意识的增强，保健食品的竞争烈焰正在以不可阻挡之势在全国燃起。

保健食品企业的制胜根本就在于：做好终端。目前在任何终端做买赠等促销活动的都不止一家，而能将渠道推到二、三线地区甚至更低层终端的，也不止一家。相对于洋品牌，我们尚有渠道广度和深度的优势，但将来也要涉及在城市市场正面“拼杀”；而相对于其他本土竞争对手，对终端的"精耕"则是避免不了的。其实，有很多企业学习过"三株"和"红桃 K"的营销经验，并将产品铺得遍地都是，但别说在城市零售终端，即便是在农村，它们的业绩也并不怎么样。广告抓消费者的心，终端抓消费者的钱。保健食品的终端促销，犹如足球场上的临门一脚，只有终端促销工作切实做好，渠道才算真正畅通，否则投入的资源将会大打折扣。而且若想迅速做大资本，就必须抱着快速消费品"走量"的观念去看待自己的终端运作。终端优势来自哪里？一般认为，保健食品属于一种快速消费品，因此其在终端必须保持较快的"走货"速度。如果渠道稍有问题，便会出现常见的"肠梗阻"。

决策是针对需要解决的问题，找出各种解决方案，并在其中选择出最佳方案的过程。分销渠道长度和宽度决策是分销渠道决策的重要内容，即在综合分析各种制约因素的基础上，设计分销渠道纵向和横向应该用多少个中间商，以保证分销的"畅通、经济、适应"。

第一节 渠道长度、宽度及广度

一、渠道长度

分销渠道长度，是指产品从制造商手中转移至消费者手中所经过的中间环节的多少。如图 3-1 所示，环节越多，表明渠道越长；反之则越短。分销渠道长度有 4 种类型。

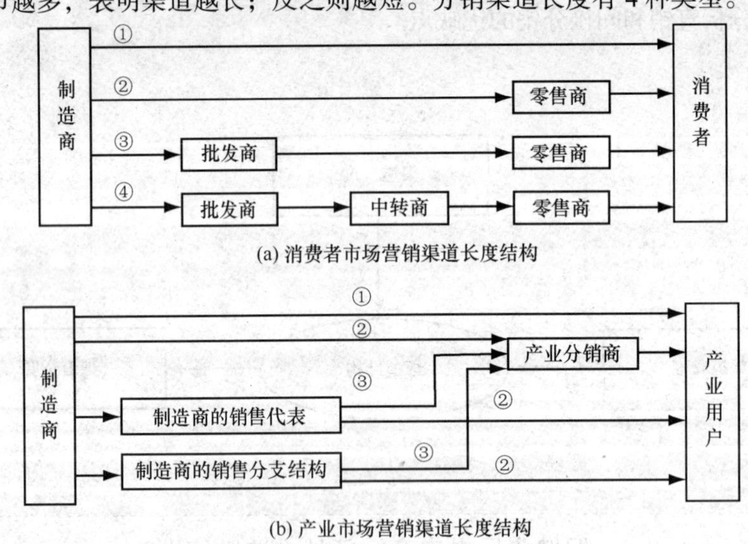

注：①零级渠道；② 一级渠道；③ 二级渠道；④ 三级渠道。

图 3-1 分销渠道长度结构

（一）分销渠道按渠道内环节的多少，可分为长渠道和短渠道

1. 长渠道

长渠道是指生产商在产品销售过程中利用两个或两个以上的中间商分销商品的分销渠道。

（1）长渠道的优点

① 中间商具有庞大的销售网络，利用这样的网络能使生产商的产品具有最大的市场覆盖面。

② 充分利用中间商的仓储、运输、保管作用，减少了生产商的资金占用和耗费，并可以利用中间商的销售经验，进一步扩大产品销售。

③ 对生产商来说，减少了花费在销售上的精力、人力、物力、财力。

④ 由于分销任务分摊给多个市场主体，降低了生产商的分销风险。

（2）长渠道的缺点

① 流通环节多，销售费用增多，也增加了流通时间。

② 生产商获得市场信息不及时、不直接。

③ 中间商对消费者提供的售前售后服务，往往由于不掌握产品技术等原因而不能使消费者满意。

④ 生产商、中间商、消费者之间的关系复杂，难以协调。

2. 短渠道

短渠道是指生产商仅利用一个中间商或自己销售产品。短渠道类型主要有两种，即零级渠道和一级渠道。

零级渠道是制造商的产品直接销售给消费者或用户。其特点是没有中间商参与转手，也称为直销，其主要方式有上门推销、邮寄销售、互联网销售及厂商自设机构销售等。工业用品的分销渠道主要采用直销方式，大型设备、专用工具及需要提供专门服务的工业用品几乎都采用直销渠道。随着科技手段的完善，消费品直销渠道也在迅速发展。

一级渠道指商品的销售经过一个中间环节。在消费品市场，这个中间商通常是零售商；而在工业品市场，它通常是代理商或经销商。

（1）短渠道的优点

① 了解市场。生产商能及时、具体、全面地了解消费者需求和市场变化情况，及时调整生产经营决策。

② 减少费用。分销环节少，商品可以很快到达消费者手中，从而缩短商品流通时间，减少流通费用，提高经济效益。

③ 渠道短能减少分销环节，分销时间短，节省费用，产品最终价格低，市场竞争力强。

④ 分销环节少，生产商和中间商较易建立直接而密切的合作关系。

（2）短渠道的缺点

① 生产商增设销售机构、销售设施和销售人员，这就相应增加了销售费用，同时也分散了生产商的精力。

② 由于生产商自有的销售机构总是有限的，致使产品市场覆盖面过窄，容易失去部分市场。

③ 分销渠道短，生产商承担的分销风险也大。

（二）按并列使用中间商的多少，可分为宽渠道和窄渠道

当企业将产品销向一个目标市场时，按使用中间商的多少，可将分销渠道划分为宽渠道和窄渠道。分销渠道的宽度是指分销渠道的每个环节或层次中，使用相同类型的中间商的数量。同一层次或环节使用的中间商越多，渠道就越宽；反之，渠道就越窄。一般来说，渠道越宽，市场覆盖面也越宽，但是，成本也越高，中间商积极性较低；反之，则相反。

二、渠道宽度

分销渠道的宽度是根据经销某种产品的批发商数量、零售商数量、代理商数量来确定的。如果一种产品通过尽可能多的销售点供应尽可能广阔的市场，就是宽渠道；否则，就是窄渠道。

一般来说，渠道的宽度主要有三种类型：密集性分销、独家分销、选择性分销。

（一）密集性分销渠道

密集性分销渠道是指生产商尽可能通过许多负责任的、适当的批发商、零售商销售其产品。消费品中的便利品通常采取密集分销，以便广大消费者和用户能随时随地买到这些产品。另外，较多的中间商来分销商品，可以扩大市场覆盖面或快速进入一个新市场。

密集性分销渠道的优势是：生产商产品的市场覆盖面大，产品的市场扩展迅速；消费者对产品的接触率高，能有效地提升销售业绩；可有效地使用中间商的各类资源。

密集性分销渠道的缺点是：生产商分销成本高；生产商对分销渠道的控制程度低；各中间商之间竞争激烈，横向冲突不可避免，生产商的管理难度大。

（二）独家分销渠道

独家分销渠道是指生产商在某一地区仅选择一家中间商销售其产品，通常双方协商签订独家经销合同，规定经销商不得经营竞争者产品，以便控制经销商的业务经营，调动其经营积极性，占领市场。

独家分销渠道的优势是：保证交易安全，让顾客购买到货真价实的产品；能避免渠道终端成员之间的竞争和摩擦；能有效地节省分销费用；由于独此一家，生产商的市场策略能受到中间商的全力支持，如广告价格控制、信息反馈等。

独家分销渠道的缺点是：市场覆盖面小，顾客购买很不方便；由于过于依赖中间商，会加大中间商的议价能力。

（三）选择性分销渠道

选择性分销渠道是生产商在某一地区仅通过少数几个经过精心挑选的、最适合的中间商销售其产品。选择性分销适用于所有产品，但相对而言，消费品中的选购品和特殊品最适合于采取选择性分销。选择性分销渠道关注的是顾客的选择机会。顾客愿意花费时间和精力来反复挑选商品，他们对商品的如意性的重视超过便利性。

选择性分销渠道的优点是：生产商较易控制分销渠道，市场覆盖面较大，顾客接触率较高。

选择性分销渠道的缺点是：合格的中间商选择比较困难，由于选择性分销渠道的终端具备展示功能，所以，必须进行差异化的装潢布置，且拥有相当的面积，否则很难达到预期的效果。

三、渠道广度

分销渠道广度，是指生产制造企业选择渠道条数的多少。条数单一（生产制造企业仅利用一条渠道进行某种产品的分销），表明分销渠道窄。条数多，表明分销渠道广。两条和两条以上的渠道又称多渠道组合。

（一）多渠道组合的主要类型

1. 集中型组合方式

在单一产品市场组合多条分销渠道，这些渠道互相重叠，彼此竞争。如某公司在个人消费者和小公司的现货、大规模定制市场采取了无差异的人员推销、电话营销、网上分销 3 种渠道形式。

2. 选择型组合方式

对产品市场进行细分，对不同的市场选择不同的分销渠道，这些渠道互不重叠，也不彼此竞争。如公司将市场分割为个人消费者的现货购买、小公司的大规模定制和大公司的独特解决方案 3 个子市场，分别采用网上分销、电话分销和无差异的人员推销 3 种方式，各负其责，互不干扰，如图 3-2 所示。

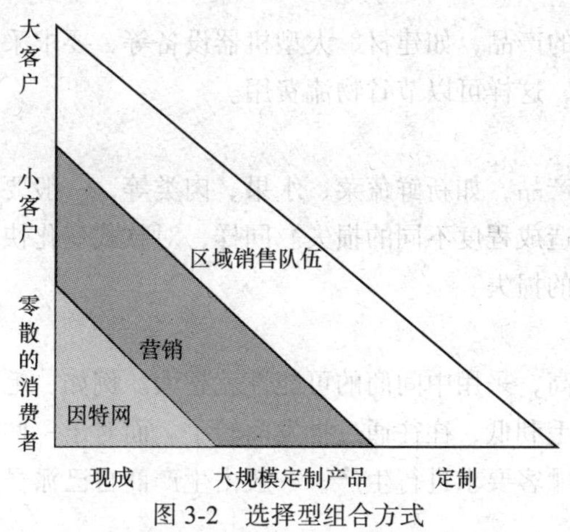

图 3-2　选择型组合方式

3. 混合型组合方式

综合运用了集中型和选择型两种组合方式。一般的情况是选择型单一渠道用于某种优先权市场，集中型渠道用于较大规模的市场。如英国航空公司业务拓展的多条渠道组合，对于大型业务活动的客户服务由人员推销单一渠道去开拓；对于团体业务中的订票、度假规划经营，则采用了旅行社、因特网、电话营销、旅游商店等多条渠道组合的方式；对于个体旅游者也采用的是因特网、电话营销、旅游商店等多条渠道的组合。

（二）广渠道的利弊分析

1. 广渠道具有以下优势

（1）增加市场覆盖面。如增加乡村代理商开拓农村市场。

（2）降低渠道成本。如增加新渠道节省了费用。弗里德曼等学者认为，混合型渠道可以使企业的销售成本降低 20%～30%。

（3）更好地满足顾客的需要。如使用专业推销员销售复杂的设备。

（4）提高产品交易量。不少企业销售量的 70%～80%是由两三条渠道实现的。

2. 广渠道的不利之处主要有两个方面

（1）两条以上渠道对准一个细分市场时，容易产生渠道冲突。

（2）新渠道独立性较强，合作困难，不易控制。

第二节　影响渠道结构决策的因素

影响分销渠道长度、宽度以及广度决策的因素很多，其中主要因素有以下几种。

一、产品因素

产品的特性不同，对分销渠道长度和宽度的要求也不同。

1. 价值大小

一般而言，商品单价越小，分销路线越长，渠道越宽；规模效益越大；反之，单价越高，分销路线越短，渠道越窄。

2. 体积与重量

体积庞大、重量较大的产品，如建材、大型机器设备等，要求采取运输路线最短、搬运过程中搬运次数最少的渠道，这样可以节省物流费用。

3. 变异性

易腐烂、保质期短的产品，如新鲜蔬菜、水果、肉类等，一般要求较直接的分销方式，因为时间拖延和重复搬运会造成程度不同的损失。同样，对款式变化快的时尚商品，也应采取短而宽的渠道，避免不必要的损失。

4. 标准化程度

产品的标准化程度越高，采用中间商的可能性就越大。例如，毛巾、洗衣粉等日用品，以及标准工具等，单价低、毛利低，往往通过批发商转手。而对于一些技术性较强的产品或是一些定制产品，企业要根据顾客要求进行生产，一般由生产商自己派员直接销售。

5. 技术性

产品的技术含量越高，渠道就越短，常常是直接向工业用户销售。因为技术性产品一般需要提供各种售前售后服务。在消费品市场上，技术性产品的分销是一个难题，因为生产商不可能直接面对众多的消费者，生产商通常直接向零售商推销，通过零售商提供各种技术服务。

6. 产品生命周期阶段

许多新产品都需要在初上市阶段采用大规模、强有力的促销活动，以初步建立市场需求。通常情况下，渠道越长，越难通过所有渠道成员达到此促销目标。因此，在初上市阶段，简短的渠道常常能使产品更好地为市场所接受，并且对新产品的选择度也较高。

二、市场因素

市场是分销渠道设计时最重要的影响因素之一。影响渠道的市场特征主要包括以下几方面。

1. 市场类型

不同类型的市场，要求不同的渠道与之相适应。例如，生产消费品的最终消费者购买行为与生产资料用户的购买行为不同，所以就需要有不同的分销渠道。

2. 市场规模

一个产品的潜在顾客比较少，企业可以自己派销售人员进行推销。如果市场面大，分销渠道就应该长些、宽些；相反，如果市场较小，则企业就会尽可能避免使用中间商。

3. 市场密度

在顾客数量一定的条件下，如果顾客集中在某一地区，则可由企业派人直接销售；如果顾客比较分散，则必须通过中间商才能将产品转移到顾客手中。

4. 市场行为

如果用户每次购买数量大、购买频率低，可采用直接分销渠道；如果用户每次购买数量小、购买频率高时，则宜采用长而宽的渠道。一家食品生产企业会向一家大型超市直接销售，因为其订购数量庞大。但是，同样是这家企业会通过批发商向小型食品店供货，因为这些小商店的订购量太小，不宜采取过短的渠道。

5. 市场竞争者

在选择分销渠道时，应考虑竞争者的分销渠道。如果自己的产品比竞争者有优势，可选择同样的渠道；反之，则应尽量避开竞争者的分销渠道。

三、企业自身因素

企业自身因素是分销渠道选择和设计的根本立足点。

1. 企业的规模、实力和声誉

企业规模大、实力强，往往有能力担负起部分分销职能，如仓储、运输、设立销售机构等，有条件采取短渠道。而规模小、实力弱的企业无力销售自己的产品，只能采用长渠道。声誉好的企业，希望为之推销产品的中间商就多，生产商容易找到理想的中间商进行合作；反之则不然。

2. 产品组合

企业产品组合的宽度越宽、深度越深，越倾向于采用较短渠道。反之，如果生产商产品组合的宽度越窄，深度越浅，生产商只能通过批发商、零售商来转卖商品，其渠道是"较长而宽"。产品组合的关联性越强，则越应使用性质相同或相似的渠道。

3. 企业的营销管理能力和经验

管理能力和经验较强的企业往往可以选择较短的渠道，甚至直销；而管理能力和经验较差的企业一般将产品的分销工作交给中间商去完成，自己则专心于产品的生产。

4. 对分销渠道的控制能力

生产商为了实现其战略目标，往往要对分销渠道实行不同程度的控制。如果这种愿望强，就会采取短渠道；反之，渠道可适当长些。

5. 目标与策略

市场和整体目标与策略可能会限制中间商的使用。而且，那种强调有力促销和对市场条件的变化迅速做出反应的策略会使相关企业渠道结构的选择范围变得较为狭窄。

四、环境因素

环境因素可能影响到渠道设计与建设的各个方面，社会及文化背景、经济、竞争、技术和法律环境等因素都会对渠道结构产生重要影响。如科学技术发展可能为某些产品开辟出新的分销渠道，食品保鲜技术的发展，使水果、蔬菜等的销售渠道有可能从短渠道变为长渠道。又如，经济萧条时迫使企业缩短渠道等。

五、中间商因素

不同类型的中间商在执行分销任务时各自有其优势和劣势，分销渠道设计应充分考虑不同中间商的特征。一些技术性较强的产品，一般要选择具备相应技术能力或设备的中间商进行销售。有些产品需要一定的储备（如冷藏产品、季节性产品等），就需要寻找拥有相应储备能力的中间商进行经营。零售商的实力较强，经营规模较大，企业就可直接通过零售商经销产品；零售商实力较弱，规模较小，企业只能通过批发商进行分销。与渠道结构相关的主要中间商因素可概括为：可得性、成本及服务。

六、渠道成员行为因素

在选择渠道结构时，渠道管理者应该预期渠道成员在各种情况下可能采取的行为、行为产生的后果及如何应对等。只有给渠道成员安排好各自适宜的职责，才能大大减少冲突的发生。也只有将这些重点内容牢记在心，渠道管理者才能保证最终设立的渠道结构能最有效地管理好渠道成员。

第三节 直接分销渠道

直接分销渠道，指生产商不通过中间商，直接把产品销售给最终顾客的分销模式。近些年来，直接分销渠道有了一定发展，也越来越引起人们的关注。

一、直接分销渠道的特点

直接分销渠道也称直接分销或直销，其特点主要有以下几点。

1. 适用范围不断扩大

一般认为，直接分销主要被用于产业市场，如生产机械零配件企业直接将其产品销售给机械总装厂。其原因是：一方面，许多产业用品要按照用户的特殊需要制造，有高度的技术性，生产商要派专家去指导用户安装、操作、维护设备；另一方面，用户数目少，某些行业的工厂往往集中在某一地区，这些产业用品的单价高，用户购买批量大。

但现实情况是，也有相当多的消费品通过直接分销方式销售，例如雅芳、安利、戴尔等公司的产品，而且规模有扩大的趋势。其原因如下。第一，技术进步、媒体发展、分化和整合传播技术的演变，使更复杂的技术方法（如顾客数据库）得以被用于寻找潜在顾客并与之沟通的市场营销活动中，直接推动了直接分销深度的增加，直接分销的适用性日益广泛。企业直接与顾客接触，并为顾客度身定制产品的做法变得越来越容易、高效与节约，网上购物、直复营销等方式方兴未艾，前景光明。第二，中间商，特别是大型零售企业利用自己的强势地位向生产商收取过高的通路费用，包括进场费、广告费、上架费等。近年来，这些费用不断提高，花样也不断翻新，使得生产商利润受打压的情况越来越严重。第三，在现时，生产商众多，更新换代也很快，生产能力已经远远地超出市场需求。生产商往往降价促销，造成整体利润下降的趋势。以家电制造业为例，国务院发展研究中心市场经济研究所的调查表明，我国家电生产厂家的平均利润为5%～10%，而家电连锁销售企业的平均利润是10%，家电连锁销售巨头企业的平均利润已经达到12%左右。根据等量资本带来等量利润的理论，在资本可以自由流动的情况下，资本投入商业领域能够比投入生产领域带来更多的利润，因此部分生产商加大了在高利润行业领域的投入，掀起一轮自建直销渠道的热潮。

2. 历史悠久，生命力顽强

由生产商直接分销商品的做法，比起通过中间商销售商品的分销模式，历史更悠久。在人类社会还没有出现商人的时候，直接分销就已经出现。直到工业革命之前，直接分销一直是主要的商品分销模式。

工业革命带来了一系列变化：技术发展使大规模、标准化生产成为可能，交通和通信的发展使远距离、多层次的分销迅速发展。而作坊式直接分销方式显得成本高、效率低，因而日渐式微。

但最近半个世纪以来，直接分销在深度和广度上都有一定程度的恢复和发展。有人认为，这是历史的倒退；也有人认为，这是一种“轮回演变”。其实，工业革命之前的直接分销和最近半个世纪出现的直接分销，存在着巨大的差异，不可同日而语。

3. 无中间环节

直接分销的另一个基本特点是，产品从生产商到最终用户，没有中间环节，仅发生一次所有权转移便完成分销活动。由于商品在销售给最终用户之前，商品所有权在生产商手中，因此一旦成交，生产商便获得全部销售收入和利润。同时，商品的销售者也是生产商自身。这样就无疑使生产商的利润有了扩大的空间。

二、直接分销的类型

近年来，直接分销的类型表现出广泛的多样化，并且不断有新的形式出现。

（一）直复分销

直复分销是企业通过非人员的媒体，即依靠邮件、电话、互联网及其他科技媒体完成商品转移的分销方式。从经营角度看，直复分销不用或很少需要开设店铺，可减少开设店铺所需的租金及装修费用；不与消费者直接见面，可减少人员服务费用；不受地点条件限制，顾客群可分散得很广，甚至可以跨国邮寄。

直复分销的类型主要包括：直接邮购、电话营销、以媒体为基础的直复营销（通过电视、报纸、广播等）和新媒体营销（互联网、多媒体销售、互动电视直销）等。

1. 直接邮购

邮购是一种历史悠久的无店铺销售方式，早在20世纪就出现了许多商品目录邮购。邮购业务的成功很大程度上依靠公司管理邮件和顾客名单的能力、谨慎控制存货的能力、提供优质产品，以及树立一个鲜明的以顾客利益为重的形象的能力。首先，经由名单的搜集与整理，筛选出符合条件的消费群体；然后利用产品目录、快讯商品广告（DM）、传单等媒体，主动将信息传达给消费者，并经由视觉上与沟通信息上的刺激，激发起消费者的购买欲，进而产生购买行动，完成交易行为。由于邮购是以平面媒体为主要沟通渠道，因此，商品必须能在印刷媒体上表现说服力与吸引力，使顾客一目了然，充分了解商品特性，并感到放心，从而刺激消费者的需求与购买欲。一些邮购公司为了突出自己，经常在其商品目录上增加一些文字、色彩或其他信息，寄赠一些小样品，开设热线电话回答各种问题，向其最重要的顾客寄送礼物，以及将一部分利润捐赠给公众事业。

在美国，平均每个家庭一年至少要收到50份商品目录。邮购日录是通过大型的普通商品零售商寄出的，如西尔斯、正大万客隆等公司，这些公司经营的商品品种齐全。专业百货商店也寄送商品目录，其目的在于为高价商品，常常是带有异国情调的商品开拓中、高档市场，如“情侣手表”、高档珠宝首饰和精美食品。一些大公司也已收购或设立了邮购部。施乐公司提供儿童读物；雅芳公司销售妇女服饰；航空公司销售行李箱。还有像小康之家等许多中小企业经营邮购业务，尤其是在专用品市场，如消费电子产品、妇女和家庭用品等市场。这些目录经营商领先开发富有吸引力的产品组合，用彩色照片介绍产品。除了订货方式外，它们还提供小时制的免费电话号码，接受信用卡付款以及迅速送货。

零售巨子万客隆（MARKO）是亚洲最大的连锁超级货仓商场之一，凭借其庞大的顾客数据库资料，万客隆每月向顾客邮寄商品目录，通报最新商品情况。万客隆的重要顾客则每隔一定时间都会收到公司征询意见的电话，对商品的维修、维护等意见都可以得到及时回复。用公司累计购买金额记分，顾客通过购物卡可以很方便地购买促销优惠物；每当购物达到一定的金额，消费者都会得到一定价值的赠品。

直接邮购的优点是它能更有效地选择目标市场，可实现个性化，比较灵活，以及较易检测各种结果。尽管该方法每千人接触成本较采用大众媒体要高，但所接触的人成为顾客的可能性较大。事实证明，直接邮购在推销诸如书籍、征订杂志和保险方面十分有效，并且越来越多地被用来销售新奇产品、礼服、服饰、精美食品和工业产品。

2. 电话销售

电话销售是利用电话来销售商品的一种销售方式。它是利用企业档案库内已登录的目标消费群，对特定对象进行促销活动、市场调查、顾客服务等业务，是一种重视对个别客户服务的双向沟通渠道。电话销售可分为两种类型：一为专门提供“接听”（inbound）服务，通过电话专线接受顾客的订货、咨询。沟通热线的电话费用由公司负担，如企业开通的800免费电话。经由这种专线服务，生产商不但可以与消费者建立起更亲密的关系，也可以产生某些销售效果。另一种则是主动出击，以“外拨电话”（outbound）的方式与消费者接触，循序渐进地推销商品，而不是采取强迫式的高压手法推销商品。

电话销售已经成为一种主要的直接销售工具。20世纪60年代末期，随着输入输出大面积电话服务（Wats）的问世，电话销售变得兴旺起来。由于有了输入大面积电话服务装置，营销者可以向现实顾客或潜在顾客提供免费的电话号码，以便使顾客在受到印刷广告或电台广告、直接邮件或商品目录广告的刺激后，通过电话订购有关产品或服务，或者通过电话提出投诉或建议。由于有了输出装置，营销者能使用电话直接向消费者和企业推销，找出消息线索，联络距离较远的顾客，或者为现有的顾客或客户服务。

此外，电话销售能提高公司的推销效率及节约开支。例如，兰翎自行车公司使用电话销售，减少了人员销售时所必需的与经销商接触的费用。第一年，推销员的差旅费减少50%，而一个季度的销售额上升了34%。

3. 媒体分销

媒体分销指的是通过电视、广播、报纸、杂志等大众媒体，将商品的销售信息传递出去，并诱使消费者利用上门或打电话等方式订购，以完成买卖双方的交易程序。

在各种媒体的直复分销中，电视正在成为一个日益重要的方式。企业可通过无线电视网或闭路电视将产品直接推销给消费者。这里有两种方式。一种方式是通过直复广告。直复营销者购买电视广告时间，通常为60秒到120秒，这样可以有说服力地介绍产品。顾客可以打一个免费电话，订购商品。在推销杂志、书报、小型家用电器、唱片磁带以及其他许多产品方面，直复广告非常有效。另一种电视营销方式就是家庭购物频道，整个电视节目，或整个频道都用来推销商品或服务。如美国的家庭购物网（HSN），该频道每天24小时播出。产品类别涉及珠宝、台灯、玩具娃娃、服饰、电动工具、电子消费品，等等。节目主持人提出一个较低的价格，顾客通常可通过HSN低价买到所需之物。节目十分生动，观众可以拨800号码订货。在另一端，则有400位接线员在管理1200条以上的电话线，并将订货要求直接输入计算机终端。所订的货物则在48小时内送到。

通过广播进行直复分销时，厂商常常会包下调幅（AM）和调频（FM）广播电台的一些时段，由主持人以现场推销的方式，鼓励听众来电订购。

由于媒体营销依赖媒体传递销售信息，希望能借此抓住所设定的目标消费群，清楚地传递出厂商的信息。因此，对媒体的选择与过程的安排就显得格外的重要。同时，如何在所选定的媒体上充分展现商品的特色与吸引力，以刺激消费者的购买意愿，也是相当重要的。

4. 新媒体营销

新媒体营销就是利用最新通信媒体，如互联网、互动电视等，将商品信息传送给消费者，再由消费者以单向或双向的信息传递，完成订购程序。

互联网是一个覆盖全球的计算机网络。目前全球的互联网用户数已超过一亿户，并迅速增长。使用互联网从事直销虽然有一定的限制，但先行者已大有人在。毋庸置疑，互联网有着巨大的市场，值得开发。由于互联网的开发费用相当低廉，许多公司正着手开展网上营销。目前已取得成功的领域主要是网上电子订购，虽然用户数量还不多，但随着有线电视、计算机、互联网的普及，这一直销形式将得到迅速发展。消费者可通过计算机进入制造商在互联网上的主页查看其产品信息，然后可发电子邮件或打电话要求购买特定规格的产品。戴尔电脑公司通过这种网上直销方式，销售量迅速超过康柏，成为美国第一大计算机供应商。企业也可在网上向当地或全国各地的零售商订购商品，向当地各家银行办理存取款，预订飞机票、旅馆房间和租车等。

互动电视营销，也叫视频信息系统，是一种通过电缆或电话线连接消费者电视机和销售者计算机信息库的双向装置。视频信息服务提供各个生产商、零售商、银行、旅行社以及其他组织所提供的商品目录。消费者使用普通电视机和电视机顶盒，通过双向电缆连接视频系统的专门装置，便可启动键盘订购商品。

（二）自动售货

自动售货是指利用自动售货机，投入特定的交易媒介（如硬币），而完成商品或劳务的销售。自动售货机一般被放在商店、机场和其他一些公共场所内，用于销售饮料、休闲食品等包装比较标准的商品。

另外，一些企业则开发和设置一些其他形式的自动售货设备，如一家鞋业公司在它的几个分店里都设有这类机器，顾客可以向机器说明他所要的鞋的式样、颜色和尺码，然后机器便会按照顾客的要求在屏幕上显示出鞋子的图像。如果顾客所要的鞋在本店没货，他可以拨打旁边的电话，并输入他信用卡的号码及送货地点。一家零售商在飞机场的电话亭设立自动购物点，顾客可以看到在电视屏幕上介绍的各种产品，如玩具、箱包等，顾客可以触碰屏幕，指出感兴趣的产品。比如说顾客对某品牌的箱包感兴趣，屏幕上就会显示此种箱包的优点。如果顾客想订购，他可以再触碰一下屏幕，指明对包装、送货、签收的要求。最后顾客可将信用卡插入机器的收款口，整个交易就完成了，所购的商品会很快送到指定地点。

（三）人员直销

人员直销就是通过人员以聚会或个别面对面的方式，将产品直接销售给消费者的方法。其特点是产品随身携带，当面交易。人员直销可分为单层直销与多层次直销。

单层直销是指直销人员（业务员）直属于公司，由公司招募、训练与控制，直销人员彼此之间并无连带关系（如上手与下手），营业额及佣金依据个人业绩。具体又可分为上门推销、办公室推销、家庭销售会等几种类型。

多层次直销，是指每位想销售公司产品的人，必须通过另一位直销员的引荐（并成为其下手），方得与公司接触，直销员与公司之间无雇佣关系，且每月佣金除了来自个人所努力的业绩外，经由自己介绍进公司的下手直销员的业绩也并入计算。在我国，多层次直销的应用具有明显的不足，一些不良商人运用这种方式非法敛财，形成非法传销模式，明显特征是：传销的商品价格严重背离商品本身的实际价值，有的传销商品根本没有任何使用价值，服务项目纯属虚构；参加人员所获得的收益并非来源于销售产品或服务等所得的合理利润，而是他人加入时所缴纳的费用。因此虽然在发达国家这种模式比较常见，但我国的现行法律是严格禁止的。

（四）店铺直销

为了方便商品销售和方便顾客购买，制造商在某些城市租赁店铺或自建门店，从事商品展示、销售、服务以及技术支持等活动，尤其是对于那些顾客购买与寻求服务相对频繁、顾客愿意到门店购买的商品来说，通过店铺来开展直销，就能够达到更加理想的效果。按照门店的功能与性质，店铺直销可分为以下几种。

（1）生产商专卖店。由消费品生产商在各个销售区域设立专门店，经营自己的一条产品线或某个品牌的产品。产品线所含的花色品种较多，如佐丹奴、苹果在各地开设的服装专卖店等。这些专卖店往往采用连锁经营方式以提高效率，通常还为顾客提供完善的服务，如诺基亚在各地开设的手机专卖店同时提供咨询维修服务。

（2）销售门市部。在消费者市场上，一些生产商设立的门市部本身就是作为企业分支的销售机构，比如大学出版社开办的书店，面包房开设的面包店等。有的生产商为扩大销售业绩，甚至在消费者相当密集的居民区或者街道设立门市部。

一些产业用品生产商则在目标市场设立销售办事处，为当地产业用户直接提供产品。销售办事处本身不具备独立的法人地位，它是生产商相对独立的销售组织。

实际上，在产业用品市场上那些专业性较强的产品（如生产设备、原材料、零部件等），由于用户相对集中于某些行业或地区，生产企业自建分销网具有明显的优势。如美国的金属及矿产品、电器、石油制品、汽车及零部件由制造商分支机构销售的比例均超过 50%。消费品市场上，一些生鲜食品因其要求尽可能短的周转时间及特殊的贮运条件（如冷藏、冷冻设备），也采用这种模式。如美国最大的肉品公司阿穆尔公司，其产品都是通过其在各地的近 300 个分支机构和拥有几万节冷藏车厢的列车贮运线直接售给用户，从而实现了销售的集约化，降低了销售成本。

（3）租赁卖场。有些生产商已经培养了一批针对最终顾客或消费者的销售人员。他们在那些规模较大的超市、百货店或者专业店，租赁一块地盘和货架，从事销售和服务工作。

（4）销售陈列室。对于一些价格毛利高的、名牌的、周转快的消费品，如金银、珠宝、照相器材、玩具等，厂家通过开设销售陈列室，以低于零售商的价格吸引大量消费者。如周大福金银珠宝专柜、美能达摄影器材专柜都属于这种形式。

（5）销售服务部。像汽车、电脑、照相（摄像）机、手机等一些技术性强且需要技术性服务的产品的制造商通常在各地设立销售服务部，兼有销售和服务双重功能。

（6）合资分销店。生产商可以通过自建直销商店来实现商品直接销售（如上述的各种方式），也可以通过与专业的商业机构合资或购买商业机构股份的方式，利用商店进行直销。珠海格力空调有限公司就采用过这种合资经营方式，与国内部分省市的商业机构建立格力空调的销售公司，进行格力空调产品的直接销售。

（7）展示销售。展示销售就是在没有特定销售场所的情况下，临时租用饭店、百货公司、办公大楼或居民活动中心等场所的一角展示商品，并在现场进行销售活动。为了招徕顾客，也可运用 DM、海报、传单、赠品等方式，吸引顾客到场参观，以增加卖场的热闹气氛与成交机会。目前在国内，家电、个人电脑以及化妆品、食品、保健品等采用这种方式销售，如我们常可以在百货公司看到保健品展销，碰到若干新产品发布会（如不粘锅），或其他商品的展销会。

此外，在街头摆地摊或临时搭架，销售一些家用品、摆饰品或其他杂项物品的景象，也时常能看到。展示销售通常作为辅助销售工具，目的在于掌握机动性，随时主动出击，以便与消费者有更多、更广泛的接触。

三、直接分销的法律规制

（一）外国对直接分销的法律规制

各国为了规范直销市场的秩序和打击“老鼠会”等非法活动，均进行了立法。美国是直销的发源地，虽然没有专门的直销立法，但是联邦贸易委员会法规和各州直销法律对直销进行了规制。美国联邦贸易委员会法规要求全国直销公司都必须遵守相关规定，如《出示身份证明法规》规定直销商在进入消费者家门之前必须先出示身份证明，《冷静法》规定消费者对于25美元以上的直销交易在3天内享有退货并收回全额货款的权利。在州法方面，主要集中在《反金字塔法》和《冷静法》，美国50个州都有《反金字塔法》，大部分州都有《冷静法》。美国直销方面的法律在各国直销立法中具有典型性。

欧洲国家一般也都有直销立法，没有大多数没有直销法律条文，散见于其他法律中。例如，奥地利的《消费者权益保护法》对直销问题进行了规定，德国在《竞争法》中对直销进行了规制，英国则在《公平贸易法》中设有直销法规条文。与美国相同，欧洲直销法也主要集中在冷静法规和反金字塔法规上。但是，欧洲的冷静期规定期限比美国的长，一般是7天；而反金字塔法规在欧洲也称为《禁止滚雪球销售法》。在亚洲，韩国、日本、马来西亚等国家对直销进行专门立法。值得一提的是韩国的《直销法》，可以说是目前世界上最系统的直销法，该法共设六章，包括总则、直销、通信销售、多层次传销、补充、处罚，总计50条。

此外，世界直销联盟（WFDSA）制定了《世界直销商德约法》，来约束每个会员国。美国直销协会也制定有《美国直销协会商德约法》，以作为它的会员公司的自律规范。另外，欧洲直销联盟也正准备制定《欧洲直销商德约法》，用来规范欧洲内部会员国家的直销行为。

从各国直销立法来看，对直销的法律规制包括反金字塔（行为）法、冷静期法规和有关上门求售的法律。具体内容如下。

（1）反金字塔法。“金字塔”是各国对非法多层次传销的通称，反金字塔法是各国直销法中的一个重要内容。各国将金字塔公司的特征概括如下。第一，传销商加入时要投入很高的入会费；第二，公司不是根据销售额给予传销商奖励，而是根据发展下线给予奖励；第三，硬性规定传销商要买大批量的商品；第四，对传销商退货予以限制；第五，夸张收入，骗人入伙。

各国对金字塔行为的限制主要体现在以下方面。第一，禁止买卖金钱的金字塔行为。马来西亚《直销法》禁止直销的产品包括“股票、债券、货币”等有价证券商品，日本把这种“卖钱”金字塔活动称为“无限连锁链”，并严厉惩罚该行为。韩国《直销法》也禁止从事金钱经营或打着经营产品和服务的幌子从事金钱经营的多层次传销，对于违法者处以5年以下有期徒刑或1亿韩元以下罚款。第二，限制传销商的存货负担，即金字塔公司往往对传销商品强加一个较大的产品购买额，以此获取非法的快速资金积累。各国通过直接限制和间接限制来控制存货负担，前者禁止金字塔公司故意把不合理数量的产品卖给参与者，后者即允许传销商退货，如加拿大的法律规定，如果传销公司不允许传销商退货，“则由法院确定罚款额，或判5年以下有期徒刑，或两者并罚”。第三，禁止上线从发展下线获取佣金。如韩国《直销法》规定，对传销商发展下线支付奖金者“被判 5 年以下有期徒刑或 1 亿韩元以下罚款”。马来西亚《直销法》对于上线从发展下线获取佣金，通过禁止该公司成立或者重罚加以打击。该法第七条规定：“①下述申请人不批准直销执照：在该申请人的直销经营计划中，不是根据产品和服务的销售数量赚取利润，而是通过引诱下线加入来获取利润。②已获取直销执照者，若发现有①中所述行为，不论直接或间接实行，都将视为犯罪，并处以 25 万元马币以下罚款，再犯者处以 50 万元马币以下罚款。”第四，各国限制传销的入会费。美国联邦贸易委员会规定传销公司对新加入传销商的入会费，在加入后的 6 个月内，不能超过 500 美元。英国规定，新加入者支付的入会费，在 7 天之内超过 75 英镑即为非法。第五，禁止夸张宣传。一些金字塔公司为了拉拢传销商，夸大本公司传销商收入和产品质量。禁止夸张宣传就是保证传销商获得真实的经营信息。加拿大传销法规规定：传销公司或传销商在对外做宣传时，对其传销网中传销商的收入描述要公正、合理、适中；谈传销商的收益时，对于夸张传销收入的，由法院确定罚款或判 5 年以下有期徒刑或并罚。

（2）冷静期法规。冷静期法规是第二个非常重要的直销法规，世界上存在直销的国家基本上都有冷静期法规。冷静期，也称“冷却期”，就是在这段时间内，消费者可以撤销上门求售的消费品交易，消费者可以不讲任何理由地去退货。冷静期法规的直接目的是保护消费者利益，可以说它间接地防止了高压销售，即直销商强迫、哄骗、引诱、纠缠消费者购物。一般直销公司往往不做电视、报刊、广播等的广告，而通过广大直销商的游说兜售为自己的产品做宣传。直销商中的不良分子为了扩大销售业绩，常对商品做虚假宣传，引诱消费者购买，消费者容易受骗上当。所以，规定冷静期可以保障消费者退货的权利。各国对退货冷静期限的规定不同，美国是 3 天，欧洲国家一般是 7 天，马来西亚是 10 天。韩国《直销法》的冷静期规定最为详细，它的冷静期分为两种情况。一是（单层次）直销退货，期限是 10 天：“其一，自合同签订之日起 30 天之内；其二，自送货日期之日起 10 天之内，如果送货日期晚于合同签订日期的话。”二是多层次传销退货，期限是 20 天：“其一，自合同签订之日起 20 天之内；其二，自送货日期之日起 20 天之内，如果送货日期晚于合同签订日期的话。”另外，韩国冷静期法规还规定，如果消费者手中的购物合同单上没有销售者地址，或者销售者的地址变更了，找不到销售者了，那么要退货的消费者也不必着急。在这种情况下，冷静期规定为：自获得销售者地址之日起 10 天（20 天）之内，即什么时候销售者把地址通知给消费者，什么时候就开始计算冷静期。韩国对阻碍退货的处罚也很严格，法律规定：如果直销商或传销商妨碍消费者退货，根据韩国《直销法》第 45 条，他将“被判 5 年以下徒刑，或 1 亿韩元以下罚款”。

（3）有关上门求售的法律。几乎所有的直销都采用上门求售的方式，即到消费者家敲门销售，到消费者办公室敲门销售，或在其他地方兜售。在美国直销总额中，有关上门求售的销售额占了 70%左右。20 世纪 70 年代，访问直销方式在美国受到了挑战，美国许多州制定法律，严禁直销商未经邀请就敲消费者家门推销商品，因为未经邀请就敲门使消费者讨厌。该法保护了消费者的利益。后来一些直销商通过给消费者发信、打电话、发推销单等方式加以代替。在这种情况下，一些州把该法加以变通修改，产生了《邮政前提法》，规定在向消费者邮发征求信件后，未获邀请者，不能为推销目的进入消费者家门。美国联邦贸易委员会制定了全国性的访问销售法规，规定直销商在进入消费者家门之前，必须出示直销商身份证明。它对美国直销公司具有普遍效力。欧洲国家对访问销售往往是用退货方式加以限制。例如英国相关法规规定：未经消费者邀请就到消费者家和办公室访问销售，其销售价格超过 35 英镑者，7 天之内消费者可以退货。韩国《直销法》对访问销售的限制主要有两点，一是递交身份通知，二是禁止高压销售。递交的身份通知上要包括公司名称、地址、电话，直销商姓名、身份证、地址、电话，产品的种类、付款的时间和方式、送货时间、产品价格等内容。如果是多层次传销商，还包括传销商在多层次传销组织中的层位等。如果不给消费者通知，或提供假通知，直销商则被判 1000 万韩元以下罚款，多层次传销商则被判 3 年以下徒刑，或 5000 万韩元以下罚款。

（二）我国对直销分销的法律规制

我国有关部门很早就对非法传销进行了管理。1994 年，国家工商行政管理局发布了《关于制止多层次传销活动中违法行为的通知》，首次禁止非法传销；1997 年，国家工商行政管理局颁发了《传销管理办法》，首次对传销进行了比较全面的规定；1998 年，国务院发布了《关于全面禁止传销经营活动的通知》，一概禁止传销活动；1998 年国务院颁布了《关于外商投资传销企业转变销售方式有关问题的通知》，规定“外商投资传销企业必须转为店铺经营”，促使部分传销企业转型经营；2002 年，国家工商行政管理局发布《关于〈关于外商投资传销企业转变销售方式有关问题的通知〉执行中有关问题的规定》，对转型企业雇佣推销人员的方式、报酬、合同订立等方面进行了明确的规定，再次强调店铺经营。

2005 年 8 月 23 日，国务院颁布了《直销管理条例》，同时公布的还有《直销员业务培训管理办法》、《禁止传销条例》。制定并公布这些法律法规，一是为了履行“入世”的承诺，根据“入世”承诺，我国应当在 2004 年年底取消对外资在无固定地点的批发或零售服务领域设立商业存在的限制；二是为了正确引导和规范我国直销发展。上述法规的内容可以归纳为以下几方面。

（1）一如既往地严厉打击传销。条例规定，直销企业支付给直销员的报酬只能按照直销员本人直接向消费者销售产品的收入计算，并对提取报酬的比例做了严格的限制。这就从计酬制度上对直销和传销做了区分。

（2）直销企业及其分支机构设立的条件。投资者具有良好的商业信誉，在提出申请前连续 5 年没有重大违法经营记录，外国投资者还应有 3 年以上在中国境外从事直销活动的经验；实缴注册资本不低于人民币 8000 万元；在指定银行足额缴纳了保证金；建立信息报备和披露制度。

（3）退货制度。直销员和消费者在购买直销产品后 30 天内，产品未开封的，有权凭直销企业开具的发票或凭证办理退货。

第四节 间接分销渠道

间接分销渠道是指通过中间环节将产品销售给消费者的分销渠道。根据中间环节的数目，间接分销渠道又可以分为一级分销渠道、二级分销渠道、三级分销渠道甚至更多环节分销渠道模式。

一、一级分销渠道

一级分销渠道是生产商把商品通过零售商出售给消费者的分销渠道模式。对于生产商来说，一级分销渠道决策的重要内容之一是选择零售商。

（一）零售商在分销渠道中的地位

通过零售商进行分销，是生产商普遍采取的方式。零售商在企业分销活动中，起着不可替代的作用。近些年来，有些生产商抛弃零售商自建直销渠道，由于种种原因遭到失败，又纷纷回到一级分销渠道上来。

零售商在分销渠道中的重要地位主要表现在以下方面。

（1）节约交易费用。在一般情况下，一级分销渠道比直接分销渠道更能通过减少交易次数而减少费用。

（2）商品展示和促销的场所。有店铺的零售店由于能和消费者零距离接触，所以能借此场地进行形象、生动的商品展示，对有些商品还可以进行各种现场操作和演示，以激发消费者的购买欲望。

（3）信息沟通的场所。由于零售商直接面对消费者，零售的过程也是一个市场调查的过程。通过零售店，零售商可以直观地了解消费者对商品质量、价格、功能、服务等的意见和建议，并借这一平台进行有效的沟通。

（4）抢占终端。中外企业在激烈的市场竞争中得出一条重要结论：要增加产品的销售量，必须控制住市场终端，让消费者好找、好选，买得轻松，买得愉快。为此，可口可乐、百事可乐、宝洁等一大批外资企业率先展开了抢占终端的竞争，从产品陈列、产品结构、产品库存、POP 设置、柜台布置以及终端维护等方面下大力气。国内企业逐步也明白了这一道理，科龙、华帝、健力宝、TCL 等公司全力跟进，演出一幕幕“终端戏”。

抢占终端有两条途径：自建或合作。前者是企业投资建立直接分销渠道，后者是构建间接分销渠道。对于大部分消费品生产企业和部分生产资料生产企业来讲，自建终端网络需要投入大量的人力、财力和物力，当生产商的人财物不足时，为了保证产品的市场覆盖面，建立一级分销渠道便成了唯一选择。

（二）选择零售商的标准

生产商为自己的产品选择零售商时，常处在两种极端情况之间：一个极端是生产商可以毫不费力地找到零售商并使之加入分销系统，例如一些著名畅销品牌很容易吸引零售商销售它的产品；另一个极端是生产商必须通过种种努力才能使零售商加入渠道系统中来。但不管是哪一种情况，选择零售商必须考虑以下条件。

（1）市场范围。市场范围是选择零售商最关键的因素。选择零售商首先要考虑零售商的经营范围与产品目标市场是否一致，这是最根本的条件。

（2）产品政策。零售商承销的产品种类及其组合情况是零售商产品政策的具体体现。选择时一要看零售商的产品线；二要看其各种经销产品的组合关系，是竞争产品还是促销产品。

（3）地理区位优势。区位优势即位置优势。选择零售商最理想的区位应该是顾客流量较大的地点，同时要考虑其所处位置是否有利于产品的储存与运输。

（4）产品知识。许多零售商被名牌产品的企业选中，往往是因为它们对销售某种产品有专门的经验和知识。选择对产品销售有专门经验的零售商，能很快地打开销路。

（5）预期合作程度。零售商如与生产商合作得好，会积极主动地推销企业的产品，这对生产商和零售商都很重要。有些零售商希望生产商能参与促销，生产商应根据具体情况确定与零售商合作的具体方式。

（6）财务状况及管理水平。零售商能否按时结算货款，这对生产商业务正常有序运转极为重要，而这一点取决于零售商的财务状况及企业管理的规范、高效程度。

（7）促销政策和技术。采用何种方式推销商品及运用什么样的促销技术，这将直接影响到生产商的销售规模和销售速度。在促销方面，有些产品使用广告促销较合适，有些产品则适合人员销售；有些产品需要一定的库存，有些则应快速运输。选择零售商时应该考虑零售商是否愿意承担一定的促销费用以及是否有必要的物质、技术基础和相应的人才。

（8）综合服务能力。现代商业经营服务项目甚多，选择零售商要看其综合服务能力如何，如售后服务、技术指导、财务援助、仓储等。合适的零售商所提供的服务项目与能力应与企业产品销售要求一致。

（三）选择零售商的方法

对零售商的合理选择是一个复杂的综合评估过程，可采用的方法越来越多，包括一些量化考核的方法。

（1）评分法。评分法是对拟选择作为合作伙伴的每个零售商，就一定评价因素用打分方法加以评价。由于各个零售商之间存在分销优势和劣势的差异，因而每个项目的得分会有所区别。注意到不同指标对分销渠道功能建立的重要性程度的差异，可以分别赋予一定的权数，然后计算每个零售商的总分，择优选用。

（2）销售量分析法。销售量分析法是通过实地考察有关零售商的顾客流量和销售情况，并分析它们近年来的销售水平及其变化趋势，在此基础上，对有关零售商实际能够承担的分销能力（尤其是可能达到的销售量水平）进行估计和评价，然后选择最佳“候选人”的做法。由于涉及多个“候选人”，因此需要对每个零售商的销售趋势进行分析，据此估算可能达到的总销售量。

（3）销售费用分析法。利用零售商进行商品分销是有成本的，主要包括分担市场开拓费用、给零售商让利促销、由于货款延迟支付而带来的收益损失、合同谈判和监督履约的费用。这些费用被称为销售费用或流通费用，它实际上会减少生产商的净收益，降低间接分销渠道的价值。当然，销售费用的大小主要取决于被选择的合作伙伴的各方面条件和特征，可以把销售费用看作有关“候选人”的优劣程度的一种指标。

（4）盈亏平衡分析法。通常情况下，分销渠道管理人员应当综合考虑每个零售商候选人的销售量、价格（销售额）和成本三大因素，这三大因素将决定企业盈利能力。销售量、价格和成本都对利润有影响。每个零售商在促进商品销售方面都具有一定的潜力，商品销售量可以看作一个自变量。随着销售量的变化，企业对零售商的销售价格、销售费用也可能有所变化（它们一般属于因变量）。于是，在不同的销售量水平下，各个候选人给企业带来的相对盈利能力就是变动的。

二、多层分销渠道

多层分销渠道是指通过批发商和零售商等多个环节将商品销售给消费者的分销渠道模式。对于生产商来说，多层分销渠道在选择零售商的同时，还要选择批发商。

（一）批发商在分销渠道中的作用

生产商一般总是希望把自己的产品直接卖给消费者，消费者也同样期望能从生产商那里直接买到自己需要的商品。但现实经济生活中，不少商品要通过中间商转手，才能最终到达消费者手中。原因是生产和消费之间客观上存在着两大差异。第一，生产与消费之间在商品数量上的差异，即在总量上生产商生产的商品数量和消费者消费的商品数量不总是相等。同时，在结构上，单个生产商生产的商品数量与单个消费者消费的商品数量也不是一一对应的关系。第二，生产与消费之间在商品花色、品种和级别上的差异，这一差异同样表现在总体与结构两个方面。所有这些差异必须由中间商加以调节。

在由中间商组成的分销渠道中，批发商一头连接着供应商——生产商，另一头连接着顾客——零售商等，所以批发商在商品流通中可能发挥的作用可以从两个方面来考察。

（1）对零售商的作用。批发商的存在，对零售商来说，能带来以下利益。重组货物——尽可能以最低的费用为零售商提供他们所需要的商品数量和种类。预测需求——预测零售商的需求以便有针对性地加以采购。存货——保有一定的库存，这样零售商就不必进行大量的库存。送货——以较低成本为零售商提供快捷的送货服务。提供信用——为零售商提供信用，也可以说是为他们提供营运资本。提供信息和建议——为零售商提供相关商品的价格和技术方面的信息，以及关于怎样陈列和出售商品的建议。提供部分的采购功能——为潜在的零售商供货以使他们不必到处寻找货源。获得和转移商品的所有权——在没有其他中间商参与的情况下去完成一项销售活动，这有助于加速整个买进和卖出的过程。

（2）对生产商的作用。提供部分的销售功能——批发商主动去寻找货源，而不是坐等生产商的销售代表上门兜售。存货——减少生产商大量库存的必要，从而降低生产商的仓储费用。供给资本—— 批发商通过购买生产商的产品，并且直到它们卖出之前一直将它们置于存货状态，从而降低了生产商对营运资本的需求。降低信用风险——批发商向他们熟知的顾客销售商品，并且承担由于顾客拒绝支付货款而引起的损失。提供市场信息——作为一个比生产商更靠近市场的购买者和销售者，批发商有更广阔的信息面，通过市场信息的及时提供，能减少生产商开展市场调查的必要。

（二）批发商的功能

（1）批购与批销。批发商所要做的就是要让零售商在适当的时间和地点购买到它们所需的适当品种和数量的商品。批购与批销也就是批发商根据零售商的需要，从生产商等生产者那里大批量采购商品，然后以小批量转卖给零售商，批发商发挥批购与批销功能主要是从商品数量上消除生产商与零售商之间存在的差异。大批量与小批量的转换，以及化整为零、化零为整的操作都体现了批发商批购批销功能的要求。

（2）分销装配。批发商从生产商那里采购到的是各种在花色、品种、规格、品牌等方面相异的商品，而零售商所需要的也是货色各异的商品。批发商发挥了分销装配的功能，在生产商与零售商之间搭起了沟通的桥梁，协调了生产商与零售商之间在商品种类和等级上的差别，使生产商不同种类和等级的商品随着不同的市场需求分流到不同的流通渠道，零售商在商品种类和等级上的不同需求也能得到相应的满足。批发商从生产商那里大批量采购各种花色、品种、规格、品牌的商品以后，要对它们加以分类、分等、包装，有时还要贴上新的商标，然后以小批量把各种商品转卖给零售商，以满足不同零售商在商品种类和等级上的不同需求，从而实现分销装配功能。

（3）储运服务。虽然批购与批销、分销装配功能都受到时间与空间的影响，但是批发商能消除生产商与零售商在时间和空间上的差异。这种为顾客提供适当的时间与地点的功能集中体现在批发商的储运服务上。储运服务即批发商储备商品，并把商品从产地运往销售地，以调节各个季节（或不同时间）、各个地区的供求关系。

（4）信息咨询。市场主体要想获得理性表现，就必须掌握充分的信息，因为不对称的信息往往会导致不对称的市场行为，最终会形成不协调的市场关系。批发商作为生产商与零售商之间的桥梁，它能向桥的两端发挥信息咨询的功能。一方面向生产商提供关于最终消费者或其他用户需要哪些产品的市场信息，向生产商建议应生产哪些新产品、生产多少产品，以及如何改进产品包装等；另一方面，批发商还向中小零售商提供关于新产品、竞争者价格、消费者偏好变化等市场信息。

（5）财务融通。批发商发挥财务融通的功能就是批发商向生产商、零售商直接或间接提供财务支援或帮助的功能。在商品流通比较发达的西方国家，零售商从批发商手中进货时，通常不必立即付款，只开出一定时期（如两个月、三个月等）的期票，批发商通常采用赊购这种商业信用方式，向中小零售商直接提供财务援助。同时，这也许是许多中小零售商愿意从批发商进货，而不直接从生产商那里进货的重要原因。批发商的存货控制减少了零售商大量存货的必要，减少了零售商的存货费用，这是批发商为零售商提供财务融通的间接方式。

批发商除了采用预购这种商业信用方式直接给某些生产商以财务援助外，还可以通过以下途径间接地给生产商以财务援助。其一，由于批发商向中小零售商赊销，给中小零售商以商业信用，生产商就不必再向中小零售商赊购，因而生产商就可以节省用于这方面的费用。其二，由于批发商向生产商大批量采购货物，生产商就可以迅速得到货币资金，这些资金又可以直接参加周转。只有货币资金的周转加快，才能使生产企业的资金流量在原始投入一定的情况下有增大的可能。其三，由于批发商储备商品，生产商就可以减少待销商品的库存，因而可以减少所需要的流动资本，降低仓储费用。其四，由于批发商的桥梁作用，生产商通过批发商推销产品，可以节省人力、物力、财力，减少推销费用，增加盈利。

（6）承担风险。批发商由于拥有商品所有权而承担了若干风险，同时还要承担由于偷窃、损坏和过时被弃等所造成的损失。批发商部分地分担了这种因时空的局限而造成的市场风险，缓解了渠道其他成员的压力，从而保证了渠道的安全与畅通。另外，一些市场营销意识较强、发展比较完善的批发商还主动提供推销队伍，筹划促销活动，帮助生产商以较小的成本开支接近更广的顾客面；帮助零售商改进其经营活动，如培训他们的推销员，帮助商店进行内部布置和商品陈列以及帮助建立会计制度和存货控制系统。批发商通过这些功能的充分发挥，逐渐建立起自己的战略关系网，提高了自己在渠道中的地位，进而强化了自身的竞争力。

（三）多层分销渠道的评价和选择

对多层分销渠道进行评价和选择时，一般要经过以下程序。

（1）是否利用批发商的分析决策。这一程序主要是将自建直接分销渠道与利用批发商获取的收益与成本进行对比，然后再结合企业战略与战术方法进行决策。

（2）寻找批发商。如果生产商确定采取多层分销渠道模式，接下来就要决定用什么样的批发商。为此，首先要收集批发商名单。寻找批发商一般采取广告征集和名录征集两种方式。前者能将有兴趣的中间商迅速吸引过来，但费用较高；后者较为节省，但针对性不够强。

（3）对筛选的批发商进行评估。

第五节 渠道结构的演变趋势

一、渠道结构扁平化

厂家——总经销商——二级批发商——三级批发商——零售店——消费者，此种渠道层级可谓是传统销售渠道中的经典模式。传统的销售渠道呈金字塔形，因其广大的辐射能力，曾为厂家占领市场发挥了巨大的作用。但是，在供过于求、竞争激烈的市场营销环境下，传统的渠道存在着许多不可克服的缺点。面对这些问题与挑战，许多企业正将销售渠道改为扁平化的结构，即销售渠道越来越短、同一层次上的销售网点则越来越多。销售渠道短，增强了企业对渠道的控制力；销售网点多，则增大了产品的市场覆盖面和销售量。如一些企业由多层次的批发环节变为单层批发，即厂家—经销商—零售商；一些企业则在大城市设置销售公司和配送中心，直接向零售商供货。戴尔就是渠道创新的一个典范，也是通过越过二级分销商为代表的渠道中间层实施直销方式，缩短了供应链，从而降低了渠道成本，使产品销售额和利润稳步上升。

二、分销渠道一体化、国际化

买方市场格局的出现，使生产—分配—交换—消费中各个环节的相对重要性发生了历史性的变化，生产商更加依赖批发商和零售商所能提供的有限市场，于是出现了纵向一体化的形式。为了应付日益复杂的环境，许多生产商、批发商和零售商组成统一的系统，以降低交易费用、开发新技术确保供应和需求。但市场竞争往往表现为整个渠道系统之间的竞争。以日本汽车行业为例，现代的竞争不单是丰田汽车工业公司、丰田汽车销售公司与日产汽车公司的竞争，而是包括经销店在内的丰田集团与日产集团之间的竞争。

地区之间销售渠道形成的差别正日趋减小。20 世纪 50 年代初，美国与欧洲的销售方式存在着天壤之别，但今天的情况则大不相同，超级市场、连锁商店和直复营销等形式在工业发达的国家和地区普遍存在并发展。一些巨型零售机构正把自己的销售网扩大到世界各地，如西尔斯在墨西哥、南美、西班牙和日本设立了自己的网点；马狮集团在欧洲市场零售网络中的影响也久负盛名。这种零售商业的国际化发展，反过来进一步增强了生产商开拓国际市场的能力。生产的国际化更加依赖于渠道网络的国际化，各种全球化的垂直分销渠道网络应运而生。

三、零售商地位加强，渠道重心由批发向终端市场转移

20 世纪 90 年代后期，企业大多还是在销售通路的顶端通过对总经销商的管理来开展销售工作。当市场转为相对饱和的状态时，这种市场运作方式的弊端就表现得越来越明显。企业把产品交给经销商，由经销商一级一级地分销下去，由于网络不健全、通路不畅、终端市场铺开率不高、渗透深度不足等原因，经销商无法将产品分销到厂家所希望的目标市场上，结果厂家产品的广告在电视上天天与消费者见面，而消费者在零售店里却难觅产品的踪影。

针对这一弊病，一些成功企业开始以终端市场建设为中心来运作市场。厂家一方面通过对代理商、经销商、零售商等各环节的服务与监控，使得自身的产品能够及时、准确而迅速地通过各渠道环节到达零售终端，使消费者能方便地买到；另一方面在终端市场上进行各种各样的促销活动，以激发消费者的购买欲。

四、分销渠道电子化

在网络经济时代，越来越多的企业开始关注如何利用因特网提供更多的顾客价值，将网络与传统的产业成功地结合在一起。随着网络时代的到来，网络营销的出现对传统的分销模式、分销理念形成了巨大的冲击，使得分销商不得不尽快调整思路以跟上新的变化。从发展势头上看，网络终端将成为分销商们手中的利器。分销商们可以借助原有的分销渠道，继续巩固自身承上启下的地位。承上，可以迎合供应商实行网上交易的需要；启下，可以更好地发展二级供应商和经销商，建立广泛的扁平化渠道。如果分销商们能够把网络系统和企业内部的信息系统结合起来，就能使管理完全实现电子化。

五、渠道成员关系由交易型向伙伴型转化

传统的渠道关系使每一个渠道成员都成为一个独立的经营实体，以追求个体利益最大化为目标，甚至不惜牺牲渠道和厂家的整体利益。而在伙伴式销售渠道中，厂家与经销商一体化经营，实现厂家对渠道的集团控制，使分散的经销商形成一个整合体系，渠道成员则为实现自己或大家的目标共同努力，追求双赢或多赢。

本章小结

渠道结构是指具有一定作业任务的渠道成员之间的关系。考察渠道结构可以从渠道结构的长度、宽度和广度三个方面进行。渠道结构的长度是指产品从制造商手中转移至消费者手中所经过的中间层次的多少。根据是否有中间商，分销渠道有直接分销渠道和间接分销渠道之分；根据层次多少，又有长渠道和短渠道之分。具体可分为 4 种基本类型即零级渠道、一级渠道、二级渠道和三级渠道。其中，零级渠道又叫直接渠道、短渠道，指生产制造企业直接将产品销售给最终购买者，没有其他中间环节的参与。这里特别要注意的是：直销和直复营销不等于直接渠道，这些销售方式只有被制造商自己直接用来销售产品时才构成直接渠道。分销渠道宽度，是指同一渠道层次上选用的中间商数量的多少。分销渠道的宽窄有三种类型：密集性分销渠道、选择性分销渠道和独家分销渠道。密集性分销渠道最宽，独家分销渠道最窄。分销渠道广度是宽度的一种扩展和延伸，是指制造商选择几条渠道进行某产品的分销活动，主要有一条渠道和多条渠道两种类型。分销渠道结构并不是一成不变的，而是随着经济发展和市场环境的变化不断进行优化调整。特别是当原有的渠道结构已经不适应外部经营环境变化的需要时，就必须进行渠道结构变革。近几十年来，企业经营环境发生了很大的变化，尤其是消费者行为的变化、信息技术的发展以及大型零售终端的崛起，促使分销渠道向扁平化、国际化、电子化、联盟化的方向发展。

思考题

1. 影响分销渠道长度、宽度、广度决策的因素有哪些？
2. 直接分销渠道有哪些类型？
3. 直销和传销的区别有哪些？
4. 渠道结构未来发展的趋势怎样？

【案例分析】

这样的公司是在进行直销吗？

从20世纪90年代初开始，国内就出现了一些直销机构。许多直销机构本身不是制造性公司，而是专业的销售公司。公司通过“入会”方式发展直销人员。这些直销人员首先要缴纳一笔会员费，获得“会员”或直销人员资格，然后可以两种方式获得公司的报酬：一是自己掏钱购买公司的产品，推销给其他消费者，由此获得销售佣金；二是介绍别的消费者入会（即发展下线队伍），一旦下线队伍建立起来，他们就“自然”上升为“经理”，可从公司获得“经理”佣金。公司通常要求直销人员填表登记，但事实上与他们不存在聘用或代理关系，比如公司并不为这些直销人员办理社会保险，也不给予他们其他内部员工所能获得的各种福利待遇。这些直销公司的收入来源也分为两个部分：一部分是商品销售收入；另一部分则是发展会员的会员费。

思考与讨论：

1. 上述公司从事的是直销还是传销？依据是什么？
2. 我国对直销分销的法律规制有哪些主要内容？

第四章 分销渠道设计

【学习目标】

渠道是生产企业（制造商）产品销售的通道，尽管不同的产品、不同的企业具有的条件以及面临的环境各不相同，但是渠道实现的目标是一致的。所以，通过对渠道设计的基本原理和方法的掌握，并结合企业具体的实际情况，才有可能科学地设计好渠道体系。

通过本章的学习掌握以下知识：

- 理解分销渠道计划的含义；
- 掌握分销渠道设计的原则与目标；
- 掌握分销渠道的评估方法；
- 掌握分销渠道设计的总体流程。

【能力目标】

- 能为某一具体企业设计渠道体系；
- 能分析和评估某一具体企业的渠道体系。

【知识导图】

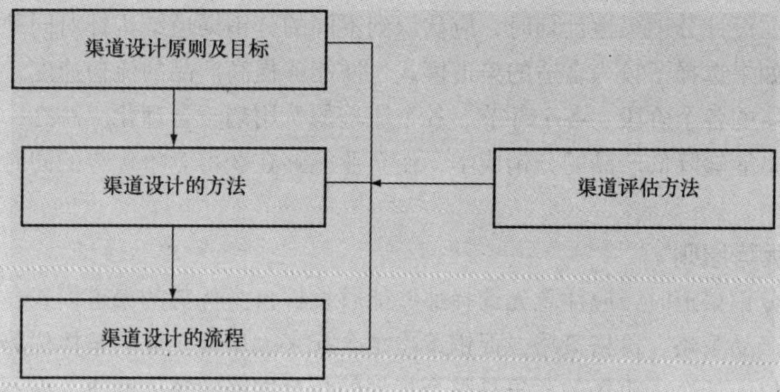

【引导案例】

嘉豪公司从“劲霸”牌青芥辣在调味品市场的“单项冠军”，到“劲霸”牌超浓缩系列复合调味品成功占据餐饮行业市场，并成为举足轻重的一员，除了产品确有“卖点”之外，公司倡导“弘扬中华饮食文化，真情创造健康生活”的饮食文化理念，促进了客户端逆向拉动的分销商选择策略的有效执行；而面向家庭消费者的“詹王”牌系列调味品的成功上市，则得益于对沿海发达地区市场的分销商和大型连锁卖场这一终端分销商的重点突破策略。

设计是事先对未来应采取的行动所做的规划和安排。分销渠道设计是指企业根据消费者或用户的服务需求，通过分析影响渠道设计的各种因素，确定分销渠道的目标，设计可供选择的渠道方案并进行评估与选择的过程。它是在明确分销目标后，在分析衡量客观需要和主观可能的基础上，对各种备选的分销渠道方案进行评估和选择，从而设计出新的适合企业经营特点和要求的分销渠道，或对现有的分销渠道进行改造，使其增进效益的活动。企业的产品能否快速、有效地分配到用户或消费者手中，取决于企业分销渠道的设计是否合理。

第一节 分销渠道设计的原则及程序

在进行分销渠道设计的构架过程中，首先，我们必须清晰地了解和掌握分销渠道设计的原则及程序。

一、分销渠道设计的原则

（一）顾客导向原则

在构架分销渠道计划时，首先要考虑的便是顾客的需要，并对其进行认真分析，建立以顾客为导向的经营思想。通过缜密、细致的市场调查研究，不仅要提供符合消费者需求的产品，同时还必须使分销渠道满足消费者在购买时间、购买地点以及售前、售中、售后服务上的需求，从而提高顾客满意度，培养顾客对企业的忠诚度，促进企业产品的销售。抓住终端，实际上就是抓住消费者的心，抓住顾客的信任度与忠诚度。所以，与其做些表面文章，不如深入下去，研究怎么做终端。

（二）利益最大化原则

渠道管理者在设计分销渠道计划时，应认识到不同的分销渠道结构针对同种产品的分销效率的差异。企业如果选择了较为合适的渠道模式，便能够提高产品的流通速度，不断降低流通费用，使分销网络的各个阶段、各个环节、各个流程的费用趋于合理化。总之，所设计出的分销渠道计划应该是能够降低产品的分销成本，使企业能够在获得竞争优势的同时获得利益的最大化。

（三）发挥优势原则

企业在选择分销渠道时，应注意先选择那些能够发挥自身优势的渠道模式，将分销渠道模式设计与企业的产品策略、价格策略、促销策略结合起来，增强企业的整体优势，维持自身在市场中的优势地位。如今，市场的竞争是整个规划的综合网络的整体竞争，而不再是过去单纯的渠道、价格、促销或产品上的竞争。企业依据自己的特长，选择合适的渠道网络模式，能够实现最佳的经济效益并获得良好的顾客反应。

（四）协调平衡原则

各渠道成员之间的密切协调与合作对渠道的顺利畅通、高效运行起着至关重要的作用。然而渠道成员间常常会产生一些利益或决策方面的分歧、冲突与摩擦，不可避免地存在着竞争，企业在构架分销渠道计划时，应充分考虑到这些不良因素，在鼓励渠道成员间进行有益竞争的同时，创造一个良好的合作氛围，以加深各成员之间的理解与沟通，从而确保分销渠道的高效运行。分销渠道的协调与合作更多地会反映在合理分配利益上。无论是何种类型的渠道模式，都会存在各渠道成员间利益的分配或各个成员工作绩效的评估及资源在各个部门间的分配等问题。因此企业应制定一套合理的利益分配制度，根据各渠道成员所担负的职能、投入的资源与精力，以及取得的绩效，对渠道所取得的利益进行公平、合理的分配，从而避免因利益分配不均而引起渠道冲突。渠道领导者应对渠道成员之间的合作、冲突、竞争的关系有一定的协调控制能力，以有效地引导渠道成员充分合作，鼓励渠道成员之间的有益竞争，确保总体目标的实现。

（五）稳定可控原则

分销渠道对企业来说是一项战略性资源，它一经确定，就对企业的整体运作和长远利益产生重要影响。因此，应从战略眼光出发，考虑分销渠道的构建问题。渠道确定之后，需要花费相当的人力、物力、财力去建立和巩固，不可轻易改变，尤其要注意渠道应具有一定的稳定性。只有保持渠道的相对稳定，才能进一步提高渠道的效益。畅通有序、覆盖适度是分销渠道稳固的基础。

由于影响分销渠道的各个因素总是在不断变化，一些原来固有的分销渠道难免会出现某些不合理的问题。这时，就需要分销渠道具有一定的调整功能，以适应市场的新情况、新变化，保持渠道的适应性和生命力。调整时，应综合考虑各个因素的协调一致，使渠道始终在可控制的范围内保持基本的稳定状态。

（六）适度覆盖原则

随着市场环境的变化及整体市场的不断细分，传统的分销模式及原有渠道已不能满足厂商对市场份额及覆盖范围的要求，而且消费者购物偏好也在变化，他们要求购买更便捷、更物有所值，或更有选择余地。在这种情况下，生产商应深入考察目标市场的变化，及时把握原有渠道的覆盖能力，并审时度势，对渠道结构进行相应调整，勇于尝试新渠道，不断提高市场占有率。

固特异公司是世界闻名的轮胎制造商，原有的分销渠道是通过专业的轮胎经销商来出售产品。然而为了满足顾客购买更便利的要求，固特异公司决定授权西尔斯、沃尔玛这样的大型零售商及轮胎商店销售其轮胎。当然这种做法触犯了经销商的利益，最终诉诸公堂。但固特异公司认为市场环境在变化，原有渠道已无法满足厂家市场覆盖的要求，故在付出很大代价后，仍坚持采用新渠道，这一举措减轻了对单一渠道的过度依赖。

企业在选择分销渠道方案时，一味强调降低营销成本是不够的，这样可能导致市场覆盖率不足、市场潜力挖掘不充分的后果。当然，在分销渠道选择中，也应避免扩张过度、分布范围过宽过广，从而导致沟通和服务的困难、市场管理的失控。

（七）精耕细作原则

市场覆盖只有与“精耕细作”相结合，其价值才能体现出来，否则，就像一张破网，看起来挺大，真要去捕鱼，一条鱼也捕不上来。所以，要抛弃“粗放经营”观念，对分销渠道各个环节进行精耕细作。准确地划分目标市场区域，对渠道中所有销售网点定人、定域、定点、定线、定时、定任务，实行细致化、个性化服务，全面监控市场。

（八）畅通高效原则

任何正确的渠道决策都应符合物畅其流、经济高效的要求。商品的流通时间、流通速度、流通费用是衡量分销效率的重要标志。畅通的分销渠道应以消费者需求为导向，将产品尽快、尽早地通过最短的路线，以尽可能优惠的价格送达消费者方便购买的地点。畅通、高效的分销渠道模式，不仅要让消费者在适当的地点、时间以合理的价格买到满意的商品，而且应努力提高企业的分销效率，争取降低分销费用，以尽可能低的分销成本，获得最大的经济效益，赢得竞争的时间和价格优势。

二、分销渠道设计的程序

分销渠道设计的程序通常包括分析消费者的需求、确定目标、设计备选渠道方案、评估与选择渠道方案四个环节。

（一）分析消费者的需求

企业在进行分销渠道设计构架时，必须要以所确定的营销目标为基础，而这个目标的确定必须以消费者的服务需求为前提。

分销渠道越来越受消费者的左右。在买方市场的条件下，企业的一切营销活动必须以消费者需求为核心，否则会在激烈的市场竞争中被淘汰。以消费者为核心，不仅要在营销活动前期进行消费者研究和目标市场选择，更重要的是在产品设计、价格确定、分销渠道选择和促销策划活动中满足消费者的需求。如果说产品是满足消费者的效用需求，价格是满足消费者的价值需求，促销是满足消费者的信息需求，那么分销渠道则是满足消费者购买时的便利需求即服务需求。这是建立分销渠道的永恒目标。

分销渠道的目标是满足目标客户的服务需求，因此研究服务需求的具体内容及其趋势就有着非常重要的意义。

（二）确定目标

分销渠道目标是渠道设计者对企业渠道功能的预期，体现着渠道设计者的战略意图。不论是制定全新的分销目标，还是修改现有的分销目标，很重要的一点是对分销目标进行检验，看它是否与企业其他营销组合（产品、价格和促销）的战略目标相一致，以及是否与企业的策略和整体目标相一致。

分销渠道是所有参加者有机结合而成的一个经济共同体，目的是获取各自所需的盈利和投资收益。所以渠道目标可以从销售、市场份额、盈利性、投资收益等方面进行衡量。如果从渠道运作的角度来探讨，就会衍生出 3 个目标：市场覆盖率、渠道控制和可变性。

（三）设计备选渠道方案

在确定分销目标之后，分销渠道计划的设计者在开发备选的渠道结构时，要考虑 3 个方面的因素：渠道级数、各等级的密度和各等级的渠道成员类型。分销渠道的设计者可以通过这 3 个方面得到可供选择的渠道结构数量。

（四）评估与选择渠道方案

企业所选择的渠道通路，在长度、宽度、广度和系统各方面都要有利于分销目标的实现。最终选择一条或几条合适的渠道通路远比列出备选方案更复杂、更困难，因此要对备选渠道方案进行评估。

假定企业已确定了几个分销渠道的备选方案，现在要从中选取一个最能实现本企业长期目标的渠道方案。每一个备选方案都要从经济性、可控性和适应性三个方面加以评估。

理论上，分销渠道的设计者都希望能够选择最佳的渠道结构。为了选出最佳渠道，要求渠道经理必须考虑所有渠道结构，并且根据某些标准，计算出每种渠道结构的确切利益，然后选择能够提供最大利润的渠道结构。

可是，管理部门对可能渠道结构的了解有一定局限性。管理部门了解所有的可能的渠道结构是不可能的，即使能够明确地说明所有可能的渠道结构，计算所有渠道结构的确切利润的方法也是不存在的。另外，影响渠道因素的参数数目是很大的，并且这些参数是不断变化的。这些因素决定了选择最佳渠道结构是不现实的，也是不可能的。

第二节 分销渠道设计的需求分析

分销渠道设计的需求分析是设计好一个分销渠道的关键所在，要从需求的识别入手，结合企业的发展战略，以消费者的需求为核心来构架企业分销渠道。

一、分销渠道设计的需求识别

分销渠道设计通常包含两种：一种是设计全新的渠道结构；另一种是对已有的渠道结构进行再设计。需要设计新的渠道结构的情况基本上有以下几种：刚刚建立一个新企业；合并或购并产生一个新企业；企业进军一个全新的市场，例如海尔集团开辟海外市场时必须考虑的渠道结构选择问题。

关于对现有渠道结构进行再设计的时机问题，大体分为两种情况。第一种情况是由于企业内部的因素需要调整，例如，企业的战略发生转变时；开发新的产品或产品生产线时，如果现有渠道对新产品不适合，那么就需要设计新的渠道或补充现有渠道结构；将已有产品投放到新定位的目标市场时，对营销组合进行战略调整，如因企业强调低价格战略，需要把产品转移到平价超市；根据企业渠道管理中的检查与评估结果，发现需要改进渠道设计。

第二种情况是由于企业外部的原因，大概包括以下几种情况。

（1）适应分销商的改变。如果分销商开始强调自己的品牌，那么生产商就可以寻找其他更能积极推介产品的新分销商。在这种情况下，注意区分渠道结构再设计和渠道成员再选择的差异。如果调整只涉及某些同类性质的渠道成员的更换，这仅仅是渠道成员的再选择；而一旦涉及渠道等级、渠道成员的类型的改变，就属于渠道设计问题。

（2）遇到渠道方面的冲突或面临渠道中其他问题的挑战。在某些情况下，矛盾冲突可能很激烈，以至于不改变渠道模式就不可能解决问题；若生产商失去了中间商的支持，就需要设计一个全新的渠道；与中间商沟通困难可能使市场营销者考虑重新设计渠道。

（3）流通经营业态的发展。流通经营业态的发展迫使企业考虑选择更有效的分销商类型。例如，随着城市中大卖场的蓬勃发展，百货零售业态相对萎缩，使得对于某些商品，像食品、日用消费品，必须重新寻找中间商，这时，企业必须考虑调整渠道结构。

（4）面临大环境的改变而做出渠道结构的调整。环境的改变可能是有关经济、社会文化、竞争格局、技术进步或法律规定等方面的改变。

二、分销渠道设计的消费者需求分析

分销渠道的目标是什么？对这个问题许多企业都回答说：“把产品卖出去。”实际上，企业在进行分销渠道设计时，必须要以确定的销售目标为基础，而这个目标的确定又必须以消费者的服务需求为基础。

渠道的设计始于顾客。市场分销渠道可以被认为是一个消费者价值的传递系统。在这个系统中，每一个渠道成员都要为顾客增加价值。一家企业的成功不仅依赖于它自己的行动，而且依赖于它的整个分销渠道与其他企业的分销渠道进行竞争的状况。例如，将福特汽车公司与顾客连接起来的送货系统中就包括几千家经销商。如果竞争者拥有更优越的经销商网络，即便福特汽车公司制造出了更好的汽车，它也有可能输给其他公司。同样的，如果福特汽车公司供应劣质汽车的话，世界上再好的汽车中间商也可能破产。因此一家公司应该设计出一种一体化的分销渠道系统，这一系统能把附加在产品上的高价值传递给顾客。

弄清目标市场上消费者购买什么、在哪里购买和怎样购买，是设计分销渠道的第一步。市场营销人员必须弄清目标消费者需要的服务水平。一般来说，分销渠道提供以下五种服务。

（一）批量

批量（lot size）是分销渠道在购买过程中提供给顾客的单位数量。例如，对于日常生活用品，小工商户喜欢到仓储商店批量地购买，而普通百姓偏爱到大型超级市场购买。因此，购买批量的差异，要求厂家设计不同的分销渠道。分销渠道销售商品数量的起点越低，表明它所提供的服务水平越高。

（二）等待时间

等待时间（waiting time），即渠道的顾客等待收到货物的平均时间。顾客一般喜欢快速交货渠道，快速服务要求一个高的服务产出水平。例如，普通邮件比航空邮件慢，航空邮件又比特快专递邮件慢。消费者往往喜欢反应迅速的渠道，因此企业必须提高服务水平。分销渠道交货越迅速，则收入回报的水平越高。

（三）空间便利

空间便利（spatial convenience）是分销渠道为顾客购买产品所提供的方便性。一般而言，顾客更愿意在附近完成购买行为。显然，顾客购物出行距离长短与渠道网点的密度相关。密度越大，顾客购物的出行距离就越短；反之则长。

（四）产品齐全

产品品种（product variety）是分销渠道提供的商品花色，品种的数量。一般来说，顾客喜欢较多的花色品种，因为这使得实际上满足顾客需要的机会更多。如果不是单一的品牌崇拜者，他们不愿意去专卖店购买服装，而愿意到集众多品牌的服装店或商场购买。分销渠道提供的商品花色品种越多，表明其服务水平越高。

（五）服务支持

服务支持（service backup）是渠道提供的附加的服务（信贷、交货、安装、修理）。服务支持越强，表明渠道提供的服务工作越多。消费者对不同的商品有不同的售后服务支持的要求，分销渠道的不同也会产生不同的售后服务水平。

分销渠道设计者必须了解目标顾客需要的服务支持。提供更多、更好的服务意味着渠道开支的增大和消费者所支付价格的上升。例如，日本的分销商，在零售技巧、商品陈列等方面花大力气，使商品的出厂价和零售价差距很大。折扣商店的流行表明，许多消费者更愿意接受较低水平的服务带来的低价格。然而，还是有不少企业坚持提供高水平服务。

第三节 确定目标

从生产商的角度出发，分销渠道设计的目标就是为了实现企业的分销目标。具体地体现在市场覆盖率、渠道灵活性、渠道控制度等方面。

一、市场覆盖率

市场覆盖率是衡量企业产品在一定市场范围内占有区域多少的指标。影响企业市场覆盖率的主要因素是企业分销渠道的宽度。分销渠道越宽，意味着产品能够接触到的顾客越多，产品的市场覆盖率也就越高；反之，则越低。市场覆盖率的确定应该根据产品的特征以及企业的经营战略来确定。市场覆盖率和分销密集度是由生产商根据本企业市场定位来决定的。其中市场覆盖率有 3 种策略可供选择：选择性分销、密集分销和独家分销。

二、渠道控制度

渠道控制度是指企业需要保持对分销行为进行控制的程度。控制度是渠道设计目标之一。为了实现企业的经营目标，生产商经常需要控制中间商以促使其更努力地推销商品和提高服务质量。中间商则希望控制生产商以保证供货来源和产品质量的改善以及供货价格的降低。

企业若要影响或安排整个分销渠道的所有活动，便要建立渠道控制的目标。生产商通常想控制所有的中间商，以获取更大的销售能力和提高售后服务质量。而中间商也想获得对生产商的控制权，从而确保供货的连续性、产品质量的不断改进和更低的价格。当然，对渠道控制的程度与整个公司的战略直接相关。

很多人认为市场覆盖率与渠道控制度这两个目标之间有着很强的相关性。如密集分销经常与渠道控制目标相一致，甚至两者似乎根本就是一回事。其实不然，许多实行集中分销战略的企业也可以成为某一分销渠道的实际控制者。

渠道控制度和市场覆盖率往往是相互关联的。例如，采用独家分销策略的重要原因之一是希望全面控制渠道成员，因此独家分销成为控制销售行为的最理想的方法。

三、渠道可变性

发展分销渠道必然要在渠道各成员之间形成某种程度的协议或许诺，这些协议是为了确保渠道的稳定性，增进彼此间的信任，但是当市场竞争环境发生变化时，渠道内部也要进行分化和重组，以往的协议便成为内部改革的主要障碍。所以，在分销渠道设计一开始便要考虑渠道的可变性。有些行业如新兴产品行业由于产品与市场发展均不成熟，面临的市场竞争环境具有不确定性，可变性更是其分销渠道设计的重要目标。

在渠道可变性的设计方面，美国计算机市场的经验就是极好的例证。在 20 世纪 70 年代后期和 80 年代初期，选择分销渠道有很大的不确定性。此时，生产商是利用自己的销售队伍，还是借助于大型商场或专业计算机销售商店，或由自己建立销售点？最恰当的细分市场究竟是针对企业还是家庭？这些不确定的问题使分销渠道面临众多的市场风险。所以到今天还能生存下来的企业，一般都具有迅速调整渠道的能力，以适应市场的变化。

总而言之，分销渠道计划在构架时的目标就是确保形成的渠道结构能产生适合市场定位的市场覆盖率，并确保生产商对渠道的适度控制和具有一定的灵活性，便于生产商进行更换和调整，从而实现营销目标。

第四节 确定分销渠道的备选方案及选择

企业确定了分销渠道目标后，就要考虑选择哪些渠道来实现这些目标。这方面的工作主要有以下内容。

一、设计分销渠道结构

设计分销渠道要根据企业实际情况和所处的具体环境，从分销渠道的长度、宽度和系统结构等多方面进行分析、研究和决策。

（一）选择分销渠道的长度

渠道的长短通常根据纵向渠道的分销商数量来划分，详见表 4-1。

表 4-1　长、短渠道的比较

类型	优点及适用范围	缺点及适用范围
长渠道	市场覆盖面广；生产商可以将渠道优势转化为自身优势；一般消费品销售较为适宜；可以减轻企业的费用压力	厂家对渠道的控制程度较低；增加了渠道服务水平的差异性和不确定性；加大了对中间商进行协调的工作量
短渠道	生产商对渠道的控制程度较高；专用品、时尚品较为适用	厂家要承担大部分或全部渠道功能，必须具备足够的资源方可使用；市场覆盖面较窄

不管选择长渠道还是短渠道，都要分析市场、产品和企业等各种因素，并根据市场情况予以调整。

（二）确定分销渠道的宽度

通常以渠道同一层级的分销商数量、竞争程度及市场覆盖密度来划分分销渠道的宽度。宽渠道中，同一层级中的中间商数量较多，彼此之间的竞争较为激烈，市场覆盖密度较大；窄渠道中，同一层级的中间商数量较少，彼此之间的竞争激烈程度较低，市场覆盖密度较低（甚至很低）。根据渠道宽度可以将分销策略分为 3 种：独家分销、密集性分销和选择性分销，详见表 4-2。

表 4-2　独家分销、密集性分销和选择性分销的比较

分销类型	含　义	优　点	不　足
独家分销	在既定市场区域内每一渠道层次只有一家中间商运作	市场竞争程度低；厂家与中间商的关系较为密切；适用于专用产品的分销	因缺乏竞争，顾客满意度可能会受到影响；中间商对厂家的反控制能力较强

续表

分销类型	含　义	优　点	不　足
密集性分销	凡符合厂家要求的中间商均可参与分销	市场覆盖率高；比较适用于快速消费品的分销	中间商之间的竞争容易使市场陷入混乱（如“窜货”），甚至会破坏企业的分销意图；渠道管理成本相对较高
选择性分销	从入围者中选择一部分作为分销商	优、缺点通常介于独家分销和密集分销两者之间	

（三）制定分销渠道的系统结构

设计分销渠道时，除了考虑分销渠道的长度和宽度，还要考虑分销渠道的系统结构。按渠道成员相互联系的紧密程度和关联方式，分销渠道可以形成不同的系统结构，当企业需要了解组织中分销渠道的系统结构时，可以参考以下几种类型。

1. 传统渠道系统

由于传统渠道系统的每一个成员均是独立的，没有哪一个成员拥有足以支配其他成员的能力，它们往往各自为政，各行其是，都为追求自身利益的最大化而激烈竞争，甚至不惜牺牲整个渠道系统的利益。

在传统渠道系统中，几乎没有一个成员能完全控制其他成员。传统渠道系统模式在中小企业中间是最常见的。它不具备组织系统的实质，而只是在某一特定时间、特定地点，针对某一特定商品而形成的即时性交易关系，不具有长期性、战略性，无法充分利用渠道的累积资源。

2. 垂直渠道系统

垂直渠道系统是由生产商、批发商和零售商纵向整合组成的统一系统，是近年来渠道发展中最显著、效益最好的一种发展形式。垂直渠道系统中的渠道成员或属于同一家公司，或将专卖特许权授予其合作成员，或有足够的能力使其他成员合作，有利于控制渠道行动，消除渠道成员为追求各自利益所造成的冲突。在美国，这种垂直渠道系统已成为消费品市场的主要力量，其服务覆盖了全美市场的 70%～80%。

垂直渠道系统有 3 种主要形式。其一是公司式垂直渠道系统，即由一家公司拥有和管理若干工厂、批发机构和零售机构，控制渠道的若干层次，甚至整个分销渠道，综合经营生产、批发和零售业务。其二是管理式垂直渠道系统，即通过渠道中某个有实力的成员来协调整个产销通路的渠道系统。如名牌产品制造商宝洁，以其品牌、规模和管理经验优势出面协调批发商、零售商的经营业务和政策，采取共同一致的行动。其三是契约式垂直渠道系统，即不同层次的独立的制造商和中间商，以契约为基础建立的联合渠道系统。如批发商组织的自愿连锁店、零售商合作社、特许专卖机构等。

3. 水平渠道系统

面对一个新出现的市场机会，有时单个企业或因资本、生产技术、营销资源不足，无力单独开发市场机会；或因惧怕承担风险；或因与其他企业联合可实现最佳协同效益，因而组成共生联合的渠道系统，这便是水平的渠道系统。

这种联合，可以是暂时的或是永久的，也可以联合创办一家新的独立的企业，国外也称共生营销，这是在同一层次的若干生产商之间、或若干批发商之间、或若干零售商之间采取的横向联合经营方式。许多国外企业进入中国市场，通常采用这种方式，寻求合适的企业进行合资，借助中方企业的营销资源和优势推销它们的产品。

4. 多渠道营销系统

多渠道营销系统是对同一或不同的细分市场，采用多条渠道的分销体系。如美国通用电气公司不但经由独立的零售商(百货公司、折扣商店)，而且直接向建筑承包商销售大型家电产品。

多渠道营销系统大致有两种形式：一种是制造商通过两条以上的竞争性分销渠道销售同一商标的产品；另一种是制造商通过多条分销渠道销售不同商标的差异性产品。此外，还有一些公司通过同一产品在销售过程中的服务内容与方式的差异，形成多条渠道以满足不同顾客的需求。

多渠道系统为制造商提供了3个方面的利益：扩大产品的市场覆盖面，降低渠道成本和更好地适应顾客要求。但该系统也容易造成渠道之间的冲突，给渠道控制和管理工作带来更大难度。随着经济的发展，会有很多细分市场供生产商选择，生产商将会越来越多地采用多渠道营销系统。

总之，各种分销渠道的系统结构都有其存在的原因，不同的企业可以选择不同的分销渠道的系统结构，同一企业在不同的发展时期也可以选择不同的分销渠道的系统结构，选择的关键在于分销渠道的系统结构是否适合该企业，是否有利于该企业的发展。

二、界定渠道等级层次

分销渠道可能包括企业(厂家)、一级批发商、二级批发商、零售终端等多个中间环节，各渠道成员的地位也不尽相同，它们可能会分别扮演以下几种角色中的一种。

(一)渠道领袖

渠道领袖是指在一条分销渠道中发挥领导作用的企业或组织。渠道领袖通常是渠道的主宰。微软、沃尔玛、通用等实力很强的企业往往扮演渠道领袖的角色。渠道领袖的职责通常包括：制定标准、寻找渠道成员、制定渠道运作规划、负责解释渠道运作规则、为渠道成员分配任务、监控渠道成员以及优化渠道。

(二)渠道追随者

渠道追随者是渠道的核心成员，具有以下特点：参与渠道决策，是渠道政策的主要实施者、渠道领袖的忠诚追随者和助手、渠道资源的主要受益者、现在渠道格局的坚决维护者。渠道追随者往往是一些与渠道领袖一同创业的“兄弟”，对企业的发展、壮大可能立下了汗马功劳，但是，作为现在渠道游戏规则的主要受益者，它们往往不希望渠道格局发生剧烈变化。因此，它们往往又是渠道创新的最大障碍。

(三)力争上游者

力争上游者也是渠道的主要成员，但与渠道追随者相比，处于核心层之外。因此，立志成为核心渠道成员是他们追求的目标之一。在渠道运作中，力争上游者具有如下特点：能严格遵守渠道政策与规则；不易获得渠道的主要资源；与渠道领袖谈判能力较弱。力争上游者往往希望通过自己的努力和为渠道多做贡献来获得渠道领袖的青睐，因此，渠道决策层应将渠道优惠政策尽可能向他们倾斜。力争上游者经常会为渠道提供合理化建议，是渠道创新者。

(四)拾遗补缺者

拾遗补缺者分布于主流渠道之外，主要特点如下：数量众多，无权参与渠道决策，缺乏参与热情，经销小批量商品，承担边缘市场分销任务，谈判能力最弱，能够遵守渠道规则。

(五)投机者

投机者非渠道固定成员，徘徊于渠道边缘，其特点如下：以获取短期利益为行动准则，有利便进，无利则退；缺乏渠道的忠诚度，是否遵守渠道规则视收益情况而定。对于此类成员，企业（厂家）须提高警惕：渠道顺畅之时问题不大，一旦有风吹草动，他们极有可能反戈一击，出卖渠道的利益。

（六）挑战者

挑战者是渠道的最大威胁者，他们往往试图通过发展全新的渠道运作理念来代替现有模式。在顾客眼里，挑战者是受欢迎的，但既得利益集团会企图阻止挑战者的创新行为。挑战者的“破坏”行为如果成功，往往会激发一场全新的革命，使整个渠道发生翻天覆地的变化。

三、分配渠道成员职责

不同的渠道成员在渠道体系中承担着不同的任务，为此，生产企业必须根据渠道成员的特点以及功能定位明确其在渠道体系中的职责。一般来说，在渠道体系中，渠道成员的主要职责包括以下几个方面。

（1）销售包括铺货、促销、陈列、理货、补货、开发客户、市场推广等销售功能。

（2）广告包括广告策划、广告预算、媒体选择、广告发布、广告效果评价等传播职能。

（3）实体分销包括订货、订单处理、送货、提货、运输、库存等职能。

（4）财务包括融资、信用额度、保证金、市场推广费、折扣、预付款、应收款等职能。

（5）渠道支持包括经销商选择、职责分配、培训、技术指导、店面指导、售后服务、市场调研、信息交流、协调渠道冲突、经验研讨、产品创新、紧急救助等职能。

（6）客户沟通包括需求调研、客户接触、产品推介、消费咨询、客户回访、意见处理、产品维修、处理退货、客户档案建立与管理等职能。

（7）渠道规则包括合同管理、信誉保证、经销商利益保障、谈判、实施、监控、执法、渠道关系调整、品牌维护等职能。

（8）奖惩包括制定标准、额度、等级提升、优惠政策倾斜、特权授权、处罚、申诉等职能。

四、分销渠道的评估标准

企业一般都会确定几种备选渠道方案，并从中选取一个最能实现企业长期目标的渠道方案。这就需要从经济性、可控性和适应性 3 个方面来评估。

（一）经济性评估

生产商生产经营的动机在于追求经济利益的最大化，因此，对不同的渠道方案进行评价，首先应该是经济评价，即以渠道成本、销售量和利润来衡量渠道方案的价值。

第一步，考虑企业直接销售与利用代理商销售哪一方案可以产生更多的销售量。有人说企业的销售队伍可以产生更多的销售，也有人讲利用代理商可以增加销售。而实际上，两种情况都是存在的，为什么呢？因为不同情况有着不同的条件与背景。

第二步，评估不同渠道结构在不同销售量下的分销成本。一般来说，当分销量较小时，利用企业队伍进行分销的成本高于利用中间商的成本。随着销售量的增加，企业的销售队伍成本的增加率要低于中间商成本的增加率，这样，当销售量增加到一定限度时，利用中间商的成本就会高于利用公司销售队伍的成本。

第三步，比较不同渠道结构下的成本与销售量。由上一步可知，直销渠道与间接渠道下不同的销售量存在不同的销售成本，而渠道的设计又不能经常进行变动，所以企业应该首先预测产品的销售潜力，然后根据销售潜力的大小确定直销渠道与间接渠道的成本。在预期销售量确定的情况下，选择成本最小的渠道结构。

例：某企业销售某一产品时，生产成本为 17 元/件，销售价格为 30 元/件，现有 3 种分销途径可供选择。

第一，派员推销。由于交通住宿、广告、座谈会等项开支，每月需销售费用 800 元。

第二，开设门市部自销。由于影响大，服务周到，能扩大销量，但需支付房租、办公费等，每月销售费增至 1100 元。

第三，委托代销。每销售一件需付 8%的佣金，仍为整批发运。

试对 3 种不同分销途径的经济收益进行分析、比较。

在进行经济性评估时，首先，分别计算各自的盈亏临界点。

派员推销盈亏临界点=800 元/（30 元/件-17 元/件）≈62（件）

门市部自销盈亏临界点=1100 元/（30 元/件-17 元/件）≈85（件）

委托代销盈亏临界点为 0。

其次，进行分析、比较。以上盈亏临界点计算的结果，并不能说明：当月销售量在 62 件以上就可派员推销，在 84 件以上就可开设门市部自销。为了保证经济收益最大，还必须分析、比较在不同销售量的情况下，采用何种形式有利。

1. 派员推销与委托代销比较如下

下列式中，R_1 表示派员推销利润，R_2 表示门市部自销利润，R_3 表示委托代销利润；Q_1 表示派员推销月销售量，Q_2 表示门市部自销月销售量，Q_3 表示委托代销月销售量。

两者利润分别为：

$$R_1=13\text{ 元}\times(Q_1-62)$$

$$R_3=(13-30\times8\%)\text{ 元}\times Q_3$$

经比较分析得知，当月销售量处于 62～335 件时，两者都能得到利润。但 $R_3>R_1$；当月销售量变为 335 件时，$R_1=R_3$；当月销售量超过 335 件时，$R_1>R_3$。这就是说明月销售量小于 335 件时，企业采用委托代销有利；大于 335 件时，则派员推销有利。

2. 门市部自销和委托代销比较如下

两者利润分别为：

$$R_2=13\text{ 元}\times(Q_2-85)$$

$$R_3=(13-30\times8\%)\text{ 元}\times Q_3$$

同样分析可得：当月销售量小于 460 件时，企业采用委托代销有利；当月销售量大于 460 件时，则开设门市部自销有利。

（二）可控性评估

产品的流通过程是企业营销过程的延续，从生产商出发建立的分销渠道，如果生产商不能对其运行有一定的主导性和控制性，分销渠道中的物流、商流、促销流、信息流、付款流就不能顺畅、有效地进行。因此，评估渠道方案，还要兼顾对渠道控制能力的评估。一般来说，采用中间商可控性小些，企业直接销售可控性大；分销渠道长，控制难度大，渠道短，控制较容易些。企业必须进行全面比较、权衡，选择最优方案。

由于中间商是一家独立的商业企业，它只对如何使本企业的利润最大化感兴趣，故利用中间商会产生更多的控制问题。中间商可能会把精力集中在那些从商品组合角度（而不是从对特定的生产商的产品角度）来说最重要的顾客身上。另外，中间商的销售人员可能没有掌握有关企业产品的技术细节，或者不能够有效地运用企业的促销材料。

对分销渠道的适度控制，是确立企业竞争优势的重要武器。在市场环境迅速变化和竞争日趋激烈的情况下，很多企业的生存发展情况在很大程度上取决于其分销渠道系统的协调与效率，以及能否更好地满足最终消费者的需求。可以说，如果企业不能对分销渠道进行有效的管理和控制，就无法有效地保护现有的市场和开拓新市场，也无法获得比竞争对手更低的成本，无法获得创造具有独特经营特色的竞争优势的条件。

（三）适应性评估

生产商是否具有适应环境变化的能力，与其建立的分销渠道是否具有弹性密切相关。但是，每个渠道方案都会因生产商某些固定期间的承诺而失去弹性。例如，当某一生产商决定利用中间商推销产品时可能要签订 5 年的合同，这段时间内即使采用其他销售方式更有效，但生产商也不得任意取消中间商。因此，生产者在选择和设计分销渠道时必须考虑分销渠道的环境适应性和可调整性问题。

企业与分销渠道成员常常有一个较为长期的合作关系，并通过一定的形式固定下来。这种长期经销时间的约定会使渠道失去调整与改变的灵活性。如何实现稳定性与灵活性的统一，就是渠道设计者要考虑的适应性标准。从趋势上看，由于产品市场变化迅速，渠道设计者需要寻求适应性更强的渠道结构，以适应不断变化的营销战略。

五、分销渠道的选择

在对分销渠道备选方案进行评估后，下一步，生产商就要根据企业自身的实际，选择“最适合”的分销渠道方案。选择最适合的分销渠道的方法有财务法和经验法。

（一）财务法

财务法包括财务评估法和交易成本分析法两种。

（1）财务评估法（Financial Approach）是兰伯特（Lambeit）在 20 世纪 60 年代提出的一种方法。他指出，财政因素才是决定选择何种渠道结构的最重要的因素。这种决策包括比较使用不同的渠道结构所要求的资本成本，以得出的资本收益来决定最大利润的渠道。

（2）交易成本分析法（Transaction Cost Analysis，TCA），最早由威廉姆森（Williamson）提出。该方法的重点在于企业要完成其分销渠道任务所需的交易成本。交易成本分析方法的经济基础是：成本最低的结构就是最适当的分销结构。此办法的关键就是找出渠道结构对交易成本的影响。在 TCA 方法中，威廉姆森将传统的经济分析与行为科学概念以及由组织行为产生的结果综合起来，考虑渠道结构的选择问题。因此，交易成本分析法的焦点在于公司要达到其分销任务而进行的必需的交易成本耗费。交易成本主要是指分销中活动的成本，如获取信息、进行谈判、监测经营以及其他有关的操作任务的成本。

为了达成交易，需要有特定的交易资产。这些资产是实现分销任务所必需的，包括有形资产与无形资产。无形资产，指为销售某个产品而需要的专门知识和销售技巧；而销售点的有形展示物品、设备则是有形的特定资产。

如果需要的特定资产很高，那么公司就应该倾向于选择一个垂直一体化的渠道结构。如果特定交易成本不高（或许这些资产有许多其他用途），生产商就不必担心将它们分配给独立的渠道成员。如果这些独立的渠道成员索要的条件变得太过分，那么可以非常容易地将这些资产转给那些索要条件比较低的渠道成员。

（二）经验法

经验法是指依靠管理上的判断和经验来选择渠道结构的方法，主要包括权重因素记分法和直接定性判定法。

（1）权重因素记分法。由科特勒提出的“权重因素法”是一种更精确地选择渠道结构的直接定性方法。这种方法使渠道经理或渠道总监在选择渠道结构的判断过程中更加结构化和定量化。其基本步骤如下。①列出影响渠道选择的相关因素。②每项决策因素的重要性用百分数表示。③每个渠道选择依各项决策因素按 1～100 的分数打分。④通过权重（A）与因素分数（B）相乘得出每个渠道选择的总权重因素分数（总分）。⑤将备选的渠道结构总分排序，获得最高分的渠道选择方案即为最佳选择。

（2）直接定性判定法。此方法即管理人员根据个人的经验对分销渠道的选择直接做出判断。在进行渠道选择的实践中，这种定性的方法是最粗糙但同时也是最常用的方法。使用这种方法时，管理人员根据他们认为比较重要的决策因素对结构选择的变量进行评估。这些因素包括短期与长期的成本及利润、渠道控制问题、长期增长潜力以及许多其他的因素。有时这些决策因素并没有被明确界定，它们的相关重要性也没有被清楚地界定。然而，从管理层的角度看，选出的方案是最适合决策因素的内、外在变量。

经验法也使得渠道设计者能将非财务标准与渠道选择相结合。非财务标准，如对特定渠道的控制程度及渠道的信誉等，可能是非常重要的因素。在直接量化决策方法中，这些因素都是隐性的；而在权重和因素分析中，控制程度及信誉可作为明确的决策因素并且通过高权重表示其相对重要性。即使在分销成本方法中，非财务因素，如控制程度和信誉，只能通过经验做出判断。

本章小结

本章讨论在当代的大背景下渠道管理者应该如何设计合理的渠道结构。渠道设计是指为实现分销目标，对各种备选渠道结构进行评估和选择，从而开发出新的分销渠道或改进现有分销渠道的过程。分销渠道设计有两种情形：一是设计全新的分销渠道；二是改进现有的分销渠道。这是渠道管理者在考虑渠道设计时首先要面对的问题。渠道管理者在设计渠道结构时，需要遵循一定的原则或标准。这些原则有顾客导向原则、利益最大化原则、发挥优势原则、适度覆盖原则、协调平衡原则和稳定可控原则。分销渠道计划的目标有市场覆盖率、渠道灵活性、渠道控制度等。分销渠道的设计程序包括分析消费者需求、确定目标、设计备选渠道方案、评估与选择方案 4 个环节。确定渠道目标是渠道设计工作的核心问题。首先要弄清目标顾客对渠道的要求或渠道的服务产出，这主要包括批量拆分、空间便利、等待时间、花色范围和服务支持 5 个方面；其次要考虑企业的成本目标和利润目标；最后还要将分销渠道的顾客目标和成本目标需要进行协调。一般地说，渠道成员的任务主要有：推销、渠道支持、物流、产品修正与售后服务及风险承担。

思考题

1. 分销渠道设计应遵循哪些原则？

2. 分销渠道设计的方向是什么?
3. “以顾客需求为导向”的分销渠道设计的一般程序是什么?
4. 如何分配分销渠道成员的职责?
5. 如何进行分销渠道的评估与选择?

【案例分析】

“伊人净”的渠道设计

新近上市的海南伊人生物技术有限公司生产的“伊人净”准备打入上海市场,建设分销渠道。海南伊人生物技术有限公司结合实际情况对关键因素分析如下。

(1)“伊人净”的产品特性。“伊人净”是泡沫型女性护理产品,剂型新颖,使用方便,但与传统的洗液类护理产品不同,首次使用需要适当指导,因此以柜台销售为好;且产品诉求为解决女性妇科问题,渠道应尽量考虑其专业性,如药店和医院。

(2)上海地区健康类产品的渠道分析。药品、食品、保健品和消毒制品统称为健康类产品,目前主要的销售渠道为药店、商场、超市(含大卖场)和便利店。其中药店多为柜台销售且营业员有一定的医学知识,目前药店仍然是以国营体制为主,资信好,进入成本低,分布面广。商场、超市和大卖场近几年来蓬勃发展,在零售中处于主导地位,销量大,但进入成本高,结款困难且多为自选式销售,无法与消费者进行良好沟通。便利店因营业面积小而以成熟产品为主。

(3)未来两年渠道变化趋势分析。目前各大上市公司和外资企业对中国医药零售业垂涎欲滴,医药零售企业也在不断变革,加之医保改革使大量的药店成为医保药房,药店在健康类产品行业的零售地位将会不断提高,其进入门槛也会越来越高,比起日渐成熟的超市大卖场而言发展潜力巨大。

(4)“伊人净”公司的营销目标。随着上海经济的快速发展,收入的不断提高,人们的观念也在不断更新,对新产品更易于接受,伊人公司希望产品能够快速进入市场,成为女性日用生活的必需品,像感冒药一样随处可以购买,从而改变中国女性传统的清水清洗和洗液清洗的习惯。这个过程需要很大的广告投入进行引导和时间积累,而在公司成立初期大量的广告费和经营费意味着高度的风险。相关人员的口碑传播可能比较慢,却是一种更安全和低投入的方式。努力使相关人员如营业员推荐和介绍本产品是优先考虑的方式。

(5)“伊人净”上海地区的渠道策略。根据以上分析,伊人公司在上海制定了如下渠道策略:分步完善渠道结构,优先发展传统国营医药渠道,在有限的广告中指定仅在药店销售,保证经销商的合理利润。在产品成熟后发展常规渠道。

思考与讨论:

1. 结合案例分析关键因素在渠道设计中是如何起作用的?
2. 根据案例设计出理想的渠道。

第五章 分销渠道模式

【学习目标】

渠道模式体现了生产企业（制造商）与分销商之间的合作关系，是分销渠道体系结构运行的内在机制，直接影响渠道体系的效果及效率。渠道模式有很多种类型，不同的类型具有不同的优点和缺点，因此，需要掌握分销渠道模式特点，才能实现渠道目标。

通过本章的学习掌握以下知识：

- 了解传统分销渠道的职能与特点；
- 掌握现代分销渠道的基本业态及其特点；
- 掌握特许经营的相关概念和本质；
- 了解网络应用所带来的渠道模式的变化及其发展趋势。

【能力目标】

- 能对具体企业的渠道模式进行分析与诊断；
- 能根据实际情况设计企业合理的渠道模式。

【知识导图】

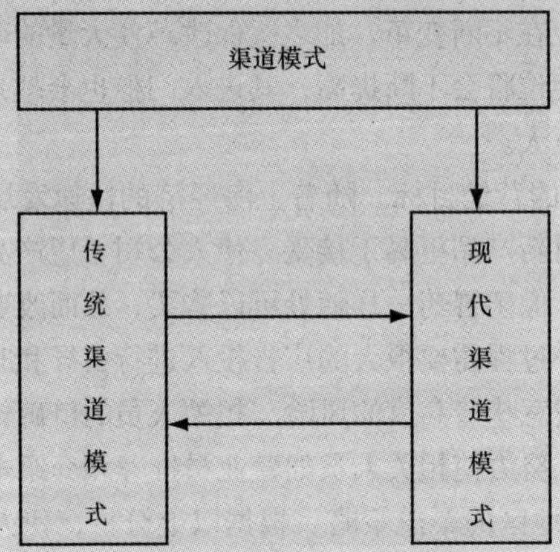

【引导案例】

罐头食品由谁来经销

传统上，罐头食品都是由食品店与杂货店销售，但是台湾牛津食品公司除了通过这两种商店经销之外，更在各地渔港通过五金商店进行销售。也许您会觉得奇怪，怎么五金商店也卖起罐头食品了，到底是卖给谁？道理又是如何？

近年来我国台湾渔业发展迅速，渔船数目迅速增加，其中又多是近海与远洋渔船。每艘船上的人员少则五六人，多则二三十人。出海作业期多为一到两星期，也有经年累月连续作业的。对生产肉类、果汁类罐头食品的牛津公司而言，这无疑是一个巨大的潜在市场。但是因为渔船出海作业大都视天气情况而定，而且往返基地常无定时，虽然需要量大，但不便于派推销员来推销，但又不想放弃这一市场，应该怎么办?

经过一番调查，该公司决定利用渔港附近的五金商店推销产品，但五金商店所卖的是五金材料，与罐头食品完全无关，选择五金商店的理由何在?据牛津食品公司表示，虽然五金商店所销售的是五金材料，但是它们销售的对象却是渔民。它们是渔船补给品的供应中心，而该公司的产品对渔民说来也正是必需的补给品。若能通过五金商店经销，不仅能达到将产品推销给渔民的目的，又可方便渔民在同时同地一并解决补给品的采购，一举数得。这样当然可以由五金商店来经销罐头食品。

同样，传统上饼干也是由食品店销售的。但是国内某食品公司在产品上市时，除了由食品店销售之外，还打入杂货店，也由杂货店推销。此举无疑与消费者的购买习惯有所区别。但是若就销售对象来分析，杂货店顾客多半是家庭主妇，而主妇们是饼干的主要采购者，二者完全相符。

上述一些例子，表面上看来没有什么道理，但若深入分析实际上却是绝妙的决策。其最基本的道理是，在选择经销商时，不应以公司产品性质为考虑的唯一因素，而应以消费者（潜在顾客）为前提。也就是说选择经销商时，首先应分析产品的潜在顾客（目标市场），以及他们的购买习惯与购买场所，以方便他们的购买为原则，使产品能以最快的方式，在最方便的场合，满足消费者的需要。

第一节 分销渠道模式

任何一条分销渠道都包括若干成员，这些成员像进行接力赛一样，完成商品的传递过程，而这些成员的关系状况就表现为分销渠道系统。按渠道成员相互联系的紧密程度，分销渠道系统可以分为传统渠道模式、垂直渠道模式和水平渠道模式，如图 5-1 所示。

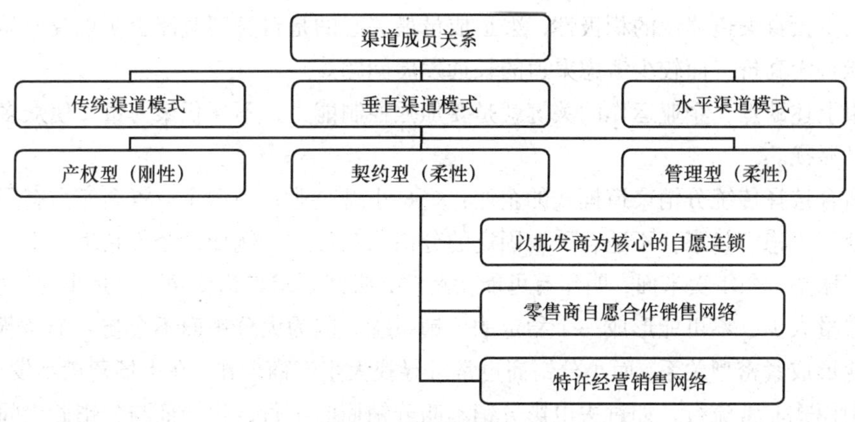

图 5-1 渠道模式类型

一、传统渠道模式

传统渠道中各成员之间是一种松散的合作关系，各自都为追求自身利益最大化而进行激烈竞争，甚至不惜牺牲整个渠道系统的利益，最终使整个分销渠道效率低下。这种渠道关系也称为松散型渠道系统。麦克·康门把传统渠道系统描述为："高度松散的网络，其中制造商、批发商和零售商松散地联系在一起，相互间进行不亲密的讨价还价，对于销售条件各持己见，互不相让，所以各自为政，各行其是。"

（一）松散型渠道关系的优点

从严格意义上来讲，松散型渠道关系还算不上一种较为定型的模式，但对于实力较弱的中小企业来说，参与其中要比单枪匹马、独闯天下强得多。它会为渠道成员提供如下几方面的好处。

（1）渠道成员有较强的独立性，无太多义务需要承担，谁都可以凭借实力谋求"老大"的位置。

（2）进退灵活，进入或退出完全由各个成员自主决策，根据局势需要可以自由结盟。

（3）由于缺少强有力的"外援"，促使企业不断创新，增强自身实力。

（4）中小企业由于知名度、财力和销售力的缺乏，在进入市场时可以借助这种关系迅速地成长。

应当指出：要想做大的企业，就不应满足于这种松散的市场联络方式，而应该积极地构筑更稳定、更持久、更可靠的关系网络，因为松散型渠道关系所体现的毕竟只是一种"松散"型的经营方式。

（二）松散型渠道关系的缺点

（1）临时交易关系，缺乏长期合作的根基。

（2）成员之间的关系不涉及产权和契约关系，不具有长期性、战略性，无法充分利用渠道积累资源。

（3）最可怕的危险是来自渠道成员对脆弱安全保障机制的盲目信任。

（4）渠道安全系数小，缺乏有效的监控机制，渠道的安全性完全依赖于成员的自律。以中国目前的市场状态而言，这种自律无异于放任自流。

（5）没有形成明确的分工协作关系，使广告、资金、经验、品牌、人员等渠道资源无法有效共享。

（6）缺少投身渠道建设的积极性，渠道成员最关心的是自身利益能否实现及商品能否卖得出去或者能否卖高价，而较少考虑渠道的长远发展问题。

要克服上述缺点，企业运作的关键就是要加强控制能力，不断积聚力量，使众多的企业自觉地向自己靠拢。

比较适合选择传统分销渠道模式的企业：一是小型企业，小型企业资金实力有限，产品类型与标准处于不稳定状态，不适合采取固定的分销系统形式。例如，今年它生产服装，明年就有可能生产床垫；今年卖米面，明年有可能卖蔬菜，必然要求渠道变革。二是小规模生产企业，由于产品数量太少，不可能形成一个稳定的分销系统。因为大分销商不会与一个经营规模相差悬殊的企业形成紧密型关系，而小分销商也常常寻找大生产商合作。在市场营销不发达的时期，传统的分销模式非常流行，如过去电影分销不叫分销而叫发行，生产商与分销商之间就是利用松散型分销渠道模式。在生产较为分散的日常用品、小商品生产领域，也普遍存在传统的分销模式。

二、公司型垂直渠道系统

公司型垂直渠道系统也叫产权型垂直渠道系统或“刚性”一体化渠道模式。

所谓公司型渠道关系，是指一家公司通过建立自己的销售分公司、办事处或通过实施产供销一体化及横向战略而形成的一种关系模式。公司型渠道关系是渠道关系中最为紧密的一种，是制造商、经销商以产权为纽带，通过企业内部的管理组织及管理制度而建立起来的。相对于松散型和管理型渠道关系而言，根基更为牢固，这与它所采取的“步步为营”的渠道拓展战略有关。

企业可以通过以下两种方式来建立公司型渠道关系。①制造商设立销售分公司、建立分支机构或兼并商业机构，采用工商一体化的战略而形成的销售网络。曾经显赫一时的“三株”、“沈阳飞龙”等都依靠自建网络而取得过巨大成功，但也留下了很多遗憾。②大型商业企业拥有或统一控制众多制造性企业和中小商业企业，形成贸工商一体化的销售网络。如日本的“综合商社”、美国的“西尔斯”都属于这种类型，相对于前者，贸工商一体化则具有更为强大的信息及融资优势。

公司型渠道关系是以产权为纽带凝聚而成的，关系紧密，建立这种关系会使其成员获得如下好处。①行动的一体化。在公司型关系中从生产到销售的各个环节都在总公司的严密控制之下，统一指挥，公司的经营战略能够很好地被贯彻，减少了网络变动的成本和风险。②品牌的统一化。有利于树立统一的公司形象。③最大限度地接近消费者。④节省费用。将市场交易成本内部化，减少流通环节，节省了成本。⑤摆脱大零售商的控制。

纵向一体化是以威廉姆森的“交易费用分析”理论为基础的。这种理论认为，当“纯粹市场”的交易费用远远超过纵向一体化带来的内部交易费用时，追求利润最大化的企业会选择采用纵向一体化策略。

三、管理型垂直渠道系统

管理型渠道系统和合同式渠道系统并称为“柔性”一体化渠道模式，由这两种形式形成的企业关系就是渠道联盟。

所谓管理型渠道关系，是指由一个或少数几个实力强大、具有良好品牌声望的大公司依靠自身影响，通过强有力的管理将众多分销商聚集在一起而形成的渠道关系。其特点有如下几个。

（一）系统会形成一个核心

管理型渠道系统形成的基础是将规模大、实力强的企业作为系统核心，分销策略、规划、方向都出自这个核心，各个渠道成员围绕着这个核心从事各种各样的分销活动，自然地构成一个相对紧密、团结互助的分销系统。这比过去松散型的渠道系统，有着更高的分销效率。

（二）渠道成员之间的关系相对稳定

无论渠道关系，还是渠道系统，一旦建立之后，最好保持相对的稳定性，除非到了非改不可的程度。因为每一次渠道的调整与变革都会带来一些损失，甚至出现渠道阻塞。管理型渠道系统是围绕着一个核心企业建立的，核心企业对于每一个渠道来说，都有一定的信誉度和盈利能力，形成了一种互相依存的平衡关系，只要核心企业没有发生大起大落的变化，就会保持相对稳定的成员关系。

（三）渠道成员的目标趋于一致

分销渠道由多个环节组成，整体分销效率的高低，不仅取决于每个成员的分销效率，更取决于每一个成员之间的合作效率。在传统的松散型渠道系统中，各个成员都在追求自己利益的最大化，最终导致整条渠道效率受到影响，使每个成员无法实现利益最大化。而管理型渠道系统的效率评价，不是以个别成员和短期收益为标准，而是以全体成员和长期收益为标准。这样，才能最终保证各成员都实现利益最大化。

（四）实现社会资源的有机组合

并不是每一种产品和服务都适合于由生产商自己投资建立分销网络的方式，因为这样一方面会增加投资风险；另一方面会陷入多元化发展的泥坑；还有就是可能使产品的分销范围变小。最聪明的银行家是用别人的钱来赚钱，最聪明的商人也应学会用别人的网络来分销自己的产品，这样会化解一部分分销风险。垂直型渠道系统，就是利用他人网络分销产品，而渠道各成员背靠大企业之树也可获得稳定的业务。

管理型纵向营销系统产生的一个重要原因是它比制造商自己的销售队伍具有更高的效率。目前，许多行业分销商已经强大到能够管理渠道的地步，这表现在：它们有足够的经济力量来独立行动而不是作为生产者们销售力量的延伸；它们在营销战略、协同宣传、物流管理等方面比它们所代表的生产商更有能力；而且它们还拥有一流的信息系统，具备强大的金融能力和分销能力。因此，制造商愿意与零售商进行这种关系管理型的合作。著名的“宝玛”模式即宝洁与沃尔玛之间的合作，就是这种管理型渠道关系的范例。

四、合同型垂直渠道系统

（一）合同型渠道系统的概念

作为“柔性”一体化渠道模式的一种形式，合同型渠道系统又叫契约型渠道关系，是指厂商与分销商之间通过法律契约来确定它们之间的分销权利与义务关系，形成一个独立的分销系统。它与产权型渠道系统的最大区别是成员之间不形成产权关系，而与管理型渠道系统的最大区别是用契约来规范各方的行为，而不是用权利和实力。

契约型纵向分销系统的成员也有着不同的目标，存在一些为内在目标服务的正式组织，但其决策的制定总是从内在结构顶端做出的，并得到渠道成员们的认可。契约系统中的成员虽然独立运作，但通常总会同意承担某一部分的渠道功能。在这种渠道中，存在着系统稳定的标准。可见，契约型系统的内部结构比管理型系统更为紧密。

（二）契约型渠道关系的优点

企业通过建立契约型渠道关系的好处有以下几个。第一，系统建立容易。对于许多生产企业来说，自己投资组建渠道系统并非是一件容易的事，同时涉及产权关系的兼并、收购，也相对复杂。契约型垂直渠道系统则是在不改变各方产权关系的基础上实行的一种合作，并用契约这种“胶合剂”使其稳定化，是渠道系统建立的一种快速而有效的方法，组建成本较低。第二，系统资源配置较优化。契约型垂直渠道系统可以实现较优化的资源配置，使有钱的人出钱，有经验的人出经验，有场地的人出场地。这不是通过新增加生产资料而增加社会财富，更多的是对现有社会资源进行的一种新的排列组合，通过这种排列组合实现最优的效益和 1+1>2 的效果，最终由社会和系统各成员分享。第三，系统具有灵活性。我们希望一个系统建立后相对稳定，但是随着生产、消费和渠道本身的变化，必然会引起企业自身分销系统的调整。由于契约型渠道系统不涉及产权关系，调整起来相对容易，变更起来也具有一定的灵活性，可以及时修改和补充契约的有关条款，以适应不断变化的市场和分销要求。

（三）契约型渠道关系的类型

在长期的商业实践中，涌现了多种形式的契约型渠道关系，下面我们将对几种类型进行介绍。

1. 以批发商为核心的自愿连锁

在实践中，许多批发商将独立的零售商组织起来，批发商不仅为其零售商提供各种货物，还在许多方面提供服务，如销售活动的标准化、共同店标、订货、共同采购、库存管理、配送货、融资、培训等。这种分销网络往往集中在日杂用品、五金配件等领域。这种自愿连锁和一般连锁商店的差异在于以下几点。

（1）独立性不同。自愿连锁是若干个独立的中小零售商为了和连锁商店这种大零售商进行竞争而自愿组成的联营组织，参加联营的各个中小零售商仍然保持自己的独立性和经营特色。而连锁商店则隶属于一个大零售公司，在经营上要服从总部的指导。

（2）职能不同。自愿连锁实行联合采购分别销售，即联购分销，执行的是批发职能。而连锁商店的总公司虽设有批发机构，但其本身是零售组织。

（3）目的不同。自愿连锁通常是由一个或一个以上独立批发商倡办的，通过帮助与其有业务往来的一群独立中小零售商组成自愿连锁，统一进货推销其经营的产品，从而达到与大制造商、大零售商竞争，维护自身利益的目的。

最著名的由批发商倡办的自愿连锁集团是美国的独立杂货联盟。加拿大轮胎公司也是一个很大的自愿批发商，它向有关的商店提供一系列不同的商品，如汽车部件及附件、五金器具、家用品、小用具以及运动用品等。

2. 零售商合作社

在这一网络中，网络成员通过零售商合作社这一商业实体进行集中采购、共同开拓市场、共同广告策划。成员间最重要的合作是集中采购，这样可获得较大的价格折扣，所得利润按采购比例分配。相对于以批发商为核心组织起来的销售网络，这种关系网络成员间的联系程度要松散一些，合作事项也少一些。

零售商的合作在食品营销上非常重要，如美国的托普克协会和卡特公司。托普克协会是由一群全国范围内的超级连锁市场和位于不同市场的杂货批发商共同组成的。其核心功能是在购买、产品开发、品质控制、包装，以及大多数自有品牌食品及非食品产品的促销等方面为它的25家会员公司服务。卡特公司则在美国五金器具行业发起成立了最大的零售商合作组织，它也是世界上最大的完全由成员所有的五金器具及相关产品批发商。该公司拥有15个销售中心，拥有自身的生产设施、一家财政公司、一个真正的财产代理，以及基于现金及运送基础上运作的一家批发子公司。它拥有超过6000家零售商成员。通过合作，始终把销售成本保持在较低的水平，并实施全国的广告规划。要想加入该合作组织，零售商必须拥有一家五金器具商店或者提供一个市场上还没有成员加入的投资机会，之后以100美元1份的价格购买10份A等选举股票，并接受一年内的最低购买量要求。卡特拥有包括手工工具在内的各种专有标志产品、涂料、铅工业、电路，以及室外发电设备。

从理论上看，由于渠道组织的差别，由批发商倡办的自愿连锁应当比零售商合作社在竞争上更有效率。在前一种形式下，批发商代表系统内权力的位置，从而可以提供强大的领导力量。而在后一种形式下，权力通过成员来发散，这样就导致任务专门化及资源配置的困难。然而，事实却是有些零售商合作社比批发商倡办的自愿连锁更成功。

3. 特许经营销售网络

在西方，特许经营是发展最快、地位最重要的一种模式。它是指特许人与受许人之间通过协议授予受许人使用特许人已经开发出的品牌、商品、经营技术、经营规模的权利。为此，受许人必须先付一笔首期特许权使用费，换得在一定区域内出售商品或服务的权利，并须遵守合同中关于经营活动的其他规定。因此，这种模式最能体现出契约型关系模式的特点。

特许经营销售主要有以下三种模式：一是由制造商组织的批发商特许专营网络，如可口可乐公司的特许销售网络；二是由制造商组织的零售商特许专营网络，如美国通用汽车公司建立了若干个根据地区划分的授权专营点，每个授权代理商根据代理协议经销通用的产品；三是由服务性企业倡办的特许专营网络，如麦当劳。

目前，特许经营已经渗透到许多行业，如快餐业、汽车租赁、印刷和复印业、饭店和汽车旅馆、旅游代理、书店、娱乐与休闲、修理产品及服务、广告服务、服装商店、财经服务等。美国的特许经营尤其发达，至少涉及65类商业部门。但是，并非所有的企业都适合开展特许经营。只有具有以下条件，特许经营才有可能成功。①提供的产品或服务应当是实际上已经被顾客认可的，这样受许人才会认为这项事业有利可图；②产品或服务有明显的特色，并且其品牌或商标在潜在的授权人的经营领域内已经比较知名，这样受许人才会认同其商业价值；③特许权出售的过程和系统必须简单、易学，而且能在特定的时间内投入运营，这样才可能进行成功的拷贝；④边际毛利必须满足特许人和受许人可接受的投资回报标准。

五、水平渠道模式

水平渠道模式，又称为共生型营销渠道关系，是指由两个或两个以上成员相互联合在一起，共同开发新的营销机会，其特点是两家或两家以上的公司横向联合共同形成新的机构，发挥各自的优势，实现分销系统有效、快速地运行，这实际上是一种横向的联合经营。如可口可乐公司和雀巢咖啡公司合作，组建新的公司。雀巢公司以其专门的技术开发新的咖啡及茶饮料，然后交由熟悉饮料市场分销的可口可乐公司去销售。

水平渠道系统包括以下三种主要形式：生产制造商水平渠道系统、中间商水平渠道系统和促销联盟。

（一）生产制造商水平渠道系统

生产制造商水平渠道是指同一层次的生产企业共同组建和利用的分销渠道，或共同利用的服务及维修网、订货程序系统、物流系统、销售人员和场地等。

例如，2003年年末，由格兰仕牵头，全国11家知名家电生产企业加盟，在北京推出了一项联合促销计划——消费者购买联盟内任一企业的任一产品，均可获赠总价值不超过5000元的优惠券，消费者凭优惠券到指定地点购买产品，可享受与优惠券同等面值的折扣。虽然这是“一场短命的联合促销”，却是国内家电生产企业建立生产制造商水平渠道系统的一次尝试。

（二）中间商水平渠道系统

中间商水平渠道系统的组织表现形式为：连锁店中的特许连锁和自愿连锁、零售商的合作组织等。它与契约型垂直渠道系统中的特许经营组织和零售合作社没有区别，只是视角不同而已。例如，当讲契约型垂直渠道系统中的特许经营组织时，强调的是特许商与受许商之间的关系；而当讲中间商水平渠道系统中的特许连锁和自愿连锁时，强调的则是受许商与受许商之间的关系。再比如，当讲契约型垂直渠道系统中的零售商合作社时，强调的是生产制造商、采购联营组织和零售商之间的关系；而当讲中间商水平渠道系统中的零售商合作社时，强调的则是零售商与零售商之间的关系。

（三）促销联盟

促销联盟是指产品或业务相关联的多家企业，共同开展促销活动或其他有助于扩大销售的活动。主要形式有：共同做广告、共享品牌、共享推销队伍和场所、交叉向对方的顾客销售产品、互相购买产品、共同开展营业推广和公关活动等。

促销联盟能使多家企业共享资源，节省渠道成本，提高渠道效率。根据联盟企业提供的产品或服务之间的关联关系，又可分为以下四种。

（1）同类产品的促销联盟。比如由同类产品共同举办的产品展销会、共同做品牌宣传广告等。这类促销联盟可以由企业自行组织，也可以由中介机构、行业协会组织。

（2）互补产品的促销联盟。计算机与外置设备、相机与胶卷、洗衣机与洗衣粉等都属于互补产品。如小天鹅与广州宝洁公司曾建立促销联盟，在高校中组建“小天鹅碧浪洗衣房”。

（3）替代产品的促销联盟。

（4）非直接相关产品的促销联盟。两种产品没有直接关系，但是两种产品都有以销售优惠为促销方式的意图，于是两家企业自愿联系在一起，一家企业的产品或服务成为另一家企业提供产品或服务时给予消费者的消费优惠。如可口可乐的新包装产品在做有奖销售时，以联想电脑的新款机型为奖品。

水平分销渠道模式具有的优势是：通过合作实现优势互补和规模效益，节省成本，快速地拓展市场。但水平分销渠道系统也具有一定的缺陷：合作有一定冲突和困难。因此，水平分销渠道系统比较适合于实力相当而营销优势互补的企业。

第二节 经销和代理

按照产品在流通过程中有无所有权转移，中间商可以分为经销商和代理商。经销商与生产厂商之间是买主与卖主的关系，而且是较为持续、固定的买卖关系。严格地从法律上来说，生产厂商与代理商之间的关系是代理关系。代理商只是以生产厂商的名义进行销售。经销与代理这两种分销形式，存在着本质区别。

一、经销与经销商

（一）经销的概念

经销是中间商从生产厂商购买商品，取得商品所有权，然后作为自己的商品销售出去。其特征是经销商拥有商品所有权。经销商与生产厂商的关系是一种法律上的买卖关系；经销商依据经销合同可以享受某些权利，如独家专卖或货物供应数量的承诺等，但也常须承担诸多义务，如一定时期内最低经销金额或数量。它与一般贸易商的区别是，它与生产厂商的关系是一种持续的、特殊的买卖关系。它与代理商的主要区别是，代理商不是从生产厂商购来产品销售，代理商只是以厂商的名义，代替厂商销售，是一种法律上的代理关系。而经销商则是从厂商持续地购入产品，替厂商长久地进行销售服务，他与厂商之间是法律上的买卖关系。

在贸易中，厂商若指定某特定的公司为其产品交易的中间商，双方签订合同，约定由原厂持续地供给该中间商一定产品进行销售，我们就称该中间商为经销商。这个贸易合同也就是"经销合同"，合同中除了明确该中间商的销售权利外，同时明确了其销售义务。实务中的经销商与厂商的关系是一种法律上的买卖关系。

（二）经销商的类型

经销商的类型一般分为独家经销与非独家经销。

1. 独家经销

独家经销是指中间商以买方的身份从厂家购入商品替其销售，该中间商自负盈亏，而且在一定的区域内，对该厂家的特定产品享有独家购买、销售权。因此，独家经销商与厂家之间的关系，在法律上与一般的买卖关系并无本质区别，只是该经销商在一定时期、一定区域内对特定的产品享有独家购买权、销售权。

独家经销合同是规定卖方将独家经销权授予经销商的有法律效力的文书。独家经销合同一经签订，原则上授权人再不得通过其他途径将该产品销售给合同上约定的经销地区中的任何其他企业或个人。同时，独家经销商从原则上来讲也失去经销具有竞争性的其他厂家的商品的权利与自由。

在国际营销中，将独家经销权授予某一进口商，并予以保护，是获得进口商充分合作的好办法。国外的进口商也往往主动要求授予独家经销权。

对于厂家来说，独家经销制度有以下优点。

（1）可获得经销商的充分合作；

（2）独家经销商一般会更为卖力，厂家可避免与顾客的直接接触，从而节省开支；

（3）在宣传、广告方面易获得合作；

（4）可减少国外顾客的信用风险；

（5）彼此间的意见容易沟通，由此获得必要的支援与建议，发生争议时较容易解决；

（6）独家经销商对售后服务更为专心，从而使产品获得良好的声誉。

2. 非独家经销

非独家经销（分经销）关系是指厂家的某一特定产品由几家经销商共同经销。这种经销方式下，供货人（厂家）的商品除了可以通过这几家经销商销售外，厂家还可以通过招揽更多的经销商或通过其他通路进行销售。

非独家经销方式可以避免独家经销方式的许多弊端。这种经销方式有如下优点。

（1）厂家由于有较多的经销商，就不易被某一个经销商控制其销售。

（2）非独家经销体制下，经销商数目众多，诸多经销商的销售力量更为强大。

（3）在独家经销制度下，中间商一旦取得独家经销权，较容易变得消极依赖卖方，不努力推销，从而使厂家经营毁于一旦；而在非独家经销制度下，经销商之间相互竞争，共同开拓市场。

（4）独家经销商由于有独家经销权，买卖之权系于一身，有可能服务态度不如非独家经销商好。

二、代理和代理商的概念

（一）代理的概念

代理是指中间商受生产厂商的委托，不获得商品所有权，代替生产厂商来销售商品。代理区别于经销的主要特点是：代理商对于其经营的商品没有所有权，只是替委托人推销或采购商品，一般也没有出售商品或服务的决定权，不必代垫商品资金和承担市场风险。代理的形式包括：商品经纪人、制造商的代理商、销售代理商、拍卖行、进口和出口代理商等。

（二）代理商的种类

一般来说，代理商按是否有独家代理权分为独家代理与多家代理；按其是否有权授予代理权分为总代理与分代理；按其与厂家的交易方式而分为佣金代理与买断代理。

1. 独家代理与多家代理

独家代理是指厂商授予代理商在某一市场（可能以地域、产品、消费者群等区分）独家权利，厂商的某种特定的商品全部由该代理商代理销售。以地域划分的独家代理是指该代理商在某地区有独家代理权，这一地区的销售事务由其负责。各地区代理不得“越区代理”，厂家也不得在该地区进行直销或批发商品。以产品划分，独家代理商是指某代理商拥有厂商的某种或某几种产品的独家代理权。

多家代理是指厂商不授予代理商在某一地区、产品上的独家代理权，代理商之间也无代理区域划分，都为厂家收集订单，无所谓“越区代理”，厂家也可在各地直销或批发商品。多家代理在有些国家较为流行，主要是有些国家、地区的法律限制不能采用独家代理的方式，如欧盟。

2. 总代理与分代理

总代理是指代理商统一代理某厂家某产品在某地区的销售事务，同时它有权指定分代理商，有权代表厂家处理其他事务。由此可见，总代理一定是独家代理，但独家代理不一定是总代理。

一般地，总代理商通常会选择并统一管理二级或三级分代理商，并报请厂家批准备案。有时也会由厂家来直接指定分代理商。

3. 佣金代理与买断代理

这是按代理商是否承担货物买卖风险，以及其与原厂的业务关系来划分代理的形式。佣金代理商的收入主要是佣金收入，代理商的价格决策权受到一定限制。

买断代理商与厂家是一种完全的“买断”关系，其对产品的销售价格拥有完全决定权，其收入来自买卖的差价，而不是佣金。它们要承担货物销不出去的风险。从它们与厂家的关系来看，倒与前面说的经销商有相似之处，但它们一般常被要求有广告宣传义务，而经销商没有这种义务。

（三）代理的特点

代理中的厂商双方是一种代理关系，代理商多半只有样品，无须存货，依据订单进货。对于索赔事件，代理商一般在合同中事先声明不承担责任。

销售代理合同是生产厂商与销售代理商划分权利与义务的一个契约。生产厂商与销售代理商是代理与被代理的关系，销售代理商与顾客为媒介交易的关系，而生产厂商与顾客才是买卖关系。

三、经销商与代理商的区别

如前所述，经销商与厂家之间是一种买主与卖主的关系，而且是一种较为持续、固定的买卖关系，经销商必须自负盈亏。而代理商，从法律上严格来说，它们与厂家之间的关系只是一种代理关系，并不从厂家直接购入商品后再转卖，只是以厂家的名义招揽订单，与他方签订销售合同，以厂家的名义代替厂家做其他事务，如售后服务等，从而获得佣金。代理商与经销商理论上的区别如表 5-1 所示。

表 5-1 代理商与经销商的主要区别

	经销商	代理商
对产品的所有权	拥有产品的所有权	没有产品所有权
与厂商的关系	与厂商之间是一种买卖关系	与厂商是一种委托代理关系
签订合同的方式	通常以自己的名义签订合同	通常以厂商名义签订合同
收入来源	收入来源是产品的买卖差价	收入来源是佣金或提成
企业的实力	需要较大的资金实力	不需要太大的资金实力
承担风险	承担销售风险	不承担销售风险

由于经销商与代理商的本质有区别，经销合同与销售代理合同的本质也有区别。经销合同无论从哪一个角度来看都是买卖合同，厂家与经销商之间发生的是买卖关系，经销商与顾客之间发生的也是买卖关系，但厂家与顾客之间并无买卖关系。销售代理合同则并非是买卖合同，而是厂家与销售代理商划分权利和义务的一个契约。厂家与销售代理商之间是代理与被代理的关系，销售代理商与顾客为媒介交易关系，而厂家与顾客之间才是买卖关系。

第三节 连锁经营与特色经营

一、连锁经营

连锁经营是一种在世界许多发达国家被普遍采用的现代经营组织形式。自 20 世纪 80 年代连锁经营引入我国以后，逐渐发展起来，特别是 20 世纪 90 年代后期以来，全国各地的连锁店如雨后春笋，以超乎想象的速度迅速发展。连锁经营对现代商业产生了巨大的影响，同时也影响和改变了人们的消费习惯和生活方式。我国的连锁经营已成为最具增长活力的经营模式，在 21 世纪我国第三产业的发展中占据重要位置。

（一）连锁经营的类型

连锁经营是指从消费者的立场出发，以大众日常生活必需品为经营对象，由同一公司统一经营管理的两个或两个以上的商店，实施统一的集中采购、统一的销售政策，通过标准化技术和多店铺扩张方式发展的一种经营方式，一般有统一的外部标志。

连锁经营按照不同的划分标准可以划分为以下几种类型。

1. 按照所有权构成不同，可以划分为正规连锁、自愿连锁和特许连锁

（1）正规连锁（Regular Chain，RC）。它是指单一资本经营，两家或多家分店，按照统一的经营模式经营管理的零售行业组织。正规连锁是最典型的连锁，最容易形成权力集中的大资本，而且在事实上对企业经营管理的各个方面实行高度集中、统一管理，包括战略和政策的决定，统一制定规划，对采购、人事、财务、广告、销售、定价的统一管理。分店的一切经营管理策略，几乎都听从于总部，分店经理是总部委派的雇员，只负责组织分店的销售及提供服务。

（2）自愿连锁（Voluntary Chain，VC）。自愿连锁是指由许多零售企业自己组织起来，在保持各自经营独立的前提下，联合一个或几个批发企业，建立起总部组织，统一经营、统一采购，以实现规模经济带来的好处，使每一个加盟企业都能获取较大的利润。自愿连锁的成员店在资产上独立，人事安排自定，经营上亦有很大的自主权，但经营的商品必须全部或大部分从总部或同盟内的批发企业进货，而批发企业则需向零售企业提供规定的业务。

（3）特许连锁（Franchise Chain，FC）。连锁分店同总部签订合同，取得使用总部商标、商号、经营技术及销售总部开发的商品的特许权，经营权仍集中于总部。典型的例子便是麦当劳、肯德基及我国台湾的“7-11”等。这种连锁是目前发展最快的一种形式。一般来说，连锁企业在开设了一定数量的正规连锁店后，就会考虑用特许连锁的方式来发展加盟店。自 20 世纪 80 年代以来，特许连锁的发展速度已超过了其他两种连锁形式。

2. 按照业种形式的不同，可以划分为零售业连锁经营、饮食业连锁经营、服务业连锁经营

（1）零售业连锁经营。连锁作为一种组织形式可用于各种零售经营形式，如超级市场、折扣商店、专业店、便利店和百货商店，因而产生了超市连锁、百货商店连锁、专业商店连锁、便利店连锁等。如天客隆超市、家乐福超市。

（2）饮食业连锁经营。提供标准化、系列化、大众化的饮食服务，典型的例子是麦当劳和肯德基等遍及世界的快餐连锁店。从西方国家发展连锁的经验可以看出，饮食行业非常适于采用连锁经营。

（3）服务业连锁经营。主要是同一服务项目间的连锁，从服务业连锁经营的历史看，采用正规连锁、自愿加盟和特许连锁进行扩展的方式普遍存在。如美国的洗衣店大多数采取正规连锁经营的形式，我国台湾的美容美发店也较多采用正规连锁经营形式，快速冲印业的连锁经营更为普遍，世界著名的柯达公司、富士公司就采取这种形式开拓市场。

3. 按照分布区域，可以划分为国际性连锁、全国性连锁和区域性连锁

大多数国际性连锁、全国性连锁都是从区域性连锁发展而来的，国际性连锁、全国性连锁由于分布地区广阔、距离远、区域差距大，还可按层次设立区域性管理机构，协调本区域内各分店的经营活动，但整个经营决策仍在总部统一控制之下。区域性连锁虽然规模比不上全国性连锁，但在其所在的区域内分店密度更大，更接近于居民的生活区，并在集中化、市场细分化方面做得更好。如美国的普尔斯马特、法国的家乐福等都已在我国设立连锁经营店，我国的超市发天客隆连锁公司一开始仅在北京设立连锁店，以后又在全国一些大中城市设立连锁店，现在也已在莫斯科等东欧城市设立了连锁经营店，今后还准备到西欧、澳大利亚、美国去开店。

（二）连锁经营企业的特征

连锁经营企业即连锁店，是指经营同类商品、使用统一商号的若干门店，在同一总部的管理下，采取统一采购或授予特许权等方式，实现规模效益的经营组织形式。它由总部、门店和配送中心构成。其中，总部是连锁店经营管理的核心，职能主要包括市场调研、商品开发、促销策划、采购配送、财务管理、质量管理、经营指导和教育培训等；门店是连锁店的基础，主

要职责是按照总部的指示和服务规范的要求，承担日常销售业务；配送中心是连锁店的物流机构，承担着各门店所需商品的进货、库存、分货、加工、集配、运输和送货等任务。

与传统零售商店相比，连锁店具有以下四个基本特征。

1. 组织联合化

连锁店在组织形式上不再采用传统的一家一店的形式，而是由一个总部（店）和多家门店（或分店）构成的“联合体”，成员店将丧失部分权力，把这部分权力交由总部统一行使。每一家连锁分店的经营业务不同程度地受总店的控制。

2. 经营统一化

连锁店在经营方式上不再是传统的分店式经营，而是按照统一的标准、统一的程序、统一的方式，实行经营统一化。包括经营理念统一化，即各连锁分店的市场定位、企业文化、信息传播、营销策划的统一；视觉识别系统统一化，即店名、标志、商标、店貌、装饰、陈列、商品及设备的统一；经营行为统一化，即经营方式、服务准则、行为规范、管理标准、岗位操作和营销策略的统一。

3. 作业专门化

由于连锁经营使得经营规模越来越大，因而可以采用分工协作的方式作业，以提高工作效率和经济效益。总部负责全面的管理，并通过配送中心集中进货和配送，门店负责分散销售，实行购销分离。同时，总部的管理职能又进一步分解为经营规划与政策的制定、门店开发与设计、商品配置与陈列、采购与配送、库存与保管、财务与会计、人事与培训、促销与广告等，由专业化职能管理部门统一操作，形成集中规划下的专业管理式经营组织网络。

4. 管理规范化

连锁经营的规模化不仅在经济上产生了影响，而且在管理方式上也产生了变革。必须要有一套规范化的管理制度和调控体系，才能保证庞大而又分散的连锁经营体系内部的各个职能机构协调、有效地运转，减少人为不规范因素对经营的影响。现代化管理手段如因特网、远程通信网络、管理信息系统、传真、扫描、监视器等电子技术使连锁经营的优势得以更为充分地发挥。

（三）连锁经营的优势和不足

1. 连锁经营的优势

（1）连锁经营通过各个分散的经营主体的加盟，形成一个经济联合体，具有规模优势。组织联合化使分散的经营主体组合成一个规模庞大的经营整体，通过总部的统一管理和集中采购，使经营费用大大降低，具有明显的规模优势。同时，通过“星罗棋布、遍地开花”的连锁分店，有效解决了企业经营的规模经济性要求与消费者分布的分散性及其对购物便利性要求的矛盾，兼顾了经营者、供应商及消费者三方的利益。

例如，湖南步步高连锁超市，成立于 1995 年，经过近 20 年的发展，连锁门店已遍及湖南、江西各地州市，并已战略性地进入四川、重庆、广西、贵州等省份。截至 2013 年 3 月，多业态门店共计 296 家，年销售 170 亿元；其控股的子公司步步高商业连锁股份有限公司于 2008 年 6 月 19 日在深圳证券交易所上市，被誉为“中国民营超市第一股”。

（2）由于分店众多，管理集中统一，连锁公司内部可实行高度的专业化分工，雇请优秀专业人士；在营销策划、销售预测、存货控制、商品配送、商品定价、广告促销、新店选址、货场布置、售后服务、绩效评估和财务管理等方面实现更为细致、更为科学的管理。在传统独立零售商条件下，即使规模很大，这也是难以做到的。

（3）连锁店集批发和零售的功能为一体，而独立零售商必须与众多的批发商打交道。通常，连锁店可直接向制造商购货，有时甚至直接向海外制造商发订单。对一些不具有品牌垄断力的大类商品，连锁商只要有足够的财力和销售能力，还可利用自己的品牌优势反过来向制造商下订单，从而进一步控制市场。

（4）连锁经营使各个分店按照统一的标准、统一的规范运作，既提高了企业的管理、运作效率，实现系统的整体优化，形成市场整合效应、资源共享效应和无形资产倍增效应等，避免了一些营销费用的重复支出；同时又塑造了一致的形象，增强了消费信任，减少了消费风险，提高了消费忠诚度。如我国专营美容化妆品的绿丹兰连锁店，店容外观一律是绿色与丹红，任何城市的分店都完全一样，大大加强了该品牌在顾客心目中的印象。从顾客角度看，认识了一家连锁店就等于了解了多家乃至总体，消费心理学上重视让顾客“走熟路”，以产生定向消费的信任和依赖，这恰好是连锁店特有的魅力。

（5）连锁公司也给各分店某种程度的经营自由，如商品构成上可以有某些地方特色，不同地区的商品价格可以上浮或下调，以适应当地的消费特点，增强在当地市场的竞争力。

（6）连锁经营可以把分散的各个分店的财力通过某种方式集中起来，形成一个拳头，投资于基础设施和管理的现代化建设，如现代化的配送中心和信息中心，甚至租用通信卫星网的线路，结合强大的计算机管理网络，形成单个零售店难以想象的全球信息收集处理和传递能力。管理手段和物质设施的现代化，无疑大大地提高了连锁商店的效率，形成传统独立商店无法形成的能力，从而具备与制造业垄断公司相媲美的规模和实力。

2. 连锁经营的不足

连锁经营的不足也是显而易见的，如各分店的经营自主权非常有限；整个连锁店管理高度集中统一，缺乏灵活的经营机制；投资数额巨大，使个人投资商业的成功率进一步减少；在分店增加到一定的数量后，容易发生管理上的冲突与失控等。同时，连锁经营也不是适合于所有的零售业，如有些行业经营的商品太细小、繁杂，不适宜标准化经营；还有些行业的单家企业规模过小，太分散，如便利店的连锁化程度就较综合商店低，餐馆的连锁化程度也较低。此外，由于服务和商品品种的刻板性，一些连锁店对顾客会失去吸引力，他们宁愿去更有特色或服务更周到的商店购物。

二、特许经营

特许经营是当今世界最流行的企业营销模式。它不仅适应社会化生产和现代消费的客观要求，并且以低成本、标准化的经营达到快速扩张业务范围，实现企业经营规模化的目的。特许经营正在成为我国未来最具影响力的市场营销方式。

（一）特许经营的含义及分类

1. 特许经营的含义

特许经营是指特许人在一定的期限内，向受许人提供有形或无形的资产、管理方式、训练以及经营技巧等，受许人则先付一笔首期特许费，此后每年按销售收入的一定比例支付特许费的一种合作经营的方式。

特许经营特别适合于规模小而且分散的零售和服务业，与其他经营方式相比，具有以下特点。

（1）一个特许经营系统通常由一个特许人和很多受许人组成，核心是特许权的有偿转让，特许人和每一个受许人分别签订合同，而各受许人之间没有横向联系。

（2）在特许经营中，各受许人对自己店铺的所有权没有发生变化，人事和财务仍然由自己管理，特许人无权干涉。这不同于正规连锁经营。

（3）特许人根据契约规定，在特许期间要履行向受许人提供开展经营活动所必要的信息、技术、知识和训练，同时授予受许人在一定区域内独家使用其商号、商标或服务项目等的权利。

（4）受许人在特定期间、特定区域享有使用特许人商号、商标、产品或经营技术的权利，同时又必须按契约的规定履行相应的义务。如麦当劳要求受许人定期到公司的汉堡包大学接受如何制作汉堡包及管理方面的培训，对所出售的食品有严格的质量标准和操作程序的要求，以及严格的卫生标准和服务要求，如工作人员不准留长发，女士必须带发罩等。

（5）受许人不是特许人的代理人或伙伴，没有权利代表特许人行事，受许人与特许人在身份上，仍然是两个主体，不能混淆。

（6）在特许经营中，合同约定：特许人按照受许人营业额的一定百分比收取特许费，分享受许人的部分利润，同时也要分担部分费用。如麦当劳收取的特许费用约为受许人营业额的12%，同时承担培训员工、管理咨询、广告宣传、公共关系和财务咨询等义务。

2. 特许经营的类型

（1）产品、商标型特许经营

产品、商标型特许经营也被称作传统特许经营形式。在这种形式中，特许人通常是一个制造商，同意授权受许人对特许产品或商标进行商业开发。特许人可能提供广告、培训、管理咨询方面的帮助，但受许人仍作为独立的经销商经营业务。在美国，这种特许大约占所有零售特许商店的70%，最典型的有汽车制造商授权汽车经销商的特许经营、大石油公司授权加油站的特许经营。

（2）经营模式型特许经营

这种形式的特许人与受许人之间的关系更为密切，受许人不仅被授权使用特许人的商号，还有全套的经营方式、指导和帮助，包括商店选址、产品或服务的质量控制、人员培训、广告、财务系统及商品供应等。这种经营方式常见于餐馆、旅馆、洗衣房及照片冲印等。麦当劳就是这一特许经营形式最成功的例子。

受许人也可根据其接受的特许权性质分为两类。

① 区域受许人。即特许人将一定地理区域内的独占特许权授予区域受许人。区域受许人在该区域内可以独立经营，也可以再接受次级受许人经营业务。

② 复合受许人。一般受许人多为一个拥有一家小店的独立商人，但现在越来越多的特许权是被拥有许多分店的连锁公司所购买，这些公司即被称作复合受许人。复合受许人除了特许业务外，通常还经营其他业务。复合受许人加入特许体系的兴趣主要在于为闲置资本寻找投资机会或使业务多样化。

（二）特许经营的优点与缺点

1. 特许经营的优点

（1）将经营失败的风险降至最低

对于缺乏某一行业从业经验的投资者来说，自己开店，独立经营，具有很大的风险。尤其是竞争激烈的行业，更是风险巨大。因此，加盟一家特许经营系统不失为一种明智的选择。根据国际经营协会统计，国外普通的企业，第一年的破产率达35%，5年后的破产率达92%；而加盟系统的企业第一年的破产率是4%～6%，5年后的破产率也只有12%。

投资者选择一家业绩较好且有实力的特许经营企业，有整个加盟系统的成功实践作为坚强的后盾，又可以从总部获得专业技术的帮助，这对于缺乏经验的投资者来说确实可以省不少事，而且风险大大降低。

（2）受许人还会得到特许人的品牌形象支持

对于加盟者来说，只要能拿出足够开店的资金，借助特许经营总部的商号、技术、服务等，便可以开展商业活动。加盟者由于继承了总部的商誉，在开业之前便拥有了良好的企业形象，易于给顾客亲切感，许多活动都可以在一个好的招牌和制度下得到推动。

创业阶段最艰难的一步，就是不知如何打开市场，树立形象。实力强大的经营者，可以借助广告展开宣传攻势，力争在较短的时间内将自己的品牌推广到市场上，给消费者留下一定的印象。但是，对于一般的中小企业及个体经营者，想开展大规模的广告攻势是不现实的。对于加盟者来说，由于想加盟的总部已有一定的知名度，且多数已有一定的销路，所以开店的时候，各加盟店就可以借助这种商誉、经营经验等来开拓市场，发展自己。

（3）分享规模效益，使开业成本降至最低

首先是采购的规模效益。特许经营企业一般都实行集中采购，统一配送，所以采购成本较低。相反，个体店铺，由于资金、储运措施等有限，所以每次进货都要量出为入，结果每一种商品都数量有限，由于采购批量小，折扣较低，商品价格高，无法吸引顾客。

其次是广告宣传的规模效应。特许经营企业由于实力雄厚，有各加盟者的支持，往往财大气粗，广告费用比较充足。由此创造的商誉，也可由各加盟店分享，各加盟店只需支付千分之一或万分之一的费用。当然，遍布各地的加盟店本身，也是一种广告宣传，其作用不可忽视。

（4）分享企业技术开发的成果

好的公司为了提高整个企业的声誉，都会随时开发独创性、高附加值的商品和服务，以其差别化来领先竞争对手，各加盟店可以不必自设技术研究和开发部门而享受到这种服务。

（5）获得其他方面的支持与服务

如通过参加总部的训练课程，加盟者可以弥补本身基础知识和专业知识的不足；总部可以帮助加盟者选择店址；拟订重新装修的计划，包括符合所有必须遵从的城市规划或条例的规定；帮助加盟者获得资金，作为购买经营权的部分款项；训练员工；购买设备；挑选或购买货品；帮助加盟者开业并顺利运作；一般小公司最头疼的是招募员工，对于加盟者来说，只要贴出总部统一印制的海报就不必担心人员的缺乏。

通过以上分析可以看出，加盟者既可以拥有自己的业务，又可以从总部不断获得帮助，可谓一举两得。加盟者在特许经营合约的范围内独立经营，可以凭借自己的辛勤劳动，赚取最大的经营回报，提高其投资价值。尽管特许经营网络中，加盟者获得的服务和支援都相同，但经营业绩却有好有坏，可见加盟者还是有很大的发挥余地的。许多加盟者将加盟店视为自己的事业，并以此谋生。还有许多加盟者将加盟视为一种高回报的投资，而许多加盟者也确实如愿以偿。

对特许人来讲，实施特许经营也有许多好处。特许人只需建立一个紧密的组织，无需冒太大风险，也无需处理各分店的日常繁琐事务，就可以获取较高的利益。特许人通过许可、培训可以使自己的业务很快在全国乃至全世界范围内加以推广。特许人可以利用受许人对当地人文、地理的优势进入自己不了解的地区。制造商通过特许批发商或零售商，可以建立起稳定的分销渠道，确保商品的销售。有未能充分利用的储存和分销设施的批发商，可以通过特许经营，建立零售网点，让现有设施得以充分利用，等等。

2. 特许经营的不足

（1）受许人必须遵循特许人的严格要求，自由创新的余地很小

由于总部对全体加盟店的经营标准有严格要求，各加盟店自主独立经营必须是在约定的范围

内进行，因而发挥的余地很小。加盟店从商店装饰、商品陈列，以至于经营方法一律要按总部的规定做，投资者在这方面没有发挥的余地。此外，特许经营体系通常都有一套完整的供给系统，从货品采购、分装到送货、补货，甚至器材供应都是由总部负责，加盟店对于总部的安排只有全盘接受，不得有异议，自主权很小。而且，总部提供的一切服务，包括采购、运输、器材供应，甚至各项技术指导都不是免费的，会收取若干费用，对于投资者来说，这笔费用一定要被总部赚取，各店完全没有选择余地。由于总部这种整齐划一的管理，有时总部监督人员并不了解当地的特殊情况，而使其指导针对性不强，甚至出现瞎指挥现象，使一些地区的加盟店遭受经济损失。

（2）特许经营总部若有决策失误，加盟店会因此而受到牵连

如果特许经营总部在决策上产生失误，会使那些满怀希望，准备大干一场的加盟店陷入经营困境之中。为了防止这种情况，通常以法律的形式，规定了准备开展特许经营事业的企业有充分说明契约内容的义务。此外，商业界也组织自发性的活动，收集有关信息。如在日本，特许经营协会为想要加入特许经营组织的店铺或投资者，对特许经营总部的情况进行调查。

（3）加盟店将增加对特许人的依赖性

投资者加入特许经营组织，无形中已将自己的投资得失与整个特许系统连在了一起，一荣俱荣，一损俱损，形成命运共同体。加盟特许经营组织会增强依赖性，许多事情都要靠总部来安排和指导，丧失了独立性。一旦总部方面出现管理问题，加盟店必然大受牵连，如果个别加盟店经营失败或脱离组织，其他加盟店的形象和信誉都会受到连带影响。

（4）转让或转移加盟店较困难

加盟契约都有限制转让经营业务的规定，这显然会阻止加盟者出售其业务。如果要中途终止合同，总部出于自身利益的考虑，往往不会轻易同意。如果店主将生意转卖给第三者，或者迁移异地，在未得到总部同意前，不得自行其是。即使该店的土地使用权和建筑物都归店主所有，也必须受到合同的约束。

（5）总部的政策对加盟店的利润所得有很大的影响

总部的目标、利益与加盟店的目标、利益并非总是一致的。例如，总部可能希望加盟店提高营业额以便提取更多的定期特许经营费，而加盟者可能更想增加利润，营业额的提高未必会使利润增加。总部采取的革新措施一旦失败，会令加盟店蒙受损失。因此，总部应该在直营店内让其新方法经受市场的考验之后，再向加盟者示范。

同时，加盟者的负担有时存在过重的情况，使经营业绩无法表现出来。原则上，总部对各加盟店都是一视同仁，但有时总部为了平衡利润率，对各店有不同的要求。如对新开张的店铺，商品的提供、价格的优惠都有所偏重，而负担往往转嫁到老店上，使老店的业绩往往不如新店。另外，总部在地区间政策的调节上，也使不同店铺苦乐不均。

（6）受合同期限的限制

实行特许经营，加盟店在与总部签订的合同中，都有合同的期限，时间可长可短，在一定程度上会影响企业投资和经营的积极性，一旦合同到期，各店又会面临是否续约、能否续约的问题，经营稳定性没有保障。

对特许人而言，搞特许经营也有不利之处。加盟店经营得好，受许人可能会认为自己付出了辛勤的劳动，特许人也未做什么，却要收取特许费，很不公平，为以后的合作留下隐患。有的受许人掌握了经营诀窍，在合作期满之后独立经营，成为特许人的竞争对手。在对受许人的营业场所装修和更新设备方面投资时，较难得到受许人的合作。受许人为支付特许费而计算其收入时，可能隐瞒、少算，以达到少交特许费的目的，等等。

第四节 网络直销

因特网自诞生以来，其发展速度无疑是空前的，在美国，用户数膨胀至 5000 万仅用了短短 4 年时间；而达到同样数量的用户，电视机用了 13 年，收音机用了 38 年。因此，因特网成为继报纸、收音机、电视机后的“第四媒体”，网上直销正在成为一种创造激情与奇迹的经营方式。

互联网的出现，改变了人类的生活方式、工作方式，也改变了商业活动中的许多模式，必将给未来的经济发展带来无限的活力和商机。

一、网络直销的优势

网络直销是指综合利用网络、电子计算机和数字交换等多种技术，把商品或服务从制造商手里转移到消费者手里的经营活动。与其他营销方式相比，网络直销具有许多无法比拟的优势。

（1）网络的全球互联性，使企业的营销活动可以获得广泛的接触面。例如，可以通过互联网与世界市场直接沟通，成为世界经济中的一份子，获得平等的交易机会。

（2）网络的信息丰富多彩，可以说是无限的，企业既可以从网上获取自己想要的信息，同时又可以向网上发布有关本企业的商品、服务等信息。

（3）网络的交互性，使顾客与企业可以开展交流。顾客可以从网上获取企业的商品或服务的信息，可以向企业咨询、洽谈、订货；企业可以按照顾客的要求进行个性化服务，可以通过配送系统向顾客送货。企业还可以与其他企业进行网上交流，加强业务往来。

（4）网络的高效性，可以使企业迅速获得市场信息，及时地调整自己的生产经营策略，迅速地把自己的产品或服务推向市场，达到出奇制胜的效果。

（5）网络的直接性，可以使企业直接向顾客销售产品，不必采用间接渠道，从而可以减少分销环节，降低渠道费用；企业可以根据顾客订货量的多少，组织生产、供货，从而减少库存；企业可以随时更新、发布网上信息，从而省去了在传统方式下做广告、发印刷品、邮寄等工作，减少营销费用，而且利用多媒体技术制作的广告图文并茂、生动形象、富有感染力；企业可以从网上收集许多信息，从而减少派人收集信息的成本费用；网上营销可以实行“无纸化办公”，从而为企业节约大量的纸张、笔墨等耗材，减少办公费用。

（6）网络的全天候运行，可以使企业随时待命，一年 365 天，一天 24 小时，从不间断，从而提高服务质量。

（7）网络的文字、图像、声音等，可以给顾客提供标准化、规范化的服务，不存在服务态度不好的问题。顾客还可以长期保存有关的内容。

（8）网络的平等性，可以使任何企业在顾客面前拥有平等的发展机会。

（9）网络的保密性，使企业、用户的交易以秘密的方式进行。

二、网络直销的两种基本模式

网络直销的基本模式有面向个体上网者的直销模式和面向企业的网上直销模式。

（一）面向个体消费者的直销模式

面向个体消费者的网络直销模式即通常所说的 B2C（Business to Customer）模式。这种模式等同于电子零售商店提供各种商品或服务。它的最大特点是供需直接接触，速度快、效率高、费用低。面向个体消费者的网络直销过程可以分为以下六个步骤。

1. 消费者进入因特网，查看企业和商家的主页。

2. 消费者通过购物对话框填写姓名、地址、商品品种、规格、数量、价格等。

3. 消费者选择支付方式，如信用卡、电子货币或电子支票等。

4. 企业或商家的客户服务器检查支付方式服务器，确认汇款额是否被认可。

5. 企业或商家的客户服务器确认消费者付款后，通知销售配送部门送货上门。

6. 消费者的开户银行将支付款项传递到消费者的信用卡公司，信用卡公司负责发给消费者收费单。

网络直销对传统零售业造成了巨大冲击。例如，美国 C&C 公司是一个由有远见的企业家拉什·M. 欧文特斯创建的出售鲜花的直接零售商店。顾客可以通过拨打电话 1-800-877-0998，或在卡莱克斯和科罗拉公司的网站订货界面上发一份要求订货的清单，从一个四种颜色的目录中订购鲜花，而在该站点上还有各种鲜花的图案。订货单立即被送到 C&C 公司所属的种花企业，花商负责挑选出所需的花并包装，然后通过联邦快递快速地把鲜花送到订货者的手中。当这些鲜花到达订货者手中的时候，要比从传统零售商处购买的花更新鲜，花期大约要长 10 天。欧文特斯把成功归功于公司使用的一个复杂的信息系统（即网上营销）以及公司与联邦快递公司和花商强有力的联盟。

这种零售模式与传统零售业相比有着无可比拟的优势。

（1）可交互性。用户可以方便地通过互联网查找产品、价格和品牌等。

（2）产品信息。互联网可以提供当前产品详尽的规格、技术指标、保修信息、使用方法等，甚至对常见的问题提供解答。

（3）产品的选择。在线零售商不受货架和库存的限制，可以向用户提供几乎无限的选择。

（4）个性化的服务。在线零售商可以跟踪每个客户的消费习惯和爱好，并据此向顾客推荐他们喜欢的商品和服务。

（5）更灵活的市场营销。产品的种类、价格和营销手段等可根据客户的需求、竞争环境或库存情况进行及时的调整。

（6）多媒体技术。在线零售可以通过电脑动画、声音或三维造型等手段方便地观察所要选购的产品及其使用方法。

（7）方便快捷，易于访问。无论何时何地，只要打开计算机连上互联网，便可到网上商场冲浪。

（8）节省渠道费用。它能有效减少交易环节，大幅度降低交易成本，从而降低消费者所承担的最终价格。在传统的商业模式中，企业和商家不得不拿出很大一部分资金用于开拓分销渠道，不得不让出很大一部分的利润给分销商。

（9）它能有效减少售后服务的技术支持费用。消费者可以通过查阅厂家的主页寻求使用中所遇到问题的答案，或者通过 E-mail 与厂家技术人员直接交流。这样，厂家可以大大减少技术服务人员的数量，减少技术服务人员出差的频率，从而降低企业的经营成本。

（二）面向企业的网络直销模式

面向企业的网络直销模式通常被称为 B2B（Business to Business）模式。它是指企业与企业之间通过互联网进行商务活动。对于企业来说，企业和企业之间的业务往来占其业务总量的比重很大，甚至是全部。早在互联网技术被大量采用之前，一些企业就已经采用了电子方式进行数据、表格等信息的交换，如广为流行的电子数据交换（EDI）和电子资金传送（EFT)。不过，早期的解决方式多是建立在大量功能单一的、专用的软硬件设施基础上的，因此费用很高，只有个别大型企业才会采用。

面向企业的网络直销基本上应按照以下程序进行。

（1）客户向供货方提出商品报价请求，说明想购买的商品信息。

（2）供货方向客户回答该商品的报价，说明该商品的价格信息。

（3）客户向供货方提出商品订购单，说明初步确定购买的商品。

（4）供货方对客户提出的商品订购单予以应答，说明有无此商品及规模型号、品种、质量等信息。

（5）客户根据应答提出是否对订货单有变更请求，说明最后确定购买的商品。

（6）客户向供货方提出商品运输要求，说明运输工具、交货地点等信息。

（7）供货方向客户发出发货通知，说明运输公司、发货地点、运输设备、包装等信息。

（8）客户向供货方发出收货通知，说明收货信息。

（9）交易双方收发汇款通知，客户发出汇款通知，供货方报告收款信息。

（10）供货方向客户发送电子发票，买方收到商品，完成全部交易。

美国企业是网络直销模式的创造者和先锋，网络直接销售模式在美国的发展有其特殊的环境：一是成熟的市场机制及信用服务体系，网络直接销售实现了购买和交易的信息过程，信息过程包括了大量的反映交易双方信用能力的信息。二是拥有先进的网络基础和众多的网民，同时又有高速的网络及低廉的上网费用作为上网消费的物质保证。三是追求创新的社会文化环境。

这种模式可以为企业带来以下好处。

（1）节约采购成本。视产品不同，企业至少可以节约2%～25%的采购成本。

（2)缩短采购周期。在线采购提供的专业化服务将使企业的原有采购周期缩短10%～50%。

（3）提高采购质量。在线采购使企业的供应商数量大大增加，从而使供应商之间的竞争更加激烈，这不但使企业的选择余地更大，而且也迫使卖方为企业提供更高质量的产品。

（4）采购流程透明化。通过先进的电子商务手段可以滤除采购中的不良影响因素，消除不正当的人为因素，增加透明度，从而大大降低采购的交易成本。

（5）增加有效供应商。通过服务商的专业数据库，可以突破地域、行业的限制，在全国甚至全球范围内寻找更加合适的供应商。

（6）促进企业的现代化。用电子商务手段发展企业内及企业间的沟通环节，以在线采购为突破口，全面改造企业的供应链，从而促进企业的现代化进程。

本章小结

本章主要讨论企业的渠道模式问题。从目前研究成果来看，渠道模式分为传统渠道模式和现代渠道模式两种。传统渠道模式以松散型为特点，现代渠道模式强调渠道合作和关系的紧密性。比如，垂直渠道系统是渠道协调的一种形式，是由生产企业、批发商和零售商组成的系统，每个渠道成员都把自己看做是系统的一部分，关注整个系统的绩效。垂直分销渠道的特点是专业化管理、集中计划，销售系统中的各成员为共同的利益目标，采用不同程度的一体化经营或联合经营。垂直渠道系统根据系统安排的紧密程度，从强到弱依次分为公司式、契约式和管理式渠道系统。这三种类型的形成方式各不相同，公司式通过股权方式，管理式通过信用方式，而契约式则通过合同方式把渠道成员联系在一起。水平渠道系统是分销渠道系统的又一新发展。水平渠道系统是处于同一层次而无关联的渠道成员，为了充分利用各自的优势与资源所进行的横向联合。水平渠道系统的参与者可以是同行业或相关行业的企业，它包括以下三种形式：生产制造商水平渠道系统、中间商水平渠道系统和促销联盟。此外，本章还具体讨论了经销制、代理制、连锁经营、特许经营以及网络直销等渠道模式。

思考题

1. 试对传统渠道模式与现代渠道模式进行比较分析。
2. 经销和代理有哪些区别？
3. 连锁经营有哪些特征？
4. 特许经营的优缺点是什么？
5. 网上直销有哪些优点？
6. 生产厂家如何进行网上销售？

【案例分析】

特许经营加盟侵权案

来自上海的消息称，某某咖啡公司起诉昔日加盟商——上海某餐饮管理有限公司，在加盟合约到期后未续约时，仍在其经营场所内及店招上使用“某某”图文组合商标，店名仍冠以“某某咖啡”字样，该行为造成了商标侵权。

日前上海某某咖啡公司办公室刘先生表示，一些加盟商曾经看好“某某咖啡”品牌而纷纷与该公司签订加盟合同。经过几年的经营，对于咖啡店的运营和管理，加盟商已经轻车熟路，便认为凭借已经培养成型的顾客群，即使抛开“某某咖啡”品牌，也并不影响自己的经营。

刘先生认为，上海某某咖啡公司的加盟管理松散也在某种程度上纵容了那些意图“单干”又舍不得“某某”招牌的加盟商。截至今年上半年，该公司已追究 7 家加盟商的违约行为，大部分加盟商都愿意与其进行和解。

其实，起诉只是上海某某咖啡公司采用的一种法律手段。刘先生透露，某某咖啡公司还可以在拒绝续约的加盟商邻近地点新开店面，抢夺加盟商客源作为对付“叛变”加盟商的方法。

思考与讨论：

结合案例分析特许经营渠道存在的风险及其防范措施。

第一篇
分销渠道概念

第二篇
分销渠道设计

第三篇
分销渠道管理

第四篇
分销渠道控制

第六章 渠道成员管理

【学习目标】

通过本章的学习能够掌握以下问题：

- 了解生产商在分销渠道中的作用；
- 了解批发商的特征、类型和发展趋势；
- 了解零售商的特征、类型；
- 了解广告商、物流、咨询商、会计师事务所、律师事务所、银行等辅助商在分销渠道中的作用；
- 掌握消费者的购买行为类型、影响因素和购买决策过程；
- 掌握组织购买者行为类型和决策过程。

【能力目标】

- 能科学、合理地选择渠道中的生产商、批发商、零售商和辅助商；
- 能正确地评估渠道中的成员。

【知识导图】

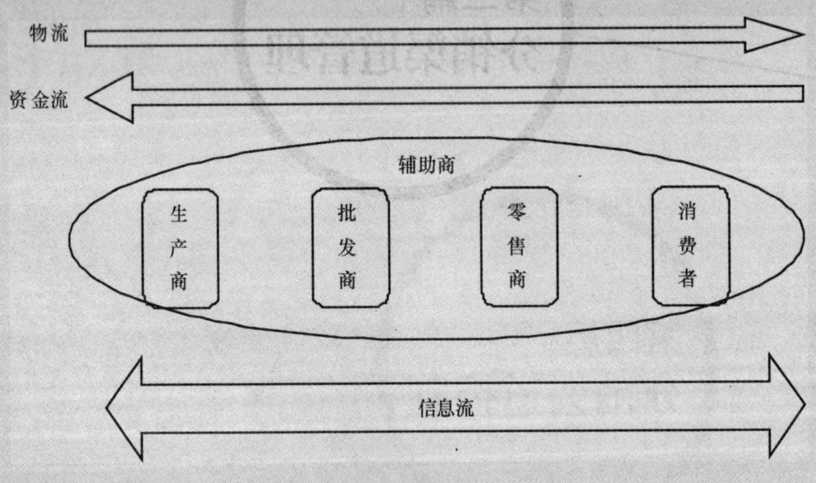

【引导案例】

雅芳困局：成也渠道，败也渠道

成立于1886年的雅芳是世界上最大的美容化妆品公司之一，2006年在中国成功拿到直销牌照，2005年其销售总收入高达80亿美元。雅芳作为中国第一家获得直销牌照的企业，其店铺加直销的模式，一直是中国直销行业的一面旗帜。然而从2007年开始，雅芳中国一直处于负增长。2009年销售额只有区区25亿元人民币，2010年第一季度亏损额达到1000

万美元。似乎雅芳的店铺加直销混营模式走到了终点，它该如何成为业界关注的焦点?

进入中国十多年，雅芳经营方式经历了两次重大转型，每一次转型都伴随着阵痛。

1998 年，国家禁止传销，雅芳开始投入大量资源向完全依靠店铺批发零售的传统商业方式转变，对于拥有 100 多年直销经验的雅芳而言，一切从零开始。此后，雅芳在中国保持近 40%的年增长速度，2004 年收入为 20 亿元，来自专卖店的收入约占 70%，雅芳更像一家传统型化妆品公司。

2005 年，受累于店铺销售方式，雅芳业绩大幅下滑。雅芳在全国开设了 6000 多家专卖店，但数百平方米的专卖店辐射范围不可能承载太多业务员，加上消费者较少到直销店购买的消费习惯，雅芳单店盈利能力有限。

而从 2003～2005 年在中国做直销的企业都以几何级数增长，唯独先进者雅芳落后了。在直销行业，90%的公司采用多层次直销方式，门店更多地提供进货和管理，这种发展人的方式，增速显然更快。

2005 年，凭借单层次直销模式，雅芳成为中国首家商务部和工商总局批准的直销试点企业，在外资直销企业中，雅芳被允许在中国最大范围内开展直销经营活动。

但向直销转向的雅芳不可能放弃原来庞大的专卖店系统，而专卖店经销商和直销员存在竞争，雅芳的直销员虽然挂靠店铺，从指定专卖店进货，但直销员不可能只在店铺内销售，这又导致抢客源问题的出现。雅芳一直在两者之间苦苦寻找平衡点而不得。

在渠道拓展上，雅芳的解决方式一直存在问题。3 年前雅芳涉足电子商务，但面临原来的销售渠道和电子网络渠道冲突，引起当时雅芳直销员的反对。

转型直销后，雅芳大量聘用直销员，又引起了专卖店经销商要求雅芳正视它们的利益的矛盾。

雅芳在中国不断进行战略尝试，但每一次改变都会带来矛盾和问题。直至今天，雅芳仍以一种近似模糊的状态徘徊在直销和传销之间，由于这种状况迟迟未能改变，雅芳失陷，只是早晚的事。正印证了一句话：成也渠道，败也渠道。

通过生产商、批发商、零售商和辅助商而形成的渠道可以看作是一个有机系统。在这个系统中，根据各个组织在整个分销过程中的作用，可以把渠道参与者分成两种——成员参与者与非成员参与者，如图 6-1 所示。

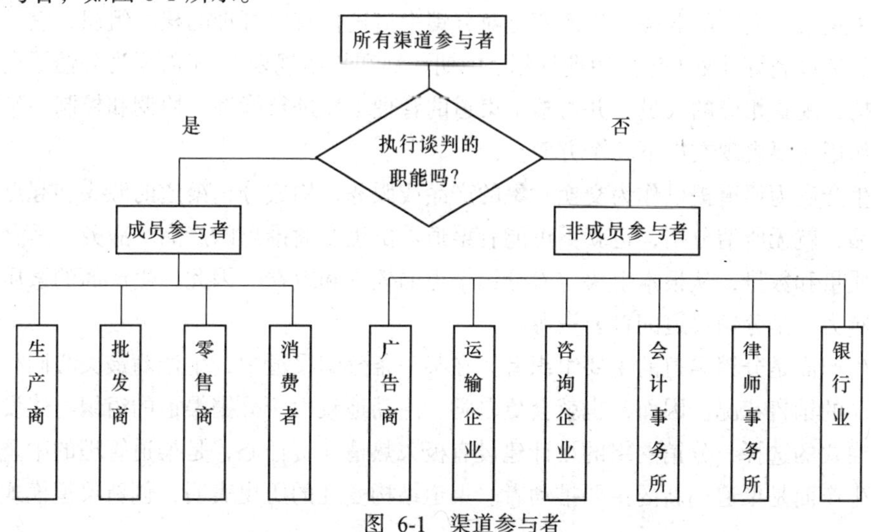

图 6-1 渠道参与者

第一节 生产商

生产商又称为“制造商”，即指以原料或零组件（自制或外购），经过较为自动化的机器设备及生产工序，制成一系列的消费用品或半成品或工业用品的经济组织。其一般有较大规模或品牌，除了生产制造的功能外，通常还从事营销及商品流通或进出口的业务活动。

一、生产商的类型

生产商在分销渠道的链条中处于起始端，根据生产商对分销业务的参与程度，可以将生产商划分为两种类型。

1. 专业型生产企业

这类生产企业专注于生产活动，其交易活动往往只限于购入资源和产品的一次卖出，对产品进一步分销业务的组织和管理则交给中间商负责。专业型生产企业多为中小型生产单位，其专业化生产程度较高，产品品种、性能和用途通常也比较单一。

2. 复合型生产企业

这类生产企业不仅从事生产活动，而且在较大程度上还参与产品的市场分销业务。如生产企业组建自己的分销网络系统直接销售产品，或通过管理、兼并手段控制渠道服务产出，以提高渠道的系统效率和效益。复合型生产企业往往具有资本规模大、产品技术含量高、市场面宽和服务要求高等特点。这些企业往往能够在市场中扮演非常重要的角色，它们比较重视市场分销渠道的建设和维护。

二、生产商的作用

生产商作为分销渠道的第一个环节，在市场分销渠道的建设和拓展中占有非常重要的地位。一般来讲，生产商既是分销渠道的建设者，也是分销渠道的维护者和使用者。生产商根据业务的发展需要建设分销渠道，又根据市场的需求调整和扩展分销渠道，最后还需要按照最终用户的评价来决定渠道成员的取舍。生产商是对分销渠道进行有效管理的核心组织，它不仅需要为整个渠道的建设制订计划（包括短期计划、中期计划和长期规划），还需要为分销渠道的畅通建立组织机构，配置相应的人员，并对整个渠道的管理工作进行指挥、协调和控制。生产商的这种地位和作用主要表现在以下几个方面。

（1）生产商为渠道提供作为交换对象的产品或服务，构成分销渠道的源头和起点。没有生产商的产品，就无所谓分销，也就不可能有渠道。由生产商推出的产品（服务）适合市场需要的程度、质量和数量，从根本上决定着分销渠道的效率和效益。因此，生产商的素质、能力、品牌和影响力，是分销渠道的首要资源。

（2）生产商是分销渠道的主要组织者。在某一条分销渠道中，生产商最关心同行产品市场及自身产品的销售状况。因而，也就会更自觉、主动地致力于分销渠道的组织与建设工作，对产品分销模式的选择、分销网络的设计建设有极大热情和责任心，是渠道管理的中坚力量。

（3）生产商是渠道创新的主要推动者。渠道结构变迁的历史表明，创新渠道模式的出现和普及，主要是由生产商推动的。生产商根据市场环境变化的要求，在促进渠道整合、结构扁平化、战略结盟等方面起着关键作用。

第二节 批发商

批发商是指从生产企业购进产品，然后转售给其他批发商、零售商、生产用户或各种非营利性组织，一般不直接向个人消费者销售的机构。

一、批发业务的特点

（1）批量交易和按量定价。批发交易一般要达到一定的交易规模才能进行，通常有最低交易量的规定，即起批点。零售交易则没有最低交易量的限制，因此，批发交易比零售交易平均每笔交易量要大得多。另外，从价格方面来看，批发交易的价格往往与交易量成反比，即批量越大，成交价格越低；批量越小，成交价格越高。

（2）批发交易的对象是各类用户。批发交易的对象大多为商业用户（或再售单位）和产业用户，其购买商品的目的不是为了供自己最终消费，而是为了进一步加工或转卖。一般而言，通过批发交易活动，商品主要仍停留在流通领域，还没有最终完全进入消费领域。

（3）批发交易范围比较广。首先，批发交易的主体来源较广，它有商业用户、产业用户与业务用户三类采购者，而零售交易只有最终消费者这一类购买者；其次，批发交易机构数量少，但服务覆盖面广；最后，中小批发商多集中在地方性的中小城市，并以此为交易范围，大批发商多集中在交通枢纽或大城市，并以全国为交易范围，零售交易因直接服务于最终消费者，故其交易地域范围要小得多。

（4）批发交易双方购销关系比较稳定。批发交易因其服务对象主要是专门的经营者和使用者，所以一般变化比较小，而不像零售交易中消费者购买行为随机性很大，因此购销关系相对稳定。

（5）批发交易专业化倾向日益明显。科技的进步，生产门类的增多，使得社会商品种类日益增多，采购者采购时选择的余地也越来越大。为了满足客户的要求，批发商商品品种、花色、规格、型号、款式等必须比较齐全，以便供采购者任意挑选。但同时批发商又不可能备齐所有产品，只能有所侧重，从而使得批发交易的专业化倾向日益明显。

二、批发商的职能

1. 销售与促销职能

批发商通过其销售人员的业务活动，可以使生产商有效地接触众多的小客户从而发挥促进销售的作用。

2. 采购与搭配货色职能

批发商代表顾客选购产品，并根据顾客需要将各种货色进行有效的搭配，从而可以缩短顾客选购产品的时间。

3. 整买零卖职能

批发商整批地买进货物，然后根据零售商需要的数量批发出去，从而降低零售商的进货成本。

4. 仓储服务职能

批发商将货物储存到出售为止，可以降低供应商和零售商的存货成本与风险。

5. 运输职能

批发商一般距离零售商较近，能够很快地将货物送到零售商手中，因而可以有效地满足最终消费者的需要。

6. 融资职能

批发商可以直接向客户提供信用条件和融资服务，同时也可以通过提前订货、付款，为供应商提供间接融资服务。

7. 风险承担职能

批发商拥有货物所有权，可以为生产商分担商品销售中的各种风险。

8. 提供信息职能

批发商通过向生产商和零售商提供有关的市场信息，可以减少生产商、零售商因盲目生产、盲目进货而造成的损失。

9. 管理咨询服务职能

批发商可经常帮助零售商培训推销人员、布置商店以及建立会计系统和存货控制系统，从而提高零售商的经营效益。

10. 调节产销关系的职能

批发商通过商品运输和存储，还可以起到调节产销关系的“蓄水池”的作用，有利于实现均衡生产和均衡消费，缓解社会经济运行中供求之间的矛盾。

三、批发商的类型

现代批发商由三种主要类型的批发商组成，即商人批发商、代理批发商及生产商自营销售组织，如图 6-2 所示。

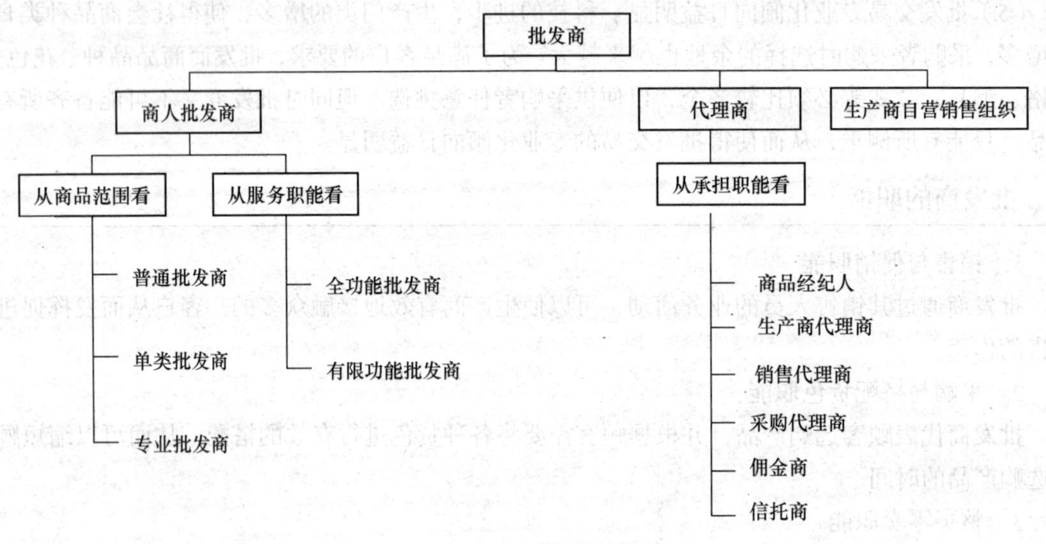

图 6-2　批发商的类型

（一）商人批发商

商人批发商即通常所说的独立批发商，是典型的批发商，是批发商的最主要类型。商人批发商不同于商品代理商，商品代理商对于其经营的商品没有所有权，只是替委托人买卖商品；而商人批发商对于其经营的商品拥有所有权，这一点也是商人批发商的一个重要特征。

1. 根据经营商品的范围，商人批发商可大致划分为三类

（1）普通商品批发商。这种批发商经营的范围广，种类繁多，例如经营织物、小五金、家具、化妆品、药品、电器、汽车设备等。该类批发商的销售对象主要是普通商店、五金商店、药房、电器商店和小百货商店等。工业品领域中的普通商品批发商是工厂供应商，这种批发商经营品种、规格繁多的附件和供应品。

（2）单类商品批发商。这种批发商经营的商品仅限于某一类商品（如食品、服装等），经营的商品所涉行业单一，但这种批发商所经营的这一类商品的花色、品种、规格、品牌等非常齐全。与此同时，还经营一些与这类商品密切关联的商品。例如，单类食品杂货批发商通常不仅经营罐头、蔬菜、水果、粮食、茶叶、咖啡等各种食品，而且还经营刀片、肥皂、牙膏等食品杂货店通常出售的商品。在消费品市场中，单类商品批发商的销售对象是食品杂货、药品、小五金等行业的独立零售商；在工业品市场上，这种批发商叫做“工业分销商”，经营电器电料、铅管、供热器材等，其销售对象包括大大小小的工业用户，这种批发商又被称为整类商品批发商。

（3）专业批发商。这种批发商的专业化程度较高，专门经营某一类商品中的某种商品，如食品行业中的专业批发商专门经营罐头食品，或者专门经营健康食品，或者专门经营东方食品等。专业批发商的销售对象主要是专业零售商店；工业品的专业批发商一般都专门从事需要一定的专业技术知识或专业技术性服务才能有效进行销售的工业品批发业务。专业批发商之所以能在一个很小的经营商品范围内活动，是因为这类批发商一般对它的最终目标市场有一个比较充分的了解，并能有效地利用专业性的技术来服务于自己的目标市场，扎根于某些专业化程度较高的商品领域，如电子产品、橡胶塑料等。

2. 按商人批发商职能和提供的服务是否完全来分类，可以分为全功能批发商和有限功能批发商

（1）全功能批发商。这种批发商执行批发商的全部职能。也就是说，对于批发商的批购与批销、分销装配、储运服务、信息咨询和财务融通五大功能，这种批发商能够全部、同时提供。属于全功能批发商的有：普通商品批发商、单类商品批发商和专业批发商。这种批发商又被称为完全服务批发商。

（2）有限功能批发商。这种批发商执行批发商的部分职能。也就是说，对于批发商的五大功能，这种批发商不全部或不同时提供给它的顾客。对于批发商的某种功能，或者有时提供，或者部分提供，或者完全不提供。有限功能批发商之所以只执行批发商的一部分职能和提供一部分服务，主要原因是这种批发商为了减少经营费用，降低批发价格，以求在激烈的竞争中站稳脚跟。

有限功能批发商又可以具体分为以下六种类型。

（1）现购自运批发商。这种批发商既不赊销，也不送货，这是它的两个重要特点。顾客要自备货车到这种批发商的仓库去选购货物，当时付清货款，自己把货物运回去。正因为如此，这种有限职能批发商的批发价格比完全职能批发商的批发价格要低一些。现购自运批发商主要经营食品杂货，其销售对象主要是小食品杂货店、饭馆等。

（2）卡车批发商。这种批发商主要经营食品、糖果、香烟等易腐和半易腐商品。一般情况下，卡车批发商从生产者那里把货物装上卡车后，立即运送给各零售商、饭店、旅馆等顾客。正因为这种批发商所经营的商品易腐或半易腐，送货快捷就成为其重要的特点。

（3）直运批发商。这种批发商主要经营煤炭、木材等笨重商品。直运批发商先拿到顾客（包括其他批发商、零售商、用户等）的订货单，然后就向生产商进货，并通知生产商将货物直运给顾客。直运一方面使这种批发商不需要仓库和商品库存，减少了储存费用；另一方面，直运避免了转折运输，从而减少了运输费用。两方面的费用减少大大降低了直运批发商的整体经营费用率。直运批发商有时又称为"写字台批发商"，因为它不需要有仓库和商品库存，只要有一间办公室或营业所就可以工作了。但是它与普通掮客有着本质的区别，这是因为直运批发商毕竟是商人批发商，它拥有所经营商品的所有权，并因此承担相关的风险。

（4）邮购批发商。这种批发商是指那些全部批发业务都采取邮购方式的批发商。该种批发商将商品目录寄给边远地区的零售和集体客户，不另派推销员，在获得订货后，以邮寄或其他运输方式交货。邮购批发商经营五金、珠宝、体育用品等商品，它的销售对象是边远地区，特别是当地没有批发商的边远小镇中的工业消费者和零售商。

（5）生产者合作社。这种批发商在农业地区比较普遍，它是由农民组成的，经营农民自己的产品。生产者合作社为顾客提供服务几乎与其他功能批发商一样，但其对农产品的分级、筛选功能表现更为突出，由此使农产品在市场中的质量信誉得以提高，一些合作社甚至为其农产品标上品牌，然后在该品牌之下大力推销。生产者合作社有时还通过限产来提高农产品的价格，这是因为农产品的需求弹性较小，限产提价往往能实现。

（6）货架批发商。这种批发商是第二次世界大战以后为适应非食品品种超级市场的经营需要而发展起来的。货架批发商送交一些商品给某些零售商，让它们代为放上货架，以供展销，商品卖出后，零售商才将货款付给批发商。商品所有权归该批发商，属寄售性质，零售商代为出售，从中收取手续费。货架批发商经营的商品主要有家用器皿、玩具、化妆品等。由于需要充足的存货准备和存在零售商代售后拒绝付款的呆账风险等原因，这种批发商的经营费用率比较高。

（二）代理批发商

代理批发商是指从事购买或销售或二者兼备的洽谈业务，但不取得商品所有权的批发商类型。它与商人批发商的主要区别是：代理批发商不拥有商品的所有权，而是促成交易，赚取佣金，佣金大约占销售额的2%～6%。根据承担职能的不同，代理批发商可以分为6种。

1. 商品经纪人

商品经纪人是这样一种代理商：替卖主寻找买主或者替买主寻找卖主，把卖主和买主结合在一起，介绍和促成卖主和买主成交；如果买卖成交了，由卖主把货物直接运给买主，而商品经纪人向委托方收取一定数额的佣金。商品经纪人主要经营农产品、食品、矿产品和旧机器等商品。在西方国家，农场主、小型罐头生产商等生产者往往在一定时期委托经纪人推销产品，因为这些生产者的产品生产和销售存在着季节性因素，它们只在某一季节或某几个月大量推销自己的产品。因而这些生产者认为建立它们自己的固定推销力量是不值得的，也认为没有必要和生产商的代理商或销售代理商等建立长期的代销关系，商品经纪人反而更为实用灵活。此外，有些生产者，因为要推销新产品，或者因为要开辟新市场，或者因为市场距离产地太遥远，也利用商品经纪人推销自己的产品。

2. 生产商代理商

生产商的代理商通常与多个生产商签订长期的代理合同，在一定地区按照这些生产商规定的销售价格或价格幅度及其他销售条件，替这些生产商代销全部或部分产品，而生产商按销售额的一定百分比付给代理商佣金，以鼓励这种代理商积极扩大推销，由此获得最大市场利益。生产商的代理商虽然同时替多个生产商代销产品，但这些生产商的产品都是非竞争性的、相互关联的品种，而且代销的商品范围不广泛，因而生产商的代理商比其他中间商更能提供专门的销售力量。从业务流程来看，生产商的代理商与生产商的推销人员非常相似，但后者是真正独立的中间商。

生产商通常利用代理商推销机器设备、汽车产品、电子器材、家具、服装、食品等产品。这种代理商在某些工业性用品市场和消费品市场起着很重要的作用。比如在电子器材等工业用品的销售中，生产商的代理商雇用了一些有技术能力的推销员直接向工业用户推销产品；在家具等耐用消费品的批发贸易中，生产商的代理商雇用了一些推销员向零售商做访问推销。生产商的代理商的主要服务是替委托人推销产品,但是它通常还负责安排将货物从厂家运送给买主,并且还有少数生产商的代理商提供保管货物的服务；此外，由于这种代理商与市场有密切的联系，它能向生产商提供相关的市场信息及市场所需要的产品样式、产品设计、定价等方面的建议。

3. 销售代理商

销售代理商和生产商的代理商一样，它同时和许多生产商签订长期代理合同，替这些生产商代销产品，但是销售代理商和生产商的代理商有着显著的不同之处，主要表现在以下两点。

第一，通常情况下，每一个生产商只能使用一个销售代理商，而且生产商将其全部销售工作委托给一个销售代理商办理之后，不得再委托其他代理商代销其产品，也不得再雇用推销员去推销产品；但是，每一个生产商可以同时使用多个生产商的代理商，与此同时，生产商还可以设置自己的推销机构。

第二，销售代理商通常替生产商代销全部产品，而且不限定只能在一定地区代销，同时，在规定销售价格和其他销售条件方面有较大的权力；而生产商的代理商只能按照它的委托人规定的销售价格或价格幅度及其他销售条件，在一定地区内，替委托人代销一部分或全部产品。

总而言之，生产商如果使用销售代理商，实际上是将其全部的销售工作委托给销售代理商全权办理，销售代理商实际上是委托人（生产商）的独家全权销售代理商，行使生产者的市场营销经理的职责。

4. 采购代理商

这是一种替买主寻找货源，采购所需物资（全部或部分）的购买性代理商。它们不是代理批发某一类产品，而是专为一家或几家企业代理采购物品。采购代理商俗称“买手”，通常熟悉市场，消息灵通，能向企业提供质量高、价格低的采购品。采购代理商通常要负责代理采购、收货、验货、储运并将货物运交买主等业务。

5. 佣金商

佣金商通常备有仓库，替委托人储存、保管货物。此外，佣金商还替委托人发现潜在购买者，获得最好的价格，分等、重新包装和送货；同时佣金商还给委托人和购买者提供商业信用（如预付货款和赊销），提供市场信息等。佣金商对农场主委托代销的货物通常拥有较大的经营权，即佣金商在收到农场主运来的货物以后，虽然对这些农产品不具有真正的所有权，但其有权不经过委托人同意，而以自己的名义，按照当时的供求状况所决定的、可能获得的最好价格出售货物。因为这种代理商经营的商品是蔬菜、水果等易腐商品，在经营过程中，必须因时制宜，根据当时的市场价格尽早脱手。否则，这些商品耽搁过久就会变质、腐烂，给委托人及佣金商带来更大损失。当然，在实际操作中也不排除由于有利的市场状况，佣金商卖出了大大高于平均市场价格的好价钱的情况。不过，佣金商在经营过程中拥有较大的经营权是相对而言的，因为各大相关报纸一般都会及时公布这些市场中的成交价，委托人能够据此对佣金商加以监督。佣金商卖出货物后，扣除佣金和其他费用，将余款汇给委托人。佣金商的经营费用一般比较低，因为受托的产品往往是大宗商品，并且那些农产品零售商总是主动找上门来购买，不需要佣金商做更多的努力去寻找顾客。

6. 信托商

信托商接受他人的委托，以自己的名义向他人购销或寄售物品，并取得报酬。信托商具有法人地位，在交易活动中多选择远期合约交易，一般要签订信托合同，明确委托事宜及相应的权利。信托商的具体形式有以下几种。

第一，委托商行，是面对消费者进行零售的信托商形式。以零售形式接受顾客委托，代办转让出售。

第二，贸易货栈，是从事批发业的信托商形式，是一种古老的居间性商人。贸易货栈的主要功能是在买卖双方之间起代理作用，即代客买卖、代购、代销，同时兼具其他服务功能，如代存、代运等。委托人一般要付一定的佣金。

第三，拍卖行，是接受委托人委托，以公开拍卖的方式，组织买卖成交的信托商。拍卖方式在零售中较少见，主要在批发行业中采用，而且通过拍卖行以公开拍卖的方式进行批发的主要是质量、规格等不够标准、不易分列等级的蔬菜、水果、茶叶、烟草、羊毛皮等农产品和工艺品。

（三）生产商自营销售组织

这类批发商是制造商或零售商从事商品批发业务的一种分支机构，不是独立商业企业，可分为两种形式。

1. 销售分部和营业所。制造商为了加强存货控制，改进销售和促销工作，经常开设自己的销售分部和营业所。销售分部备有存货，而营业所没有存货。

2. 采购办事处。一些零售商的采购机构或采购办事处被授权在保障零售商供应的前提下，可以从事商品批发业务，将采购或库存的部分货物批发给其他商人。

此外，在某些特殊的经济领域，还有一些特殊的批发商，如棉花、谷物、苎麻、蚕丝等农产品的收购商，联合购买石油钻井公司石油的散装石油厂和石油站，拍卖汽车和没收物品给经销商或其他商人的拍卖公司等。

四、批发商的选择

一般来说，选择批发商时应注意以下事项。

1. 批发商的信誉

选择批发商的首要因素是信誉，因为生产商和批发商的关系实质是一种信任关系。即使批发商能力很强，在商场上拥有优越地位，但若信誉欠佳，则能力越强的批发商，其商业欺诈的能力越强，在营销、货款汇回、维护企业形象方面，都会给生产商带来不利影响。

2. 批发商的经营项目

批发商以前经营的产品决定了其现在拥有的营销网络。因此，生产商选取的批发商以前经营的产品应是与生产商同类的产品。另外，批发商所代理的产品不宜过多。因为经营产品太多，必定引起精力分散，从而影响业绩。

3. 批发商的营业规模

这方面的评估重点如下。

（1）该批发商的员工总人数及营业部门人数；所属经销商的多少。

（2）批发商成立的时间；目前的营业额；营业额中有多少是由其他经销商给予的，等等。

（3）该批发商目前的营业区域；是否有扩展营业区域的打算，如果有，将是哪些地区，如何扩展，等等。

4. 批发商的销售网络

对于普通的消费性产品，大多数消费者通常在零售终端选购。因此，选择一个与这些零售组织关系良好的批发商是非常重要的。

5. 批发商的业务拓展能力

这方面的评估重点如下。

（1）是否拥有专用仓库。若有，是自有的还是共有的，容量有多大，使用和管理状况如何，等等。

（2）对销售员的管理如何。

（3）主要使用何种方式促销，有何营销策略，是否愿意给厂商提供市场信息，等等。

（4）是否提供特别的服务，如准备报价单，提供售后服务，等等。

6. 营业地址

批发商的营业地址最好处于商业中心，这样生产商的商品可以以最低的成本配送至各个市场区域。

7. 财务能力

当生产商本身产能很大，或者考虑使用买断代理的方式时，就要求批发商有足够的资金用以支付货款、运费、仓储费、广告费、售后服务费等。对于销往国外的消费品来说，批发商更要有一定的财务实力。一般的消费品进入国外市场时，都需要批发商协助生产商投入大量资金，为产品树立知名度，但是产品知名度一旦形成，批发商也受益匪浅。

8. 政治、社会影响力

政府采购在销售业务中占有相当分量时，批发商在政治上的影响力往往影响着销售业务。

9. 同行业评价

商场中的关系对于批发商与生产商都是十分重要的。若多个同行业的中间商对某个批发商不满或评价过低，则足以说明该批发商有不足之处。

五、批发商的发展趋势

（一）批发商经营方式日趋多样性

通过几十年市场竞争的演化，除了传统的批发市场、经销商、代理商等经营模式外，一些新的批发经营模式也相继出现。这些模式大多利用批发和零售经营边界模糊化的趋势，综合发挥批发商业和零售商业的优势而形成。

（1）麦德龙模式。这是典型的货架自选批发商，它采取“会员制+现金+自运”的运作方式。其会员主要是中小零售商，通过现金交易和会员自我运输，使其运营成本极低。大规模的卖场、低价位加上自选的方式，对中小零售商具有相当的吸引力。目前，麦德龙在上海、无锡、宁波建立连锁仓储式的网点，每个网点营业面积达 1.6 万平方米，吸纳 10 万至 12 万个会员制客户。麦德龙计划在长三角地区每隔 100 千米至 150 千米建一个批发网点，提高其辐射能力。

（2）联华便利模式。上海联华便利公司打出“10 万元做个小老板”的广告，吸引一批业主加盟。公司统一组织货源，并相应提供选址指导、配送、统一广告、经营咨询等服务。联华便利利用这种特许经营方式，构筑了一个约有 800 多家网点的相对稳定的批零一体化网络。

（3）上海烟草模式。上海烟草集团公司和烟糖公司联手创办捷强公司，上海烟草通过捷强公司向广大零售商提供卷烟，仅在上海市一地就建立了 26 000 家零售网点。

（4）申美模式。上海申美饮料食品有限公司是可口可乐公司授权的灌装公司和指定批发企业，申美在指定的区域从事批发活动，这是“物流加工型”批发企业。可口可乐公司利用这一方式，投资 8 亿美元，在中国内地建了 20 个分装厂和庞大的批发网络。

（5）大荣模式。日本大荣公司先以零售形式进入中国发展连锁店，然后借助中国政府鼓励外商投资基础设施建设的政策，建立配送中心，并依托配送中心开展批发业务。这是流通业全面开放以前外资批发商业进入中国市场的典型路径之一。

（二）批发商将提供更多分销服务

批发业在促使商品更畅通、更经济地流通的同时，在商流、物流、信息流、促销流、货币流等方面提供各种服务。

在现代产品分销过程中，分销服务已成为产品增值的主要来源之一，其比重呈不断上升趋势。目前，跨国采购公司采用的重要竞争策略之一就是提供销售过程中的各种服务，扩大份额，提高产品竞争力，使对手难以进入该领域。

在分销服务中，核心是现代批发企业必须具备完备的信息收集、加工、处理能力，并向生产商和零售商提供信息服务。传统批发商的经营模式是建立在产需信息沟通不畅、信息不对称的基础上，通过对商品异地购销获取差价。在信息经济时代，批发商的一般信息采集优势基本上不复存在，专业批发商应利用自己的专业知识和技术，对市场信息进行梳理，提出沟通供需的最经济的商品流通模式和方案。从表面上看，批发商收益还是买卖差价，但实质已变为信息服务收费。

（三）批发商的科技含量越来越高

科技作为竞争手段变得日益重要。由于批发商成本的重要部分来自商品的物流成本，因此，许多批发商广泛使用先进的科技手段来控制仓储成本，进行盈利分析。

第三节 零售商

零售是指把商品和劳务直接出售给最终消费者的活动。零售商是从事这一销售活动的机构。零售业是商品流通的最终环节，商品经过零售就进入消费领域，也是市场竞争最激烈的一个环节。

一、零售业的特点

零售业是现代商业的重要组成部分，具体有如下特点。

（1）零售交易的目的是向最终消费者提供商品或劳务，购买者购买商品的目的是供自己消费，而不是用于转卖或生产。

（2）零售商品的标的物不仅有商品，而且还有各种附加劳务，即为顾客提供各种售前、售中和售后服务，如免费安装、送货上门等，这些服务已成为非常重要的竞争手段。

（3）零售交易中平均每笔交易额较小，但交易频繁。零售交易本身就是零星的买卖，交易对象众多且分散，这就决定了每笔交易量不会太大；同时消费者要生存发展，每天都在不断地进行消费，这也就决定了交易特别频繁。

（4）零售交易产品的品种丰富多彩，富有特色。由于消费者购买商品时一般都要“货比三家”，力争挑选到称心如意、物美价廉的商品。因此，零售交易都非常注重经营特色，同时努力做到商品的花色、品种、规格齐全，以吸引消费者。

（5）零售交易受消费者购买行为的影响较大。零售交易的对象是最终消费者，而不同消费者因其年龄、性别、学识、经历、职业、个性、偏好等差异，其购买行为不仅具有多种类型，而且具有很大的随机性。不同类型的消费者其购买决策和购买行为的差异性将直接决定和影响具体购买活动。

（6）传统零售交易大多在店内进行，且网点较多。零售交易主要通过合理的商品布局和店堂陈列来方便消费者购买，因此，交易也多在店内完成。同时，由于消费者的广泛性、分散性、多样性和复杂性，为满足广大消费者需要，在一个地区，仅靠少数几个零售网点根本不够，网点必须从规模和布局上满足消费者的需要。随着经济的发展，各种无店铺售货方式也有了足够的发展，并显示出强劲的发展后劲。

二、零售商的职能

零售商处于连接生产商、批发商和消费者的分销渠道中的最终业务环节。零售商提供商品分类及服务，为消费者提供购物环境，并为生产商、批发商提供市场信息，分担风险。其具体职能包括以下几方面。

1. 组织商品职能

消费者为了生存和发展，需要衣、食、住、行、用、玩等多方面的商品，由于时间、空间、数量、质量、花色品种和信息沟通等原因，消费者个人不可能自己寻找生产商，购买自己所需要的商品。而作为生产商又是一个大群体，每一生产商只能生产其中较少的产品品种，即使数量较多，其产品也不可能一次性地全部售给某一消费者，因此在很多情况下，必然存在产销之间的矛盾。为解决这一矛盾，零售商必须实施组织商品职能，首先代替消费者垫支资金，从生产商、批发商甚至其他供应商那里大量购进商品，并按照消费者的要求分类、组合，使消费者不仅能方便地购买，而且能在零售商店里得到需求的满足。

2. 储存商品及承担风险职能

零售商的采购是批量购进，但销售却是零散的。为此，零售商为了满足消费者随时购买商品的需要，必须储备一定数量的各种商品。但是商品在储存期间会伴随着各种风险，如数量过多或过少引起的积压与脱销、商品的自然损耗、自然灾害、商品被窃以及商品的时尚更新和技术废弃等。这些风险及损失皆由零售商承担。

3. 服务职能

顾客是上帝。零售商必须服务于消费者。首先，要准确、及时地掌握市场供求趋势，组织适销对路的商品，扩大花色品种，保证商品质量，使消费者能及时、充分地选购商品；其次，要正确贯彻商品销售政策，不断研究、改进商品的销售方式、方法，以良好的经营作风、文明语言，保证与消费者之间的良好关系；最后，提供与商品销售直接相关的服务，如包装，免费送货，电话预约，经营礼品，停车场，临时保管物品，为儿童提供游乐场，照看婴儿，提供休息椅等，真正把消费者视为宾客。周到的服务才能给消费者留下良好的印象，使消费者成为回头客，并带来新的顾客。

4. 信息传递职能

零售商处于商品流通的最终环节，能够较快地获得生产与消费的信息。通过广告、促销活动、POP 海报展示、商店销售人员等手段及时地将商品的有关信息传递给消费者，平等沟通，解决认知上的矛盾，激发购买欲，让顾客明明白白地消费。生产商、批发商及其他机构则可以对零售商反馈的市场信息进行分析，得出相应的市场营销结论，加强对市场营销的了解。零售商是消费者和生产商彼此双向了解的桥梁。

5. 娱乐职能

以顾客需求为导向是零售商经营活动成功的关键，零售商不仅为消费者提供商品，而且还要为最终消费者提供抽象需求的满足，如消费者对购物环境、文化氛围等需求。零售商通过对商品的艺术性陈列、店堂的布局装饰和悠扬的音乐、灯光照明、绿色花草等创造出具有魅力的购物环境，不仅陶冶了消费者的情趣，同时，还为消费者提供了休闲娱乐和休息的去处，带来美的享受。作为最接近消费者的环节，零售商需要给消费者最直观的娱乐体验。

三、零售商的类型

与零售商类型相关的概念是零售业态。零售业态源于日本。根据近年来我国零售业发展的趋势，并借鉴发达国家对零售业态的划分方式，我国商务部组织有关单位对原国家标准《零售业态分类》（GB/T 18106—2000）进行了修订。国家质量监督检验检疫总局、国家标准化管理委员会已联合颁布了新国家标准《零售业态分类》（GB/T 18106—2004）（国标委标批函[2004]102 号），新标准已于 2004 年 10 月 1 日起开始实施。按有无店铺可将零售业态分为有店铺类（12 种）和无店铺类（5 种），共 17 种。

按销售方式分，零售商主要有店铺零售商、非店铺零售商和零售组织三种类型。

1. 店铺零售商

店铺零售商，是指设店经营的零售商。其特点是设有摆放商品供顾客购物的店面，其商品（服务）购销活动主要是在商店内完成的。根据其经营的产品线、规模、价格和服务方式的差异，又可以进一步将零售商店划分为不同的类型，如百货商店、专业店、专卖店、超级市场、大型综合超市、便利店、仓储店、购物中心。

（1）百货商场。百货商场又称百货公司、百货大楼，是指经营范围广泛、商品齐全，能提供多种服务的零售服务供应商。百货商场产生于 18 世纪中叶，它的产生是零售商业的第一次革命。百货商场在经营面积、经营方式等方面与传统店铺相比有如下四点革新。

第一，商品明码标价。这一做法的目的是为了迅速沟通商品与顾客之间的联系，从“物有所值”角度便于顾客按各自的消费喜好与能力“对号入座”。商品明码标价也是零售业第一次规范了自己的价格行为。

第二，商品敞开陈列。这样就便于顾客直接接触商品，增强对商品的直观认识，因而也在利益上保证了消费者对商品选择的权利。

第三，商品价格低廉。此举意在最大限度地吸引不同层次的消费者，改变欧洲许多专业商场服务对象贵族化的倾向。

第四，在一个卖场内分设许多独立的商品部，便于实行统分集合的管理，也便于各商品部进行专业的组货，达到百货齐全，种类繁多，使消费者各得其所。

百货商场出现一百多年来，发展迅速，已成为零售店的主要类型之一。其优点是：拥有各式各样的商品供顾客选购，以节省顾客的时间和精力；客流量大，商场气氛热烈、兴旺，可刺激顾客购买；资金雄厚，能网罗大量人才，分工合作，不断创新，提高管理水平；重视商誉，对于出售商品的品质在采购时就慎重选择；有优良购物环境，吸引大批顾客购买。

（2）超级市场。超级市场又称“自助商店”或“自选商店”，是指实行敞开式售货，顾客自我服务，挑选后一次性结算的零售商店，其特征如下。

第一，商品构成是以食品、日用杂货等日常生活用品、必需品为中心。

第二，实行自我服务和一次集中结算的售货方式，即由消费者自己在货架中自由挑选商品，在出口处一次集中结算货款。

第三，薄利多销，商品周转速度快，利润率较其他商店低。

第四，商品包装化，明码标价，并标明商品质量和重量。值得一提的是，商品无条形码是很难进入“超市”的。

超级市场的出现被视为是零售业的第二次革命。它给零售商业带来的革命性变革，主要体现在两个方面：一是它把现代工业流水线作业的生产方式运用到了商业经营上，实现了商业活动的标准化、专业化、集中化、简单化。二是它使商业经营转变为一种可管理的技术密集型活动，不确定因素大为减少。传统的零售业经营是以柜台为中心，以人对人(即售货员对顾客)操作为主的劳动密集型活动。其交易之成败在很大程度上取决于售货员素质的高低以及操作技巧。超级市场则是开架售货、买者自选的方式，买卖之前的需求预测、经营计划、商品陈列、价格制定等流程的合理化水平成为决定最终销售状况的主要因素，从而使商业经营转变为类似生产管理的技术密集型活动。因此，对超级市场而言，比感性的柜台操作技巧更为重要的是理性的经营、资本运作水平，以及经营管理水平的高低。

超级市场作为现代零售业的主力军，其发展趋势体现了如下三个特点。

第一，规模化。超级市场规模经营首先表现为扩大单体规模，可以向生产商、大批发商大批量进货，降低进货成本；可以使商品充分陈列，便于顾客选购；可以节省营业人员，充分利用设备，减少费用；可以增加品种数量和服务功能，更好地满足顾客需要。在西方国家，超级市场已进入成熟期，在激烈的竞争中，规模越办越大，平均单体面积已达 1 000 平方米左右。大卖场已成为超级市场的主力模式，其单体面积高达几万平方米。随着商业竞争的加剧，城市空心化的加速以及消费需求的提高，我国目前现存的大多数小型超级市场将难以充分展现业态个性和功能，并将逐步失去竞争力和市场发展空间。超级市场规模经营的另一方面就是实行连锁化。超市的大批量进货所依靠的就是多店铺的销售网络，而这种网络又是实现销售的有效形式。连锁经营可以大大降低营运成本，提高流通效率，实现规模经济效益。国际著名的大型超级市场不但单体营业面积大，而且连锁店的数量也数以百计。

第二，大众化。正因为超级市场实行低价政策，因而其服务对象一般是生活不太富裕、支付能力不强的普通市民和家庭主妇。可以说，超级市场以普通顾客为目标市场的大众化策略，是它大半个世纪以来持续发展、经久不衰的重要原因之一。所以，“为民、便民、利民”应是超市必须坚持的办店宗旨。超级市场选址应遵循就近消费、方便购买、合理布局的原则，根据超市功能、商圈半径内的人口数量、交通及竞争状况综合加以确定，避免在城市中心商业区“扎堆”，而要“退城进郊”、“退城进居”（居民区）。

第三，规范化。越级市场是大工业协作机理在零售业中的集中体现，它彻底改变了传统零售业的工艺过程，把零售业推向了标准化作业和规模化发展的现代流通业大道。超市的规范化就如同工业生产领域的标准化一样，是企业运营的基础。超市规范化包括以下几个方面。

① 商品包装规格化和条码化。商品要按一定的质量标准分类定级、分等定价，按一定的数量或重量标准计量分装，商品可采用小型透明或半透明包装，并有完备的商品说明，以方便顾客自选和使用。另外，超市的商品应广泛采用条形码和店内码，这是实现商业自动化和商品管理自动化的基础。

② 操作标准化。企业必须有具体量化的服务规范，并要求员工严格执行；制定各项操作规程，运送货物、整理货架、打扫卫生等均要严格执行操作规程；加工间或配送中心的工厂化流水作业方式要严格规范，操作间的架子上必须贴有用品摆放标签，任何用品不能随意摆放，任何人或物品都不能阻塞通道；员工应养成良好的卫生习惯，确保加工食品的干净卫生。

③ 经营管理规范化。连锁超市除了统一商号、统一门面、统一着装、统一广告宣传外，最重要的是统一进货、统一配送、统一核算、统一管理。超市公司有条件的可以建立相应的物流枢纽—配送中心，提供社会化配送服务，实行统一的规范化管理，供多个连锁店按统一模式经营，以保证统一的服务质量；针对连锁店网络广、散的特点，要使管理制度手册化，并使之成为规范全体员工行为的权威性文件。

第四，自动化。自选售货方式、连锁店组织模式和规范化运作，为实现超级市场的自动化做了准备。超市要想在商流、物流、资金流、信息流、促销流的协调管理上运作顺利，必须依赖于商业自动化技术的支持。超级市场的购、销、存、运各个流转环节应全面实现自动化，具体包括：商品销售管理自动化、会计账务处理自动化、商品配送自动化、商品仓储管理自动化、商品流通加工自动化。为了实现上述各项业务管理自动化，应将现代科技，尤其是电子信息技术全面引入超市这一领域，以电子收款机、计算机、网络技术构成超市的技术骨架，重视并积极推广 POS 系统、电子订货系统（EOS），电子数据交换系统（EDI）等。

（3）便利店。便利店在经济发达国家已有一百多年的历史，现代意义上的便利店是指在商业活动中，以住宅区居民为经营对象，以最贴近居民日常生活的商品和服务为经营范围，以连锁总部为核心，共享统一规范的经营管理技术，实行专业化、标准化的统购分销，并通过强化居民社区服务功能同时取得规模效益的一种现代商业经营管理的组织体系。

便利店作为一种新型的商业零售经营业态，与超级市场的大而全相比，其基本特征大致可概括为以下四个方面。

第一，选址和店铺面积的特定性。便利店主要是以住宅区居民为服务对象，位置一般选择在居民比较集中的区域中间或附近地区。其服务半径一般为 500 米左右，可方便居民在 10 分钟之内步行到店购物。便利店的店铺面积较小，一般在 80～150 平方米。

第二，营业时间和商品供应的专属性。便利店为方便居民，其营业时间普遍长于超级市场和一般零售商店。便利店的营业时间，最长每天达 24 小时，实行全年无休息日服务。由于贴近、方便居民生活的特性和受场地限制较小，便利店一般以供应居民日常生活必需品为主，其中包括冷热饮料、加工食品、速食、生鲜食品、常用的小百货、杂货、烟酒等小商品，各类食品占商品品种的 80%左右。

第三，服务功能的多样性。现代便利店设在城市化的居民社区，它的服务对象既有广泛性又有专指性。它为居民日常生活必需品提供了即时购买的场所，以“全天候”的时间，提供电信、复印、代收各类公共事业费，使家庭主妇、单身汉、儿童、青年和需要特殊服务的对象感到处处方便。

第四，商店连锁的统一性。现代便利店以其便利顾客的 CIS 企业形象识别系统、商品组合和全方位的经营管理三个方面的一致性，形成了连锁店经营的基础。

（4）折扣店。折扣店是一种贴近居民日常生活的规范的零售业态，应该以居民生活所在的社区作为依托，与社区的拓展相依相伴。折扣店以低价、便利的双重优势，服务于居民的日常生活，是一种民生业态。它作为现代商业的一种补充形式，具有如下特征。

第一，经营范围。店面开设在社区周围，目标客户以工薪阶层、中等收入的社区居民为核心。由于我国经济发展水平的限制和生活习惯的原因，折扣店在较高档的社区也有市场。折扣店经营的商品包括中档日用品、便利品和生鲜食品。

第二，竞争优势。基本战略定位是低价和便利。低廉的产品价格是竞争的立足点，要求折扣店能够从各个方面降低成本，包括商品的采购、存储、店内陈列和销售等各个环节。另外，靠近居民区的选址，远离商业中心，既意味着可以压缩店面租金成本，又意味着巨大的地缘优势。

第三，品牌特征。折扣店经营的商品单品仅需 2～3 个品牌，由自有品牌和知名品牌构成。自有品牌由著名生产商生产，以保证产品质量。由于供应商仅需承担生产成本，折扣店能以最低的价格购进产品，然后充分利用自己的品牌、渠道和货架优势。这样，只要产品没有明显的品质问题，在自己的门店中，再次购买率必然很高。经营知名品牌则可以吸引和满足有品牌偏好的顾客。

第四，规范经营。我国传统的路边摊贩同样是以低价和便利来吸引顾客的，且所售商品品种繁多。折扣店与之相比，优势在于规范经营、有固定店铺，所售商品处于质量监管机关和企业检验部门的管理之下。折扣店一般采用连锁经营的方式，品牌价值和对品牌形象的重视是约束其规范经营的关键因素。

（5）专业店。专业店是以专门经营某一大类商品为主的零售业态，例如，办公用品的专业店、玩具专业店、家电专业店、药品专业店、服饰店等，其经营具有较强的专业性，一般是按某一特定的顾客群（如男士、女士，妇女、儿童）或按某一产品大类（如纺织品、文化用品、家电用品）设店，不少专业商店常常以经营的主要产品类别或主要的顾客群来命名。随着市场细分以及产品专业化的发展，专业店发展前景广阔。

专业店主要的特征如下。

第一，选址。专业店根据经营的商品品类的不同，选址多样化，多数店设在繁华商业区、商店街等市、区级商业中心，也可以设在百货店、购物中心内。

第二，商圈与目标顾客。一般而言，专业店的商圈范围分界并不明显，因为它以有目的的选购某类商品的顾客作为主要的目标顾客，满足消费者对某类商品的选择性需求，而选择性需求常常意味着人们愿意为买到合适的商品付出较大的时间和精力代价。另外，不同的主营商品要求不同的经营特色和细化程度，使得商圈进一步模糊。

第三，商品结构。专业店在商品结构上的特点表现为专业性、深度性、品种丰富、可供选择的余地大，以某类商品为主，经营的商品具有自己的特色，如利润高。专业商店的商品能赢得顾客的心，是因为其在某一类商品上做到了款式多样、花色齐全。专业商店的这种商品结构特征，与同样出售与之相同种类商品的其他商店相比，更能满足消费者选择性购买的需要。

第四，服务功能。专业店从业人员大多经过专门培训，接受专业氛围的熏陶，因而具备丰富的专业知识，可以帮助顾客挑选合适的商品并提供更大的退换货自由。一部分以低价和选择性强取胜的专业店采用自助式服务的形式，服务人员仅在顾客需要时给予指导和帮助，既降低了服务的成本，又使顾客能够更加自然地挑选。

（6）专卖店。专卖店是以专门经营或被授权经营某一主要品牌商品为主的零售业态，可以由生产商自己开设，也可以特许经营的方式由独立经销商开设。专卖店是专业商店中的一种特殊类型，一般通过提供特定的消费者所需要的特定的商品，采用系列化的品种策略和高质量的服务措施作为其经营活动的重点，在提供信息、指导消费、集中服务、售后保障等方面比其他零售业态更胜一筹。

① 专卖店的特点。专卖店最基本的特征是仅销售一种或少数几种品牌的产品，由此，商店形象以品牌个性为依托，对特定的群体具有吸引力。专卖店的目标顾客是中高档消费者和追求时尚的年轻人，商品结构以某一品牌系列为主，销售量少、质优、高毛利。采取柜台销售或开架面售方式，商店陈列、照明、包装、广告讲究，选址在繁华商业区、商店街或百货店、购物中心内，营业面积根据经营商品的特点而定。在服务方面，专卖店注重品牌声誉，从业人员具备丰富的专业知识，并提供专业性知识服务。

② 专卖店与专业店的异同。二者的相同之处表现在三个方面。一是品种专而全，它们经营某一类商品，并把这类商品的所有品种、规格、花色（式样）集中展示销售，形成系列；二是款式新而特，由于专业店或专卖店仅限于某一类或某一品牌商品的经营，因此有条件对专业化市场进行追踪与研究，掌握最新的市场流行趋势，进而组织销售新颖和独特的商品；三是经营连锁化，不少专业店或专卖店通过连锁的形式使店铺数量增加，从而达到规模效益，甚至垄断某一地区、某一类商品市场。连锁化还有利于运用统一标志来扩大品牌的知名度，树立统一的企业形象。不同之处如下。一是归属性质不同。专业店常是归属于独立的经营单位，它们经营的唯一目的是获取利润。而专卖店经营者通常是生产商或是与生产商有密切联系和契约约束的公司，经营的目的不仅是获取利润，还在于推广商品品牌。二是经营范围不同。专业店常常以商品品类作为取舍对象，即只要是本店所经营的品类，就采购进来，转而进行销售，集不同品牌的同类商品于一体。而专卖店常常以商品品牌作为取舍对象，即只要是本店所经营的品牌，就纳入本店商品经营目录，因而品牌的单一性和排他性是专卖店的主要特点。三是品种齐全程度不同。专业店因不排斥品牌，所以可以更为广泛地征集产品，使某一类产品的规格、花色与型号十分齐全，满足众多顾客的需求。专卖店因为将竞争力放在品牌建设上，所以产品花色、品种、规格都是有限的，聚集消费者的能力也弱于专业商店。

（7）购物中心。购物中心是多种零售店铺、服务设施集中在由企业有计划地开发、管理、运营的一个建筑物内或一个区域内，向消费者提供综合性服务的商业集合体。人们到购物中心，不仅可以买到一切生活用品，而且还可以得到吃喝玩乐的综合享受。因此，它不仅是购物场所，也是生活化的场所。对于购物中心的建设和布局，主要有以下几个方面的要求。

第一，观念和技术的先进性。现代购物中心是一种先进的经营方式，其设计、运作和管理突破了传统零售业的种种局限，要取得成功，必须依赖理念、策略与科技，换句话说，购物中心已经成为零售业中的最具高科技特征之一的经营方式。因此，开发购物中心，除了资金之外，对科技的重视和各种专业人士的参与以及核心资源的整合是必不可少的。

第二，开发过程的整体性。统一和协调的整体建筑设计计划，包含主题商店和卖场的选择，各方面均需依照计划及考虑内部的风格一致，从而使整个设施和场地体现整体的主题与概念，同时，购物中心的设计也要考虑在后续的扩充和管理方面具有较大的弹性，以适应未来发展和调整的需要。

第三，地点的便利性。购物中心必须建在交通便利的地理位置，使顾客易于寻觅，且私家车出入方便，具备充足的停车空间和设备，方便消费者进出；同时也要考虑专用车道及店后空间，以便于货车运送商品进出货时使用。此外，周边的道路系统也要一并加以考虑，如公共汽车站、地铁站是否在附近的位置，以便吸引最大的人流量。

第四，景观的一致性。购物中心建筑物及其场地布置，诸如草木花卉、灯光、招牌、绿地、庭园造景、公共设施等建筑设计，均能和谐一致，使购物环境显得优美、安全，同时需与周边景观与人文环境紧密融合。

第五，商品组合和功能多样性。商品组合力求多样化，包括广泛的业种、业态，在商品线和服务内容上，给消费者一个深而广的消费选择。各类商品的主题商店聚集一处，通过统一的商店和卖场的经营管理模式，提供给购物者最大的方便。今天的购物中心不单是一个“购物”中心，若要吸引顾客，必须将购物中心塑造成一个多功能的生活与服务中心，应更加强调文化、娱乐、教育、服务、展示等各种功能所占的比例，才能使购物中心富有强大的生命力与成长性。

第六，营销策略的灵活性。营销策略被认为是购物中心发展成功的关键因素之一。因此，必须灵活掌握市场的营销趋势，来规划营销策略、拟订营销计划，同时充分配合运用广告及事件营销手法，以提升整体购物中心的活力和形象。若能融入部分商家的营销活动，将更有助于整体购物中心营销的成功。例如，购物中心的经营管理部门可针对购物中心内的某一类商户，展开顾客满意度调查，并将策略性意见提供给商户，使双方之间形成共存共荣的关系。因此，购物中心在规划设计及卖场出租、经营的过程中，应将营销人员纳入开发小组成员，以确保以营销为导向的购物中心的逐步发展。

（8）连锁经营。连锁经营一般是指在核心企业的领导下，采用规范化经营同类商品和服务，实行共同的经营方针和一致的营销行动，实行集中采购和分散销售的有机结合，实现规模化效益的联合体组织形式。其中的核心企业称为总部、总店或本部。各个分散经营的企业叫做分部、分店、分支店或者成员店等。

连锁经营作为一种现代化的经营模式，连锁经营与其他经营形式存在着明显的区别，具有明显的特征。

第一，经营上的一致性。连锁经营的种类很多，但是无论哪一种形态的连锁经营，都要实行一定程度的一致化经营。经营上的一致性具体可以体现在以下几个方面。

① 管理上的一致性。统一管理是连锁经营最基本的特征。通过各连锁分店联合集中力量的方式，才能够形成集团竞争的优势。没有统一的管理，连锁经营企业无法实现快速发展。

② 企业形象上的一致性。连锁企业总部提供一个统一的 CIS 系统，包括统一的商标、统一的环境布置、统一的色彩装饰等。各分店在店铺内外装修和员工衣着上都保持一致。

③ 商品和服务的一致性。各连锁分店的商品种类、商品的定价、营业时间、售后服务等方面必须保持基本一致，分店只有极少的灵活性。如麦当劳绝不允许任何加盟者具有自由经营商品的权力，对于违反规定的，总部将暂停其营业并予以整顿。

第二，经营上的规模化。连锁经营的规模化特征是指其能取得规模经济的效果，即由于规模的扩大而使经营成本降低，从而取得更好的经济效益。这也是连锁经营成为当今商业的主流经营方式的原因所在。连锁经营的规模化特征主要体现在以下几个方面。

① 采购的规模化。连锁总部通过对各分店采购权的集中，实行集中采购。由于采购的数量较大，连锁经营可以拥有较强的议价能力，同时通过集中采购可以减少采购人员、采购次数，从而降低采购费用。

② 仓储、配送的规模化。在集中采购的基础上建立统一的仓库，这要比单店独立储存更节省仓储面积，并且可以根据各店的销售情况不同，实现合理库存。仓储和配送的规模化一方面体现在对现有仓储和配送能力的充分运用，另一方面体现在有利于加快商品的周转速度上。

③ 促销的规模化。由于连锁分店遍布全国或者一个区域，因此连锁店总部可以利用全国或地方性的电视台、报纸杂志等传媒进行广告宣传，有效降低了促销的成本。

2. 非店铺零售商

非店铺零售商是指不设店面的零售经营者，又称非商店零售商。这类零售商可分为直复零售、直接零售、自动售货和购买服务社等几种经营类型。

（1）直复零售。这是指利用现代通信工具、多种广告媒体传递销售信息，使之相互作用于消费者，并通常需要消费者做出直接反应的一类零售方式。按利用的通信工具不同，又可分为以下几种。

- 邮购。消费者通过各种广告获取信息后，向邮购部汇款并说明需购买的商品，邮购部收到汇款后即按时向消费者寄出商品。广告通常刊登在报刊上或通过广播电视发出，也有由邮购部向潜在的消费者寄发信息。

- 电话购物。如果消费者不是用信函而是用电话向供货部求购商品，而供货部除邮寄商品外，还可通知求购者所在地的分部送货上门，这就是电话购物。电话购物的关键是付款方法，如果不能保证供货者收到货款或方便求购者，就会影响电话购物的质量和效率。

- 电视购物。如果邮购的信息是通过电视发布的，交易办法则包括邮寄和送货上门，这就是电视购物。电视购物同样要解决付款的难题。

- 网络营销。如果商品的信息媒体是因特网，则就成了网络营销了。这是很有发展前途的一种零售方式。

（2）直接推销。指生产商生产的商品，不经过任何中介，只依靠人与人之间的联系，或由这种联系形成的网络直接销售给消费者。这种销售方式目前应用比较广泛的有以下几种。

- 上门推销，又称单层推销。即由推销员登门拜访，介绍商品并成交。如美国雅芳化妆品就是由雅芳小姐（营销员）通过面对面、人对人的方式销售的。

- 家庭销售会。现代的家庭邻里之间常会互相邀请聚会。把产品带到这种聚会上去推销，往往能既推销产品，又增加聚会的热烈气氛。这种家庭聚会传到中国，具有诱人的前景。

- 多层次直销，业内称为“市场倍增学”。这是由消费者（同时又是分销商）及其发展的下线形成的销售网络。在这个网络中，每一个成员都要接受培训，提高能力与素质。这种方式以强激励功能提高了销售效率，所以得以迅速发展。传销的基础是健全的法制和较高素质的消费者，否则会产生许多消极作用。目前，中国尚不具备这一条件，因而多层次直销被政府明令禁止。

（3）自动售货，即采用自动销售设备进行的零售服务。

- 自动售货机售货。可用于多种商品销售，如饮料、糖果、书报、胶卷、化妆品等。自动售货机可以放在商店，也可以放在其他公共场所。
- 自动柜员机。主要是供银行用于自动存取款、查询服务等。
- 自动服务机。可以自动向顾客提供咨询、游戏、点歌、博彩等服务。

（4）购买服务社。这是一种上门服务的无店面销售方式。例如，配送公司专为某些特定顾客（如学校、医院、工会和政府机关等大型组织的雇员）提供购买服务，在顾客有所求时送货上门，价格比一般零售价低。

3. 零售组织

零售形式往往要有一定的组织结构来保证。在高度发展的时代，个体夫妻店形式虽可存在，但要发展必须走组织之路。目前零售组织主要有以下几种。

（1）公司连锁。又称“团体连锁店”。这是由两个以上独立零售店，按照一定的规则统一运作的零售组织。其通过店名、品牌、店容、商品、服务的统一化和标准化，采购、送货、销售、经营的专业化，信息汇集、广告宣传、员工培训、管理规范的一致化，采用高科技手段来处理定位、促销、销售、存货控制、销售量预测等过程，大大提高了效率，降低了成本。

（2）自愿连锁商店和零售商合作社。连锁店的优势与竞争使独立商店开始组成两种契约式联盟。一种是由批发商牵头组成的独立零售商店联盟，称为自愿连锁店，盟员联合起来从事大量采购和共同销售业务；另一种则是独立零售商店组成的一个集中采购组织，称零售合作社。它们也实行联合促销以降低成本，提高销售额。

（3）特许经营。又叫特许专卖。是由特许人（生产商、批发商或服务机构）将自己的商品、商誉、商标、品牌、专利等，包括其独特的经营管理方式，通过契约授予零售商（受许人）的一种契约性联合经营方式。特许人一般可按契约获得以下利益：首期使用费（又称承包费）、利润分成和对受许人提供的设备装置核收的租金，有的还收取定期特许执照费和管理咨询费。特许经营主要用于快餐业、音像商店、保健中心、旅行社、理发美容、汽车租赁、汽车旅馆等。麦当劳公司就是一个非常成功的特许经营体系。

（4）消费者合作社。这是社区居民自发组织的一种商店性合作社。居民出资联合开设商店，商店地址设在社区内，营销决策由投资者决定，价格与管理也采用民主决策，一般要做到价廉物美，年终再根据每个人的购货多寡给予惠顾红利。

（5）销售联合大企业。这是以民主形式集中不同的零售方式组合在一起的企业，是一种自由形式的公司。这种多样化的零售能产生优秀的管理系统，并使所有独立零售商均能得到节约成本的好处。销售联合大企业成败的关键是是否有优秀的管理者及其管理系统。

四、零售商的选择

零售商的经营管理能力和财务能力、信誉与经营状况等，都是选择零售商时必须考虑的决定因素。

（一）零售商店铺的地点

商店的地点会影响产品的销售。不同的产品对于地点的要求往往有所不同。因此，在选择零售商时对于零售店的地点是需要加以考虑的。

（二）零售商的服务能力

如果想提高对顾客的服务水准，满足顾客的需求，除了制造商自身要提供良好的服务外，对于零售商所能提供的售后服务能力也应有所要求。因为有些产品如彩电、冰箱、空调等产品的销售绝对不是货物出店即结束，售前和售后服务应成为产品销售不可分离的部分。

（三）零售商的零售价格

在选择零售商时。要考虑是否能控制零售商的零售价格。因为如果零售商任意变动价格，往往造成零售商相互间的恶性竞争，削弱零售商的力量，而且留给消费者不良印象，影响公司信誉。

（四）零售店销售的产品品牌与种类

专卖店虽然是各公司追求的目标，但由于公司产品种类及其他因素，拥有专卖零售店的毕竟有限。因此，有时会出现零售店所销售产品的品牌及种类与本公司产品竞争的现象，从而削弱本公司产品的销售。所以在选择零售商时，对于零售店所销售的产品也应加以调查，使零售商所销售的产品与本制造商产品具有相互补充功能，以收到相辅相成的效果，不但便于消费者购买，还可以使零售店与制造商同获其利。

（五）零售商的素质

事业的成败，在于经营者素质的高低。零售商对于企业的重要性自然不言而喻。一个强有力的分销渠道网络的建立并非一朝一夕之功，经销关系的培养更依赖双方的努力，任何企业非到万不得已不可轻易终止经销关系。要想保持长久的合作关系，就必须在选择零售商时进行深入了解。

对于零售商的经营管理能力要加以调查，因为零售商的教育程度，是否容易接受新观念、新方法以改进经营方式，是否对本行业有深入了解，对于推销及管理有无专门技术与知识，对于商品的陈列与摆设，对员工与顾客的态度等，都会影响零售商经营的成败，也影响着厂家产品的经营销售。选择积极进取、富有闯劲与创业精神，又重视商场信誉与习惯的零售商，是建立完善的销售网络的基本条件。

（六）零售商的财务能力

在选择零售商时，财务能力无疑占有相当重要的地位。财务能力的好坏不仅仅决定着零售商的付款能力与付款速度，而且将影响企业的经营与成长。所以在选择零售商时，对于其财务能力也应加以调查。在调查财务能力时，通常调查下列各项：注册资本大小；零售店组织形态是独资、合伙还是公司法人；过去与银行往来的信用；过去有无退票的记录；财务结构是否合理；流动资金是否充足等。

（七）零售商的信用调查

这一调查的目的在于防止坏账损失等现象发生，也是为了推断零售商的付款能力，并将其作为拟订销售促进计划的依据。信用调查，一般可采用资信机构调查，金融机构调查，同业调查以及自行调查几种方式。

第四节 辅助商

产品由生产商生产出来，经过分销渠道最后到达最终消费者手中，这个过程需要方方面面的配合与协作，除了中间商外，还有一些辅助商参与这一分销过程，它们在其中起着很重要的作用。

一、广告商

广告是指广告客户以公开付费的方式，通过各种媒体传递商品或劳务信息，进而影响消费行为，促进销售，使广告主获得利益的活动。商业广告的对象是广大消费者，内容是商品或劳务信息，手段是通过各种媒体进行，目的是为了促销，获取利润。

广告商是为广告主和广告媒介提供双重服务的分销渠道成员。广告主委托广告商实施广告宣传计划，广告媒体通过广告商承揽广告业务。广告商的主要职能是为广告主提供以策划为主导、市场调查为基础、创意为中心、媒介选择为实施手段的全方位、立体化服务。另外，广告商还要负责广告的监督制作，对反馈信息进行再度收集整理，等等。

二、运输商

产品在营销网络中的快速、及时流动有赖于有效的运输。运输业是一个涉及面广、时间性强、环节众多的行业，并且由于运输的方式种类很多，有海洋运输、铁路运输、公路运输、管道运输、航空运输、邮包运输以及联合运输等。因而货主一般不可能亲自处理有关运输的每一项具体业务，有许多工作需要划分出去让别人去完成。

这里所讲的运输商，并不是指自己拥有运输工具，从事运输业务的运输公司，而是运输代理商。它们接受货主的委托，代办各种运输业务并按提供的劳务收取佣金、手续费或代理费。

三、咨询商

企业在发展的各个环节、经营业务的各个方面，不会处处都得心应手、游刃有余。特别是在企业进行重要决策的时候，当企业高层对于问题看得不是很清楚，没有把握的时候，求助于外来智力的支持是很有必要的。咨询商就是这种为企业内在或外在问题提供咨询建议的外来智力，有人把它称为企业的“外脑”。咨询商的基本职能主要有以下四项。

第一，确立目标，调查研究。咨询商首先必须与委托人一起分析委托人提出的问题，了解委托人的意愿及其现状，由内而外认真进行调查研究。

第二，制定解决措施，拿出咨询方案。

第三，协助委托人实施计划。

第四，反馈信息收集，评价计划实施效果。

四、会计师事务所

会计师事务所是经国家批准，独立承办注册会计师业务的机构。它由依法执行查账验证和会计咨询业务的会计师组成，以第三者的独立身份，站在公正的立场对承办的委托业务做出客观的评价。会计师事务所独立依法办事，不依附于其他组织和机构，自收自支、独立核算、依法纳税。

五、律师事务所

律师事务所是指直接从事律师业务活动的机构，即律师执行业务的专门机构。律师事务所一般按行政区划设置，受司法行政机关的组织领导和业务监督，律师事务所之间没有隶属关系，都是具有独立地位的事业单位。律师承办业务，由律师事务所统一接受委托并统一收费。

六、银行

银行是处理运营货币和信用的企业组织。依银行经营的业务来讲，可将银行业务分为商业银行业务与非商业银行业务。商业银行业务以短期信用为主，不能做长期信用；而非商业银行如信托银行、开发银行、储蓄银行与实业银行等，则发展长期信用，并通过资本市场控制企业风险。

商业银行与其他金融机构最不同的地方是以活期存款的形式，接受公众的存款，再由存款人开出各种不同面额的支票，移转于第三方。活期存款在其他的机构不能作为货币流通，而存在商业银行则可流通。现今活期存款已构成各国货币供应量的最大部分，尤其是在工商业发达的国家。

第五节 物流

分销渠道流程主要有实体流程、所有权流程、资金流程及促销流程，而渠道流程管理中最核心的是物流管理（实体流程管理）。

（一）物流的概念

物流，又叫实体分配，译自英文 physical distribution，源于美国。所谓物流，是指按照顾客需要有效地计划、实行和控制产品从生产地转移到消费地的实体转移过程的业务。从物流的概念来讲，其任务应该包括原料及最终产品从起点到最终使用点或消费点的实体转移，但这里主要研究最终产品的实体转移。

物流活动与分销渠道的决策紧密相关，在整个市场营销中发挥着不可估量的重要作用，它对产品的成本影响很大，物流的总成本约占销售额的 8%～10%，削减物流成本已成为企业的重要经营课题。因为物流是降低产品成本并使其合理化的“最后的可开发领域”。另外，物流还会很大程度地影响到企业的市场营销服务水平和竞争力，因为产品的地点效用和时间效用的体现，取决于有效、快速的实体转移。

传统的物流观念从工厂出发来考虑如何有效地以低成本将产品送达使用地或消费地，而现代物流观念即市场后勤学观念则认为，物流系统及其规划都应从市场出发，首先是充分研究和了解市场，根据市场需要来研究如何以适当的成本在适当的时间以适当的方式将适当的产品送到适当的地点，从而及时、有效地满足顾客的需要，并使其满意，同时也能使企业满意，并获得较好的经济效益。关键的问题是“适当”二字，要使这“适当”得以实现就必须做好如下三点。第一，运用现代科学技术来建立和运作物流系统；第二，统一管理物流的各种职能和物流系统中的各环节；第三，根据市场需求和产品的特点，既要考虑其统一性，又要实行差异化策略。

（二）物流的职能

物流的职能，是将产品由生产地转移到最终使用地或消费地，从而创造时间效用和地点效用，提高价值。物流作为渠道构成成员承担着订单处理、物资处理、保管、库存管理、运输等重要职能。

1. 订单处理

物流系统最初阶段的订单处理就是接受和发送销售及订货信息。订单处理的一系列活动看似简单，容易被忽视，然而高效率的订单处理却能使产品顺利流通，并增加再订货订单和利益。

一般来说，订单处理包括订货的受理、订购品的出货和订购品的配送三项业务。这些业务的开展涉及企业的许多相关部门，所以需要各部门予以高度重视，积极协作，迅速反应。当企业订单受理部门接到顾客订单后，一旦受理其订单，就要将其订货信息传达给仓库，由仓库确认是否有存货。接下来就由订单受理部门检验和确认价格及交易条件、顾客的信用度。如果订购品没有库存，就必须将制造指令书传给工厂或征求顾客意见，是否可用替代品取而代之。

订单处理可以反映一个企业对市场信息的反应能力和企业的管理效率。现在计算机广泛运用于订单受理、订单处理和配送等业务，大大缩短了处理时间，降低了成本，提高了效率。如美国通用电器公司（CE）在接到顾客订单后，可以立即确认顾客的资信，查到企业是否有存货和存货地点，发出发货指令，给顾客开出账单，更新存货记录，发出生产指令，向推销人员反馈有关订货的处理信息等，这一系列工作可以在 15 秒内完成。

2. 产品的处理

产品处理对有效的仓库运营极为重要。产品自身的特征往往决定着其应被如何处理，如量多的液体和气体，其独特的性质将决定应如何移动和储藏它们。

产品的科学、有序处理，可以提高仓库的容纳能力，减少产品的处理次数，改善对顾客的服务，提高顾客对产品的满意度。因此，必须调整有关包装、装货、移动的系统，以期最大限度地降低成本和提高顾客的满意程度。适当的包装既可以保护产品，又可以方便搬运、装卸和储存。

产品的处理过程中一般要使用货物处理机器。如通过铲车、传送机等来移动或装卸产品就可大大提高效率。不过这需要将产品以统一包装的形式进行包装调整或集中处理，如按产品类别或出货的需要把产品集中堆装在专用货架或货台上，或者进行打包处理。另外，集装箱也是处理货物的好装备。使用集装箱运输货物可以说给物流带来了一场革命，使运输能力得到飞跃式提高。它能以稳定的价格，迅速、安全地运输各类货物。集装箱的利用不仅大大提高了运输效率，而且提高了对产品的保护程度，减少了货物的丢失和破损。

3. 保管

保管是重要的物流职能，通过保管，企业可以克服生产和消费在时间上的差异，即能产生时间效用。保管并不是单纯的产品储藏，它还承担着将产品小批量化或收集货物等职能。保管一般包括八种基本职能：①接收所送产品；②确认产品；③区分产品；④调整产品储藏；⑤保管产品；⑥检索和选择产品；⑦运送的准备；⑧开始装运。

4. 库存管理

库存管理包含着足以满足顾客需求的产品配备的计划和维持。库存管理的目的在于，一方面要保持足够数量的产品；而另一方面却要将库存费控制到最小限度。由此可见，库存管理至关重要，是物流的中心课题。

（1）库存管理方法。主要考虑以下三点。一是建立起使用计算机、电子机器的现代化库存管理系统，将现场库存、出货电子计数器直接与中央计算机系统相连接，及时掌握库存和销售量等情况，并做出补充货物或下达生产指令等相应的反应。二是将 JIT（just in time）用于库存管理，做到只保持必要的、最低限度的库存，这样可以避免浪费，大幅度减少库存费用。三是运用 8∶2 法则，在库存管理上必须差别对待，即周转率高的 20% 的品种要保持较充足的库存，以免发生缺货现象，但对周转缓慢的品种，其库存量应控制在最小限度。

（2）订货点的决定。这是库存管理者要做的重要决定之一。所谓订货点，就是指重新开始订货时的库存水平，即库存达到何种水平时开始订货。决定订货点的因素有三：一是从订货到产品入库所需天数；二是每天平均销量；三是防止断货的最低保有量，如图 6-3 所示。

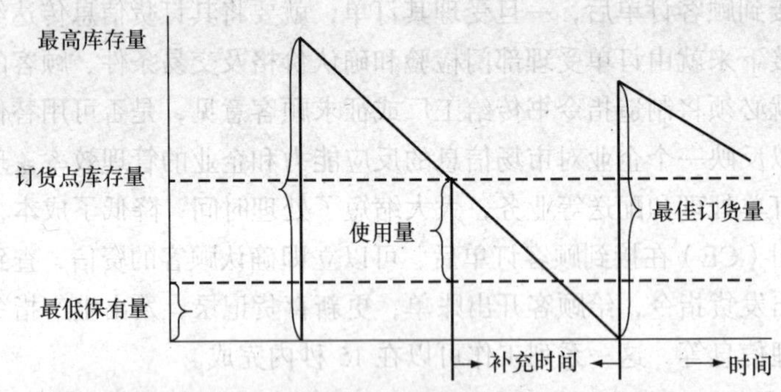

图 6-3　订货点库存量、最低保有量、最佳订货量的关系

5. 运输

主要运输手段有铁路、汽车、水运、航空、管道，各种手段都有其优点，许多企业将两种或两种以上运输手段组合起来使用。

运输手段的选择不仅会影响顾客需求的满足，而且对物流成本的影响也较大。因此，在运输手段选择中，必须充分考虑对顾客需求的满足程度、对产品和市场的适应性、速度、成本、可靠性、运输能力、便利性、配货能力、安全性等因素。下面列表（见表 6-1）比较如下。

表 6-1　各运输手段比较（1=最高位次）

运输手段　比较项目	速度（从门到门的配送时间）	成本（平均吨/公里）	便利性	可靠性（在预定时间内抵达）	运载能力 L（运载各种货物的能力）	可利用性
铁路	3	3	2	4	2	4
水运	4	1	4	5	1	4
汽车	2	4	1	2	3	1
管道	5	2	5	1	5	5
航空	1	5	3	3	4	3

（三）第三方物流

第三方物流，英文表达为 Third-Party Logistics，简称 3PL，也简称 TPL，是相对“第一方”（发货人）和“第二方”（收货人）而言的。是由第三方专业企业来承担企业物流活动的一种物流形态。它为顾客提供以合同为约束、以结盟为基础的，系列化、个性化、信息化的物流代理服务。随着信息技术的发展和经济全球化趋势，越来越多的产品在世界范围内流通、生产、销售和消费，物流活动日益庞大和复杂，而第一、二方物流的组织和经营方式已不能完全满足社会需要；同时，为参与世界性竞争，企业必须确立核心竞争力，加强供应链管理，降低物流成本，把不属于核心业务的物流活动外包出去。

1. 国外的第三方物流

据美国权威机构统计，通过第三方物流公司的服务，企业物流成本会下降 11.8%，物流资产下降 24.6%，办理订单的周转时间从 7.1 天缩短为 3.9 天，存货总量下降了 8.2%。据调查，在西方发达国家，第三方物流已经是现代物流产业的主体。欧洲的大型企业，使用第三方物流的比例高达 76%，而且 70%的企业不只使用一家。在欧洲，第三方物流所占市场份额为：德国 23%，法国 27%，英国 34%。美国、日本等国家使用第三方物流的比例都在 30%以上。在工业企业中，原材料的物流交由第三方物流完成的占 18%；商品销售物流仅占 16%。

2. 我国迫切需要第三方物流

物流被看做是“除生产、销售外的获利源泉”，是“降低成本的最后处女地”。要使物流成为降低成本和获取利润的源泉，就需要物流专业化、系统化、网络化、信息化和规模化。因此，发展第三方物流迫在眉睫，尤其是随着网上营销、电子商务的发展，越来越需要有庞大配送网络系统、专门从事配送的第三方物流。目前网上购物面临的最大瓶颈就是如何把货物及时且低成本地送达用户手上。市场呼唤第三方物流，企业期待着第三方物流。中国仓储协会对全国 450 家大中型工业企业的调查结果表明，45%的企业将在未来一两年内选择新的物流商，其中 75%的企业将选择新型物流企业，而不是原有的仓储运输企业，并且 60%的企业将把所有的综合物流业务外包给新型的物流企业。上述数字充分反映出我国第三方物流的市场需求相当可观。可以说，现在我国已处在一个最需要第三方物流又最缺乏第三方物流的时代。

3. 第三方物流的发展趋势

进入 21 世纪，随着作为新兴产业之一的现代物流业的迅猛发展，国内的物流公司如雨后春笋般涌现，进而形成了第三方物流产业。相比传统的物流公司，第三方物流更专业化，综合成本更低，配送效率更高，已经成为国际物流业发展的趋势、社会化分工和现代物流发展的方向。

从国外第三方物流的发展来看，其趋势可概括为以下三个方面。一是第三方物流要扮演物流集成商的角色，它提供一个计算机接口，一个接触点，一份合同，一份订单，买卖双方把所有的与物流有关的业务交给它全权代理，不管它是自己运作，还是再去转包给他人。二是第三方物流有很大的利润空间，第三方物流不但给第一方和第二方带来利润，也能使自己赚到钱。如果第三方物流更好地使用信息技术，严格内部管理，有效控制成本，并提供一些增值服务，就能赚取更多的利润。三是构成“第三方物流—客户”供应链关系，客户将更加依赖于第三方物流，因为实践证明第三方物流有现成的比客户自己做要好得多的物流解决方案，所以，客户都非常愿意把这项工作外包出去，第三方物流和客户之间就构成一种不可分割的供应链关系。

第六节 消费者

本书所指的消费者，专指处在分销渠道终点，对所购商品进行使用，不再进行转售的一般消费者、产业购买者和团体购买者。

一、一般消费者

一般消费者是对商品进行最终消费的成员，无论是产业购买者还是团体购买者所购买的商品，最后都会被一般消费者购买。

消费者购买决策随其购买决策类型的不同而变化。较为复杂和花钱多的决策往往凝结着购买者的反复权衡和众多人的参与决策。根据参与者的介入程度和品牌差异程度，可将消费者购买行为分为四种。

1. 习惯性购买行为

对于价格低廉、经常购买、品牌差异小的产品，消费者不需要花时间进行选择，也不需要经过搜集信息、评价产品特点等复杂过程，因而，其购买行为最简单。消费者只是被动地接收信息，出于熟悉而购买，也不一定进行购后评价。

2. 寻求多样化购买行为

有些产品品牌差异明显，但消费者并不愿花长时间来选择和评价，而是不断变换所购产品的品牌。这样做并不是因为对产品不满意，而是为了寻求多样化。

3. 化解不协调购买行为

有些产品品牌差异不大，消费者不经常购买，而购买时又有一定的风险，所以，消费者一般要比较、看货，只要价格公道、购买方便、机会合适，消费者就会决定购买。购买以后，消费者也许会感到有些不协调或不够满意，在使用过程中，会了解更多情况，并寻求种种理由来减轻、化解这种不协调，以证明自己的购买决定是正确的。经过由不协调到协调的过程，消费者会有一系列的心理变化。

4. 复杂购买行为

当消费者购买一件贵重的、不常买的、有风险的而且又非常有意义的产品时，由于产品品牌差异大，消费者对产品缺乏了解，因而需要一个学习过程，广泛了解产品性能、特点，从而对产品产生某种看法，最后决定购买。

二、产业购买者

产业购买者与一般消费者在某些方面具有一致性。比如两者都是为了满足某种需要而担当购买者角色，制定购买决策。但是，产业购买者购买决策的复杂性远远超过一般消费者。

产业购买者的决策过程取决于产业购买者的行为类型。大体上有三种类型。

1. 直接重购

直接重购是指企业的采购部门根据过去和许多供应商打交道的经验，从供应商名单中选择供货企业，并直接重新订购过去采购的同类产业用品。此时，购买者的购买行为是惯例化的。在这种情况下，列入供应商名单中的供应商将尽力保持产品质量和服务质量，并采取其他有效措施来提高采购者的满意程度。未列入名单内的供应商会试图提供新产品或开展某种满意的服务，以使采购者考虑从它们那里购买产品，同时还将设法先取得一部分订货，以后逐步争取更多的订货份额。

2. 修正重购

修正重购是指企业的采购经理为了更好地完成采购任务，适当改变采购的某些产业用品的规格、价格等条件或供应商。这类行为较复杂，因而参与购买决策过程的人数较多。这种情况给“门外的供货企业”提供了市场机会，并给“已入门的供货企业”造成了威胁。

3. 新购

新购是指企业第一次采购某种产业用品。新购的成本费用越高，风险越大，那么需要参与购买决策过程的人数和需要掌握的市场信息就越多。这类行为最复杂。

在直接重购情况下，产业购买者要做出的购买决策最少；而在新购情况下，产业购买者要做出的购买决策最多，通常要做出以下主要决策：产品规格、价格幅度、交货条件和时间，服务条件、支付条件、订购数量、可接受的供应商和挑选出来的供应商等。

本章小结

为了完成市场总体目标，生产企业在确定渠道结构后的首要任务就是选择渠道成员。选择渠道成员是渠道设计的最后一步，又是渠道管理的开始，合适的渠道成员可以为公司今后的渠道管理奠定良好的基础。选择渠道成员的过程就是招商、筛选与最终确定的过程。一般来说，寻找成员的范围越大，找到合适成员的机会就越大。对于有经验的企业来说，通过现场销售人员获得潜在的渠道成员是一种不错的选择；而对于新创立的企业，可以通过地区销售组织、商业渠道、中间商咨询、顾客、广告、同行、朋友、工具书、黄页、互联网等多种形式发现和选择中间商。选择渠道成员，其实质是生产企业通过分析成本、利润来确定最经济的方式与渠道成员进行合作。选择标准有定性和定量两个方面。前者包括渠道成员的实力、市场及产品线、信誉、可控性等；后者包括评分法、销售量分析法、销售费用分析法。渠道任务在成员间的分配，可以通过价格政策、交易条件和地区划分等渠道功能事项，以合同形式明确界定。

思考题

1. 零售商与批发商的主要类型有哪些？
2. 怎样理解和认识辅助商在分销渠道中的地位？
3. 消费者购买行为对分销渠道管理的影响有哪些？

【案例分析】

可的便利店经营模式

上海可的便利店有限公司于 1996 年正式成立，现属于光明乳业股份有限公司旗下的控股子公司。目前，公司拥有集直营、委托和特许加盟三种经营模式于一体的专业便利店达 1000 余家，遍及上海和江浙，年营业总额突破 13 亿元。连续五年成为全国百强连锁企业。

便利店这种业态起源于美国，发展于日本等亚洲国家与地区。当时在国内几乎是一个空白点，既没有现成的模式与经验，又没有前人的实践。可的采取了探索、模仿、学习的态度，跨越了一道又一道“坎”。

1. 组织转型

1995年年末，可的食品公司建立时，原有的几十家小企业，经营种类繁多，规模小而分散，这是实行连锁经营管理最大的障碍。在当时不具备改变企业体制的条件下，可的就从改变组织形式入手，首先把无数个具有法人资格的独立经营企业转为一个法人单位下属的无数个非独立核算的门店，实行连锁经营。其次，按照连锁经营、统一管理的要求，在商品的进、销、调、存和人、财、物的控制与核算方面，实行高度集中管理，建立了总部各职能部门，明确了总部与门店各自的职责。至 1997 年中期，基本完成了组织结构从相对分散到高度集中的转型任务，形成了适应连锁经营要求的管理雏形。

2. 分配转制

便利店与其他连锁企业比较具有门店面积小而分散、营业时间长、门店人员内部分工不细的特点，而传统的用工与分配制度显然不适应这种情况。为了使门店员工有更多的经营积极性，对门店的资产管理有更大的责任心，除制定一系列相应的规章制度外，还注重坚持推行“准利润”提成的薪酬分配制度。即门店每月实现的销售毛利，扣除门店可控制的当月费用后（余下部分为“准利润”），其 30%作为该门店当月的工资收入。这样，就能使员工意识到“门店的每笔业务都为自己而做”，提高了经营积极性，并且更注重高毛利商品的销售和降低门店费用。更重要的是，使门店长不会一味向总部申请用工额度，而会注意每一个劳力的有效劳动时间的配置。同时，总部坚定地执行商品损耗的赔偿制度，防止资产无节制地损失。实践证明，当劳动成果与劳动者收益密切关联时，劳动者的潜能就会得到极大发挥，劳动者对自身的劳动岗位也更加珍惜，更会关心企业的发展。所以，在目前人员流动相对频繁的情况下，进入市场化运作的“可的”，劳动力也能相对稳定，很少出现不服从分配、擅离岗位的现象。同时，坚持推行合理的分配制度，也为以后推行员工作为投资者加盟“可的”的改革举措打下了较好的基础。

3. 经营定位

便利店顾名思义为“便利”，其生命力也在于能否为顾客提供更多的商品销售和服务便利。经营定位就是不断追求“便利性”的服务，成为人们生活的伙伴，人们的“好邻居”。

在组建初期，当时的许多门店都是柜台式销售，显然是一种传统模式。要改进，苦于没有一种可参照的模板。当时只知道封闭自选式，其中的配置、陈列都一无所知，把商店的门都开在当中。这时，正好有一家日资的便利店进入上海，真是送上门的好事，就近学习与模仿，逐步形成“可的”的形象与风格。1997 年，“可的”基本完成了对原有门店的改造，全部实行了开架自选式销售，为市民购物提供了方便。

可的实行 24 小时全年无休经营，也经过了逐步推行的过程。在 1997 年前，沪上除了罗森的几家门店实行 24 小时销售外，很少有通宵营业的商店。便利店实行 24 小时服务是一种趋势，人们的消费习惯，可以通过创造与培养形成。于是在 1997 年春节前，可的首先选择了几家较有可能成功的门店试行。起初效果不是很明显，下半夜的销售额只有几十元，上百元。情况确实很叫人担心。但“可的”一直坚持，相信随着经济的增长，人们消费习惯的变化，市场需求一定会出现。果然，没过一年，当可的的大多数门店都实行了 24 小时营业制，夜间销售需求有了明显增长，日夜销售比逐步在变化，基本达到 6∶4，个别门店达到 5∶5。而当可的在外地开设便利店时，在当地都是首创 24 小时全年无休营业，给人们的购物带来了时间上的便利。

便利店经营什么，主要满足哪部分的需求，一直是经营者的困惑。严格地说，沪上几家国内便利店公司，基本是沿袭了超市的模式，是缩小门店面积的“小超市”，人们很难看出它们与超市的差异。难怪在与超市比商品品种和价格时，便利店很难有特有的个性。这个课题对于比较早进入便利店业态的“可的”来说，也是一个难题。“可的”的优势在哪里？可的就从光明牛奶的销售与服务入手。牛奶是人人喜欢的健康食品，“光明”也是一个知名品牌，而且上海市民又养成了全月预订的习惯。但碍于条件，人们对于预付交款与储存都感到不方便。而可的店实行 24 小时服务，又增添了冷藏设备，正好可以弥补这些不足。于是，“可的”相继在全市所有门店推出“24 小时付款，24 小时取奶”的服务。这样几个月后，就吸引了几万名顾客，方便了市民，提升了企业知名度，牛奶销售就成为“可的”的一个强项。可的的光明牛奶销售额在全市连锁企业中名列第一，销售比例一直在 10%以上。在以后的摸索中，可的争取了方方面面的支持与理解，推出了公用电话、传真、复印业务；销售报刊，杂志、IP 卡、交通卡；代收冲扩件；代收部分公用事业费；个别门店设立 ATM 机；销售人们喜欢食用的中华大包、茶叶蛋、鲜肉月饼、串煮食品等。目前，便捷性商品与服务约占销售收入的 55%～60%。店内的设施与陈列也做了很大的改进，分为功能服务区、冷藏冷柜区、传统货架区。

消费者的成熟和日新月异的现代化进程将赋予便利店业更多发展契机，可的将在未来 5 年内，以 2500 家门店的规模（加盟店数占总数的 50%以上）和超过 40 亿元的营业总额，成为中国便利店行业中集规模和管理、技术和服务于一体的领先企业，并努力为社会及认同和钟爱它的投资者和顾客创造更大的价值。

问题：

1. 可的便利店的经营定位是什么？便利店与超市的差异在哪里？
2. 可的是否发挥了便利店这种业态的长处？你认为还有哪些可以改进之处？
3. 你认为目前便利店在我国城市有发展前景吗？为什么？
4. 观察你所能接触到的便利店，分析影响便利店成功的因素。

第七章 渠道冲突管理

【学习目标】

随着渠道精细化的运作，销售交易规模的大幅度增长，传统渠道之间的冲突在所难免。随着新技术、新文化的到来，线上线下渠道冲突也愈演愈烈。

通过本章的学习掌握以下知识：

- 了解渠道冲突的定义、特点、种类；
- 了解并掌握解决渠道冲突的方法；
- 了解渠道窜货的管理方法；
- 能够分析典型的渠道冲突案例。

【能力目标】

- 能够设计简单的渠道冲突管理方案；
- 根据渠道冲突的现状，找到对应的窜货管理方法。

【知识导图】

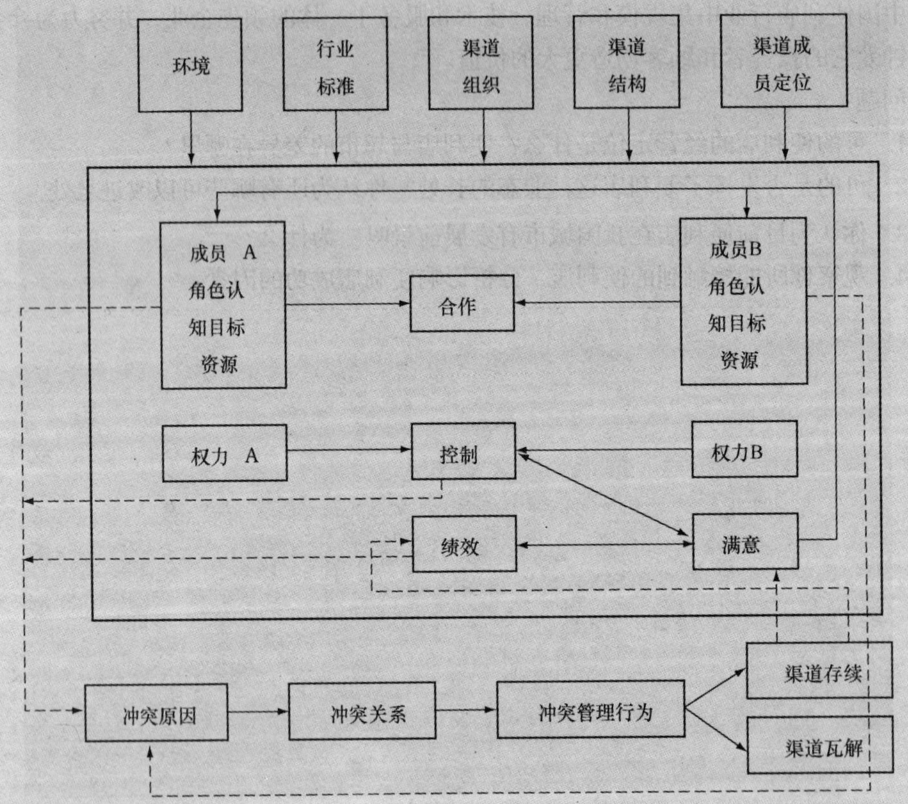

【引导案例】

格力与国美的冲突

格力，一个连续九年行业排名第一，2003 年销售额高达 90 多亿元的空调龙头企业；国美，一个拥有 150 多家门店的家电连锁零售业老大。2004 年 2 月，成都国美和成都格力发生争端，原因是国美在没有提前通知厂家的情况下，突然对所售的格力空调大幅度降价，将格力一款原本销售价为 1680 元的 1P 挂机降为 1000 元，原本零售价为 3650 元的 2P 柜机降为 2650 元。对此，格力表示，国美的行为严重损害了格力在当地的既定价格体系，也导致其他众多经销商的强烈不满。

国美不甘现状，要求绕过格力“各省一级销售子公司”，直接由格力公司供货；格力不让步：“国美与其他一级市场家电零售商一样，我们对其一视同仁；如果按国美要求做，不但扰乱了格力的市场价格体系，而且严重损害了其他家电零售商的利益。”由此，国美总部向各地分公司下发了一份“关于清理格力空调库存的紧急通知”，通知表示，格力代理商模式、价格等不能满足国美的市场经营需要，要求各地分公司将格力空调的库存及业务清理完毕。

第一节 分销渠道冲突概述

分销渠道是指某种产品和服务在从生产者向消费者转移过程中，取得这种产品和服务的所有权或帮助所有权转移的所有企业和个人。因此分销渠道包括商人中间商（它们取得所有权）和代理中间商（它们帮助转移所有权），此外，还包括处于渠道起点和终点的生产者和最终消费者或用户。但是由于各个独立业务实体的利益不可能一致，生产者与中间商之间总会有某些冲突，这种渠道冲突成为制约企业发展的瓶颈。

一、分销渠道冲突的定义

在任一社会体系中，当某一组成部分认为另一组成部分的行为妨碍了其目标的实现或妨碍其有效行为模式的成功展现，受挫的气氛就产生了。所以，当任一给定的，诸如分销渠道这样的行为系统中两个或者两个以上的组成部分互相成为对方挫败的目标时，冲突的状态就出现了。

庄贵军教授认为，分销渠道冲突是一种状态：一个渠道成员认为其另外一个渠道成员的行为正在干扰自己目标的实现，使其利益受到威胁。斯特恩认为，分销渠道冲突就是一个渠道成员参与了妨碍另外一个渠道成员实现其目标的做法的这样一种情况。

我们认为渠道冲突指的是渠道成员发现其他渠道成员从事的活动阻碍或者不利于本组织实现自身的目标，从而发生的种种矛盾和纠纷。

二、分销渠道冲突的类型

（一）水平渠道冲突

它指的是同一渠道模式中，同一层次中间商之间的冲突。产生水平冲突的原因大多是生产企业没有对目标市场的中间商数量分管区域做出合理的规划，使中间商对各自的利益互相倾轧。中间商为了获取更多的利益必然要争取更多的市场份额，在目标市场上展开“圈地运动”。例如，某一地区经营 *n* 家企业产品的中间商，可能认为同一地区经营多家企业产品的另一家中间商在定价、促销和售后服务等方面过于进取，抢了它的生意。如果发生了这类矛盾，生产企业应及时采取有效措施，缓和并协调这些矛盾，否则，就会影响渠道成员的合作及产品的销售。另外，生产企业应未雨绸缪，采取相应措施防止这些情况的出现。

（二）垂直渠道冲突

它是指在同一渠道中不同层次企业之间的冲突，这种冲突较水平冲突更常见。例如，某些批发商可能会抱怨生产企业在价格方面控制太紧，留给自己的利益空间太小，而提供的服务（如广告、推销等）太少；零售商对批发商或生产企业，可能也存在类似的不满。

垂直渠道冲突也称为渠道上下游冲突。一方面，越来越多的分销商从自己的利益出发，采取直销和分销相结合的方式销售商品，这就不可避免地要同下游经销商争夺客户，大大挫伤了下游渠道的积极性；另一方面，当下游经销商的实力增强以后，不甘心目前所处的地位，希望在渠道系统中有更大的权力，向上游发起了挑战。在某些情况下生产企业为了推广自己的产品，越过一级经销商直接向二级经销商供货，使上下游渠道成员产生矛盾。因此，生产企业必须从全局着手，妥善解决垂直渠道冲突，促进渠道成员间更好地合作。

（三）不同渠道间的冲突

不同渠道间的冲突是指生产企业建立多渠道分销系统后，不同渠道服务于同一目标市场时所产生的冲突。随着顾客细分市场和可利用的渠道不断增加，越来越多的企业采用多渠道分销系统即运用渠道组合、整合。例如，美国的李维牌牛仔裤原来通过特约经销店销售，当它决定将西尔斯百货公司和彭尼公司也纳为自己的经销伙伴时，特约经销店表示了强烈的不满。

三、分销渠道冲突的原因

（一）渠道冲突的根本原因

（1）不同利益主体的矛盾。供货商要以高价出售，并倾向于现金交易，而购买者则要以低价支付，并要求优惠。矛盾的一个主要原因是生产企业与中间商有不同的目标，生产企业希望占有更大的市场，获得更多的销售增长额及利润；但大多数零售商，尤其是小型零售商，希望在本地市场上维持一种舒适的地位，即当销售额及利润达到满意的水平时，就满足于安逸的生活；制造商希望中间商只销售自己产品，但中间商只要有销路就不关心销售哪种品牌；生产企业希望将折扣让给买方，而中间商则要求生产企业负担广告费用。同时，每一个渠道成员都希望自己的库存少一些，对方多一些。

（2）专业化渠道企业发展缺乏稳定性。在我国，市场经济的形成至今也不过 30 多年，所以无论是渠道理论、渠道体系，还是渠道规模和专业化深度，都还缺乏整体性，专业化渠道企业发展缺乏稳定性，渠道企业自身没有明确的职能定位和一体化发展的理念。在这种背景下，中国专业化渠道企业的发展陷入迷茫和徘徊的境地，它们不得不在业务和融资上寻求多元化。而这样做的结果一方面影响了渠道企业自身的稳定性，另一方面降低了企业分销和服务方面的集中投入。

（3）渠道成员的任务和权力不明确。例如，有些公司由自己的销售队伍向大客户供货，同时它的授权经销商也努力向大客户推销。地区边界、销售信贷等方面任务和权力的模糊和混乱会导致诸多冲突。冲突还可能来自渠道成员的市场知觉差异。例如，生产企业预测近期经济前景好，要求经销商的存货水平高一些，而经销商却可能认为经济前景不容乐观，不愿保留较多的存货。

（4）生产企业对中间商的依赖过高。在我国，企业过分依赖中间商的现象十分普遍。经销商由于良好的市场机遇，掌握了巨大的市场资源，规模迅速扩大，但经营能力却提升缓慢。它们不能主动适应新市场、新环境，甚至不能全力扩大销量，不能贯彻企业的销售政策，往往使企业的努力付诸东流。我国现有的经销商队伍大多是以个体户为基础发展起来的，整体素质不高，这些经销商在市场开发能力、促销能力、管理能力和自我提高能力各方面存在着先天的不足，它们缺乏对信息的处理能力，没有战略眼光，甚至不能正确处理个人和企业的关系。分销商的低素质已成为我国企业分销渠道建设的瓶颈。所以，当前亟须对经销商队伍进行培训，使产供双方建立关系长存、利益共享的机制。

另外，过分依赖经销商，导致企业自身对市场情况不能准确把握，缺乏市场资料用于制定分销战略，并降低了公司对渠道的控制力。很少有企业能将渠道激励贯彻得当，企业价格体系不健全、不合理或者对分销商的奖励方法方式不适当，都使得中间商利润过高或过低。同时，多层次的销售网络也进一步瓜分了渠道利润。过低的利润，使中间商失去了合作的积极性，甚至不愿经销。

（二）渠道冲突的直接原因

（1）价格原因。各级批发价的价差常是渠道冲突的诱因。制造商常抱怨分销商的价格过高或过低，从而影响其产品的形象与定位。而分销商则抱怨给其的折扣过低而无利可图。

（2）存货水平。制造商和分销商为了自身的经济效益，都希望把存货水平控制在最低。而存货水平低又会导致分销商无法及时向用户提供产品而引起销售损失甚至使用户转向竞争者。同时，分销商的低存货水平往往会导致制造商的高存货水平，从而影响制造商的经济效益。此外，存货过多还会产生产品过时的风险。因此，存货水平也容易产生渠道冲突的问题。

（3）技术咨询与服务提供。分销商不能提供良好的技术咨询及服务，常被制造商作为直接销售方式的重要理由。对某些用户来说，甚至一些技术标准比较固定的产品，仍需要通过技术咨询来选择最适合的产品以满足生产过程的需要。

（4）分销商经营竞争对手产品。制造商显然不希望出现这种情况，尤其在当前的工业品市场，用户品牌忠诚度并不高，经营第二产品线会给制造商带来较大的竞争压力。另外，分销商常常希望经营第二甚至第三产品线，以扩大其经营规模，并免受制造商的控制。

第二节 分销渠道冲突的处理方法

一、分销渠道冲突的管理策略

（一）明确主导渠道

在市场开发战略思想上就必须首先明确渠道的发展方向，是以直销方式为主渠道还是以经销方式为主渠道，这两者有着不同的操作模式。假如渠道是以直销方式为主，原有经销商只能作为二批，办事处完全控制整个渠道的关键环节。这就要求不能进行区域划分，因为区域市场的主动权在经销商手中，企业将对经销商区域市场失去掌控力，让经销渠道有能力与直销渠道对抗。

采用经销模式，办事处的直销队伍应被明确是起辅助作用，让办事处训练有素的直销队伍开发空白的市场是非常恰当的，但是空白市场一旦成熟就必须移交给经销商，树立起经销商体系的优势，使经销渠道和直销渠道双方保持共同的利益目标。

（二）保障各渠道的利益

传统渠道对渠道网络的掌控是具有一定的优势，通过与渠道成员之间建立良好的人脉关系，构建一个完善的渠道网络，并通过时间和关系的积累，最终形成良好的渠道关系网络。为了保障经销渠道的正常运转，在市场上实行严格的级差价格体系，以确保经销渠道销售网络内部各个层次、各个环节都能获得相应利润，使整个网络得以正常运转。

（三）渠道改造要抓住时机

在时机不成熟的情况下不要触动其他渠道的经营方式。对分销渠道的改造并不能一蹴而就，在经销渠道不完善，经销商的实力较弱，没有经验的情况下进行渠道的扁平化，促使一批经销商直接面向终端，这种渠道变革的行为无异于自杀。渠道的改造应该是在成熟的市场中进行，因此企业首先应对渠道进行完善，让渠道成为市场上的优势渠道，在企业对渠道的掌控力提高的前提下进行渠道的扁平化，避免形成市场的波动。

（四）向渠道提供良好的服务

企业对待经销商并不能采取歧视的态度，也不是简单地利用，而是要把经销商看作是企业的第一顾客，向其提供优质服务，经常性、系统性地进行指导和培训，统一双方的理念和利益，建立一种共存共荣的伙伴关系。通过完善经销商的管理，使其由原本的粗放型向精细化转变，使经销商向专业化、公司化发展。对销售通路中所有网点做到定区、定点、定人、定时地进行细致的服务与管理，达到对市场状况的全面掌控，使信息得到有效的传达和反馈，在销售通路中以灵活性逐步获得对市场的掌控能力。

（五）合理解决渠道之间的利益分配

渠道利益的冲突一般发生在开拓的后期，由于终端网络的交叉，使渠道为争夺利益而发生矛盾，从根本上讲是利益再分配的矛盾。企业业务员为开拓市场立下了汗马功劳，可是如何让他们得到相应的利益回报是解决问题的关键。在前期企业的业务员开拓新市场的时候应该是以销量拿提成，但是在市场开拓的后期这个提成占据收入的比例就应该降低，否则由于利益的原因，业务员将原本应该移交的终端也会扣住不放，无论怎样安排都会把最好的终端留给自己，并且移交时还会有种失落感，影响到工作的积极性，因此企业应让自己的业务员感到自己在前期辛勤的劳动中得到了回报，但是这个回报不应该来源于市场。

二、分销渠道冲突的管理方法

（一）谈判

谈判的目的在于停止成员间的冲突。妥协也许会避免冲突爆发，但不能解决导致冲突的根本问题。只要压力继续存在，终究会导致冲突产生。其实，谈判是渠道成员讨价还价的一个方法。在谈判过程中，每个成员会放弃一些东西，从而避免冲突发生，但利用谈判或劝说，要看成员的沟通能力。事实上，解决冲突时，需要对每一位成员采取独立的战略方法以确保能解决问题。

（二）调解

调解过程一般如下。①建议。第三方试图劝说争论双方，要么继续谈判，要么考虑接受调解程序或是独立的建议。调解人一般会对情况有一个全新的看法，并且能发现“局内人”所不能发现的机会。仅仅通过调解人的建议，方案就有可能变得可以接受了。②签订协议及监督。有效的调解可以成功地澄清事实，保持与对方的接触，寻求达成共识的可能的基础，促使双方同意某些提议，而且监督协议的实施。下面是运用调解处理冲突的案例。

乔楚是德昌轮胎厂分管东北地区销售的地区销售经理。几天前，公司在佳木斯的销售代理商北方公司的负责人打电话向他反映，在当地有家叫利达的公司正在低价销售德昌公司的动力牌轮胎。因此，乔楚一处理好手边的事，便火速赶往佳木斯。在动身之前，通过与公司总部的销售经理交换意见，乔楚考虑成熟了两套方案。

方案一：以不高于代理价格的方式，实行保护性收购买断，但向北方公司明确，收购行为由它操作，同时收购资金额度不能计算在向厂方回笼的货款之内。理由是：①收购价格不高于代理供货价格，故北方公司进货成本并未增加；②鉴于当前货源吃紧，此举可视为产品货源在市场间的调剂划拨行为；③收购行为即使有费用发生，作为责任和利益共同体，市场保护的责任和费用不能完全向厂方转移。

方案二：允许利达公司在佳木斯销售该批次轮胎但必须停止低价倾销行为,与北方公司共同将底线销售价格控制在不低于厂方向代理商提供的地理结算价格的水平上，直至存货完全消化。若还不能达成协议，则向利达公司声明，针对窜货行为，厂方将与北方公司联手采取报复性行为。

于是，乔楚一到佳木斯就联合北方公司的负责人对利达公司窜货的货源进行初步调查。调查了解到，利达公司销售的轮胎产品编号以字母 HN 开头，根据德昌公司的产品编码规范，初步判断产品来自河南省。然后，乔楚牵头召集北方公司和利达公司的负责人见面，坐下来心平气和地就这件事进行协商。首先，乔楚指出，低价窜货对三方都是不利的。现在既然出现了问题，就应对这件事进行积极协商，共同解决问题，将三方的利益损失降至最低。经过沟通，利达公司除了拒绝提供具体的供货单位外，并不否认货物的来源，同时确认了低价销售的动力牌轮胎有 9.00-20-16PR 的 30 套，6.50-16-12PR、10PR 的各 100 套。会议在基本宽松、克制的气氛中进行，经过就价格、支付方式等几个方面内容的具体讨论，最终达成的协议还是比较令人满意的：利达公司同意停止销售手头的动力牌轮胎，库存商品分批次向北方公司转移；而北方公司在实现销售后，以原代理供货价格向利达公司滚动结算。

（三）仲裁

仲裁能够代替调解，它可以是强制的或自愿的。强制性的程序是：双方必须按照法律规定服从于第三方，由它做出最终和综合性的决定。而自觉仲裁的程序是：双方自愿服从于第三方，由它做出最终和综合的决定。利用仲裁解决问题时，需要第三方的加入。也许仲裁方会提出一个建议，矛盾双方不一定都能接受。用仲裁来解决问题很普遍，但事实上往往不能解决问题，主要是因为很少能找到一个合适的仲裁人，并且提出一个大家都能接受的建议。

（四）法律手段

冲突有时要通过政府来解决，诉诸法律也是借助外力来解决问题的方法。对于这种方法的采用也意味着渠道中的领导力不起作用，即通过谈判、劝说等途径已没有效果。

（五）清除和替补

在分销商达不到分销合同的要求时，就必须采用渠道成员清除和替补的办法了。例如，当分销商进行恶意的跨地区冲货销售，或是进行恶性的价格竞争，而对制造商或供应商的政策和双方的合同条款置之不理时，就得"该出手时就出手了"——立即停止分销合同的执行，将对方以"红牌"罚下场。

（六）退出

解决冲突的最后一种方法就是退出该分销渠道。事实上，退出某一分销渠道是解决冲突的普通方法。一个想退出渠道的企业应该要么为自己留条后路，要么愿意改变其根本不能实现的业务目标。若一个公司想继续从事原事业，必须有其他可供选择的渠道。对于该公司而言，可供选择的渠道成本至少不应比现在大，或者它愿意花更大的成本避免矛盾。当水平性或垂直性冲突不可调和时，退出是一种可取的方法。从现有渠道中退出可能意味着中断与某个或某些渠道成员的合同关系。

三、分销渠道冲突的防范机制

（一）建立渠道调整机制

1. 渠道一体化

随着世界经济的高速发展，现在的市场形势由卖方市场转向典型的买方市场，靠近最终买方的渠道成员在多数情况下与厂商竞争博弈时也居于优势地位，从而更有可能滥用权力，采取损害厂商利益来获得自身更大利益的竞争性策略。在这种情况下，为了避免渠道成员的机会主义行为带来的交易成本的增加，厂商就会有充分的动机实行纵向一体化来控制渠道。特别是随着全球化兼并重组的浪潮，很多行业的企业规模越发庞大，具备了自营渠道所需的雄厚资金和实力。在同时具备意愿和能力的情况下，企业的纵向一体化就在所难免了。

（1）合作理念升级，从"唯利"转变为"共同永续发展"。在渠道变革中，首当其冲的是要改变中间商的经营思路，经营合作的目的不再是以短期利益为重心，而是通过根本的体制性变革，厂商之间通力合作，追求共同成长、永续发展。经销商不再只是赚取价差利润，而是在做市场，追求长期发展，把自己做大、做强。厂商之间形成战略合作伙伴关系，这样厂商之间更容易形成共同一致的愿景。形成整体组织的"核心思想"，是互相保持协调一致的先决条件。

（2）厂商互相融合、渗透，合力作战。改变过去厂商相互独立的局面，厂家更应降低姿态，不要总是高高在上，通过向终端逐步融合、渗透，贴近消费者，达到渠道在实际意义上的扁平化，而不仅仅是在形式上层级的减少，而且，单纯地减少层级，而中间商的能力不能快速提升，管理不了更多的下游客户，其效果往往是适得其反。再者，厂家融入中间商之中，可以优势互补，更充分地整合、利用各方资源。

（3）职能统一，共同协调。在渠道变革中，完善和强化经销商与中间商的职能，以达到中间商与厂家在管理、营销、财务和物流各个方面的纵向协调，甚至要逐步在系统内推行标准化的作业流程，建立数据库共享平台等，以提高整个系统的作业与管理效率。

2. 渠道扁平化

渠道扁平化是以企业的利润最大化为目标，依据企业自身的条件，利用现代化的管理方法与高科技技术，最大限度地使生产者直接把商品出售（传递）给最终消费者以减少销售层级。

（1）重塑厂商职能分工。一般意义上的渠道扁平化，往往都是试图将"全职"的经销商"简化”为资金和物流的平台，这样通过削弱其固有的职能，来强化产品的市场“推力”。这其实是厂家一个不得已的选择，也是当前经销商业务能力相对低下的真实写照。作为产业价值链中的重要一环，经销商本该创造自身的“价值”，然而由于能力所限，往往难有作为，最后，不得已厂家只能是越俎代庖。这显然违反了社会分工的原则，也违背了事物的内在规律性。所以，我们对渠道扁平化操作模式进行改进，其实在某种程度上体现的就是一种面向传统分销模式的“回归”。

（2）还经销商更多的业务职能。既然厂家“包办代替”显得如此“力不从心”，就不如重新把职能交还给经销商，这应该是更符合事物内在规律性的，更具有市场效益潜力。不过考虑到经销商现有的实力和业务水平，这种“归还”应该是分期、分批、有目的、有步骤的，而且一般而言也只是部分地归还（例如，归还一些技术含量比较低的日常操作性工作）。而真正的核心环节（例如，KA 的掌控、品牌传播、各种活动的整体规划等）仍然要牢牢地掌握在厂家自己的手中。因为渠道扁平化的本意就在于确立厂家的主导地位，进而强化渠道的市场“推力”。

（3）厂家服务重新“聚焦”经销商。很长一段时间，厂家的服务“重心”已经跨过了经销商而直接放在了终端。经销商甚至成为了被“服务遗忘的角落”。不过，随着经销商职能的重新调整，这种局面必须得到改变，而当务之急便是为经销商提供业务培训服务。这是经销商得以独当一面的必由之路。在此，作为厂家应该充分利用自己在文化、品牌、管理、资源及人才等方面的优势，向“核心”经销商输出文化、理念、管理和人才，以培育经销商独立运作渠道以及管理终端的能力。

（4）重新审视流程，做好分工。把握以厂家为主导的原则，首先将厂家自身具备比较优势的以及产业链中的核心环节牢牢地掌控在自己的手中，然后将一些不具比较优势的、技术含量相对较低的、劳动密集型的非核心环节交给经销商去操作。

（二）建立渠道沟通机制

分销渠道之间的沟通，是一种多向的、主动的、整合的信息传播沟通方式，是制造商为了建立稳定、高效的渠道系统，进而制定出与各级中间商沟通的制度与途径，以创造渠道优势，实现渠道系统的利润最大化。沟通的特征表现为：沟通过程的动态性、结构的复杂性、沟通过程木质的互动件、沟通的推测性、沟通的符号性、沟通对环境的依赖性、沟通的自我反省性等。制造商在与中间商进行沟通时，完全可以利用沟通的这些特征达到信息、思想、态度的传递与共享，以实现渠道系统的共同目标。

（1）利益沟通。现代分销渠道系统实际上是把制造商与中间商这个“矛盾的统一体”变成一个纯粹的“利益统一体”。在这一系统中，合作伙伴之间的利益是一致的，目标是统一的，所有成员追求的是整个系统利益最大化前提下的各自利益最大化，而且这种均衡有相对的稳定性和长期性。但在实际操作中，渠道各成员彼此扮演的角色不同，追求目标的侧重点存在差异。制造商强调对市场及中间商进行严格控制与管理，中间商则以利润最大化为目的，通过利益沟通，强调渠道最终利益的一致，以赢得中间商充分的认识和认可，用长期目标分散大家的短期利益纷争，使渠道成员着眼于未来和大局，精诚合作，为实现共同目标而努力。整个渠道共同利益越相近，沟通上也越有机会。这种利益的沟通也成为制造商与中间商之间最深层次、最主导、最持久和最具有决定作用的沟通。

（2）理念沟通。每个制造商在生产经营过程中，都会形成一定的营销理念，这种理念会体现在其分销策略之中。而一系列营销策略要真正贯彻下去，产生显著的效果，离不开其分销渠道中各级中间商的通力配合。为此，制造商有必要将企业的营销理念与中间商进行沟通，在理念上达成共识。这样制造商的企业文化、产品形象才能在销售终端被最终顾客所感知，企业的渠道政策、促销政策才能真正在销售中得以贯彻，产生效果。

在营销过程中，制造商都会遇到这样的尴尬：中间商拿到企业的政策后，将政策变通，致使企业的投入得不到应有的回报。造成“营销误差”的原因主要是理念的不认同。双方理念上的高度一致可以形成强大的营销合力；如果理念的方向有偏差，营销的合力就会被削弱，甚至成为市场发展的阻力，而正确的营销理念在实际工作中也就成为一纸空文。现代企业实行深度分销，在渠道的每个环节都力争精耕细作，可是在发展的过程中，如果得不到中间商的支持，许多工作只能是事倍功半，所以必须实现双方的理念认同。厂商理念的有效沟通，并达成一致，才是营销成功最为关键的一步。因为只有双方对理念认同，才会保证行动的一致；只有双方对理念认同，才会在共同的目标激励下，创造竞争优势。

（3）信息沟通。渠道中信息能否快速、顺畅地沟通是衡量渠道绩效的一个重要指标。以科学的方法在分销渠道成员之间安排、协调或分享数据，提高信息沟通的程度，可以大大强化制造商的市场竞争优势。通过采用先进的信息管理系统，可以使信息在客户和中间商、制造商之间准确而及时地沟通，将渠道成员与顾客、市场紧密联系在一起，企业反应时间最短，顾客满意最大化。宝洁公司在这方面有出色的做法。宝洁有一大批的中高级管理人员，与他们的顶级顾客沃尔玛相邻办公。巨大的网络平台系统与沃尔玛连接，24 小时不停地工作，沃尔玛的存货情况、即时的产品需求、补货数量、时间、顾客的意见反馈都以最快的速度传输到宝洁公司办公室，使得宝洁公司能够据此随机应变。而对于级别较低的渠道成员，宝洁公司则采用电话、传真、普通互联网络、邮寄、人员等方式进行沟通和了解。这种信息沟通为中间商创造了巨大的利益。

需要注意的是，制造商在与中间商的信息沟通中，应避免单纯地由制造商向渠道下级成员发送信息，下级成员再反馈，这种沟通方式本身就使下级成员成为一个被动接受者，而且其过程深受编码和解码过程的影响，有时会被曲解。而有效的信息沟通是一个连续、持久的过程，二者之间不存在谁是发送者谁是接受者，信息和反馈同时进行，从而产生共享价值。这样可以使中间商积极主动地参与沟通。

（4）情感沟通。制造商与中间商的情感沟通是必需的，是利益沟通、理念沟通、信息沟通的润滑剂、增强剂。如果制造商与中间商没有感情基础，在与中间商的交往中，中间商很容易仅仅考虑自己的利益，而不体谅制造商的难处，不考虑制造商的利益。制造商的业务代表或其他成员要经常对中间商特别是对直接供货的中间商进行拜访与沟通，以加深私人感情、中间商与制造商的感情。在业务交往过程中，人们常常对人情看得较重，制造商与中间商保持良好的关系、业务代表与中间商代表的良好私人关系，有助于在业务方面的互相合作与支持。在与中间商交往时要注意人际关系沟通，在同中间商建立比较亲密的关系后，以诚相待，对稳定渠道、贯彻渠道政策有着不可替代的作用。

（三）建立利益分配机制

渠道的冲突实际上也就是渠道成员之间的一种博弈，在一定的时间内渠道成员总是一定的，而各个渠道成员为了自身获取更多的利益而做出了只对自身有利的决策，这样就有可能会损坏上游或者下游的利润，势必会遭到其反击，从而造成渠道的冲突。生产商总是希望中间商完全按照自己的设想展开活动，从而达到自己的销售目标。而中间商希望生产商能够更大幅度地让利、返利，自己拥有更多的自主权。零售商则希望中间商能够给予更多的优惠，以获取更多的利润。这种矛盾在某个时间段可能不会爆发，因为生产商和中间商、中间商和零售商可能在经过一段时间的协调之后达成共识，对自己多获取的利益感到满意，此时的生产商和中间商或中间商与零售商处于纳什均衡点上，不会引发冲突。但是这种“和平”总是短暂的，因为彼此之间的矛盾从来就没有真正地解决，只是被暂时地隐藏起来了，所以，当生产商与中间商、中间商与零售商之间的一方或者是双方都感觉到不满意时，就需要新一轮的协调，当协调不成时，冲突就会出现。所以，纳什均衡点并不是绝对平稳的，只有达到利益分配的帕累托最优时，渠道才是最平稳、最高效的。

而在这一轮博弈中，利益就是核心。渠道冲突最根本的原因就是价差，而价差对于渠道成员来说就是利润。企业商业活动的根本目的就是为了获取利润，没了利润，企业的一切活动就失去了意义，所以要熄灭渠道成员之间的“战火”，首要解决的就是利益分配的问题。只有生产商、中间商、零售商三者都得到了自己应得的合理的利益，也就是说，三者位于同一网络中的帕累托最优点，冲突的根源才会消失。因此，应按照不同渠道成员在不同时期的不同作用，合理地调整利益的分配方法，使其获得应有的利润。比方说，生产商在其产品处于市场导入期和市场上升期时，随着日后产品销量的增加，中间商的利益分成也应该随之提高；当企业的产品进入市场成熟期之后，中间商的分成可以根据其销量的变动而适当地浮动。

（四）引入第三方监督机制

垂直渠道的成员之间之所以会发生冲突，在某种程度上说也是因为缺乏有效的监督或调节机制，由于双方在问题出现时没有统一的判断是非对错的标准，渠道成员都按照自己的利益来判定己方和他方的对错，这显然是有失公允的，而且这显然是得不到他方承认的。因为双方判定的标准不同，所以双方得出的解决问题的方案自然会有很大的反差，更不可能得到对方的同意，而这显然会激发双方的矛盾，最后造成冲突。但是，若成员之间有共同认可的机构对双方都进行监督，当问题出现时有一个共同选出的机构对双方的矛盾进行调解，渠道成员之间有了统一的判定是非的标准，那么问题将会得到更加客观的解释和解决，引发冲突的可能性也会随之降低。

但是这对引入的第三方监督机构的要求是比较高的。首先是不参与渠道成员之间的任何商业活动，但又必须对渠道成员的活动有详细的了解，以便在问题出现时能够做出公正的评判。其次是要得到双方的认可，只有双方都对这个第三方机构有充分的信任，才会放心将矛盾交给第三方机构来解决。最后是这个机构要能够做到公正，在公正的前提下高效地解决成员间的矛盾。有失公正则必失信任，那么这个第三方机构也就没有了存在的意义。不够高效，就有损企业的利益，这个机构也就不需要存在了。

第三节 分销渠道窜货管理

“窜货”是困扰企业营销人员的众多问题之一，对于窜货，不能简单地一堵了之，而应具体分析其产生的原因，明确窜货存在的必然性和合理性，理性应对，才能既保持市场的红火，又将窜货带来的危害降到最小。营销界有一句名言：没有窜货的销售，是不红火的销售；大量窜货的销售，是危险的销售。

一、分销渠道窜货概述

随着商业竞争的加剧，中国市场在经历了广告大战、促销大战、CI 大战、价格大战等的轮番“轰炸”与洗礼之后，通路的建设与竞争又成为市场竞争中新的焦点。一些敏锐的经营者意识到了中国市场上通路的一些剧变，并开始投入大量的人力、物力和财力进行通路的建设与争夺。但是在通路的建设与管理中经营者们往往会遭遇到一个市场营销学中没有的概念，却又是销售实践中让销售人员头疼不已的问题——窜货，即产品的越区销售，是跨区域销售一种比较常见的营销顽症，又被称为倒货，冲货。

诺基亚在中国大陆地区规定，它指定在甲地销售的手机，甲地的经销商就不能够卖到乙地去，否则就算“窜货”，“窜货”要被处以高额罚款。诺基亚甚至还雇佣专人在中国大陆各地收购自己的产品，然后根据手机 IMEI 号找到窜货的经销商进行处罚，每台罚 200～1000 元不等。诺基亚对这部分增加的收入不向经销商提供发票，也不向购买了“窜货”手机的消费者提供“三包”规定中的“包退”及“包换”服务。并且，自世界性的经济危机以来，诺基亚公司抓“窜货”的力度空前加大，对经销商罚款手段更狠。诺基亚在中国大陆地区的高额“窜货”罚款，导致许多诺基亚手机经销商有关门停业的可能，不得不踏上维权之路。有一些原来做诺基亚手机的经销商已经被迫改做其他品牌生意了，这种趋势愈演愈烈，从而引发了诺基亚“窜货门”事件。2009 年 5 月 21 日，全国 100 多家手机经销商聚集长沙，一致呼吁诺基亚公司停止罚款，完善售后服务，并向诺基亚中国公司及诺基亚芬兰总部发出律师函。

二、分销渠道窜货的类型

（一）自然窜货

自然窜货是指经销商在正常价格范围内无意识地将产品销往企业划定的销售区域以外的现象，一般发生在销售区域交界区、物质流通中心或物质集散地。企业一般依托城市或区域经济中心划分销售区域，与行政区划基本重合，而处在城市和区域经济中心之间的经销商或消费者在采购过程中，需要综合考虑采购价格、运输成本等各种因素，选择空间距离最近或综合成本最小的采购和购买方案，从而突破企业的销售区域划分，出现自然窜货现象。此外，连锁企业在集中采购和统一配送过程中，也可能出现产品的跨区流动现象。

（二）良性窜货

在市场开发和新产品引入期，为了使产品迅速覆盖市场，业务人员往往会在物质流通中心和商品集散地选择经销商，或与流通能力较强的经销商合作，借助流通中心的流通能力或经销商的影响，使产品迅速流向终端，在此过程中出现的产品跨区销售现象，称良性窜货。与自然窜货不同，良性窜货是市场业务人员有意而为之，目的是使产品低成本进入市场，增加销售额和扩大企业知名度,因而这也为许多尚处于市场开发初期或需要快速开发新市场的企业所青睐。

（三）恶性窜货

企业分支机构或市场业务人员、中间商、代理商为了获取超额销售提成或商业返点，以低于企业定价的价格向授权区域外销售产品的现象，称恶性窜货。与良性窜货不同，恶性窜货虽然也是一种主动窜货，但其目的不是为了低成本地扩大产品的影响和覆盖市场，而是为了增加销售量以拿到更多的商业返点、提成。判断恶性窜货的依据有两个，一是价格低于企业定价，二是商品跨区域流动。恶性窜货出现的原因比较复杂：给经销商按销量给予商业返点、业务人员按销售业绩提成、渠道发展不平衡、存在地区价格差距等都可能导致恶性窜货现象的出现。此外，竞争对手为了扰乱对方的市场价格体系，也可能低价收购少量对方产品，然后低价抛售扰乱市场，导致出现恶性窜货现象。营销人员所讲的窜货，通常是指恶性窜货，这种窜货现象在快速消费品领域（Fast Moving Consumer Goods，FMCG）最容易出现，娃哈哈等企业都遭遇过此类窜货。

三、分销渠道窜货的原因

（一）价格体系混乱

价格体系的不完善是造成经销商“越区销售”的原因之一。利润永远是通路成员所追求的目标，只要有利可图，就会见利而趋。“三级批发定价”是目前许多企业在产品定价上采用的传统定价方法。这个价格体系呈阶梯状由总经销价（出厂价），一批、二批、三批价，以及建议零售价组成。每个阶梯之间都有一定比例的折扣，这个折扣比例的存在，便成了利润的源头。如果总经销商自己做终端，就可以享受两个阶梯的价格折扣所带来的相当丰厚的利润。这种价格体系所产生的巨大的空间差异，就形成了那些重利不重量的经销商越区销售的诱因。

（二）激励措施有失偏颇

厂家对经销商往往采用年终返利、高额回扣、经销权、特殊奖励等激励措施，但所采用的种种激励措施一般都会以经销商完成一定额度为基准，经销商超过完成的百分比越高，则获得的奖励越多，带来的利润也就越多。为完成既定的销售量，以获得高额奖励，许多经销商往往不顾一切地来提高销售量，包括向其他区域市场“攻城抢份额”甚至倒贴差价，赔本销售，于是形成了经销商之间的窜货。

（三）代理商选择不当

许多厂家因利益驱使而不顾市场规范，只要愿拿钱来买它的货，就可以成为在当地的经销商，致使“一女嫁二夫甚至多夫”的现象比比皆是。

（四）渠道管理混乱

有些厂家为了片面追求销量，采取短期行为，对于窜货现象重视不够，信息反馈不及时，不能及时发现，待知道时已无法收拾；或是处理不严，更有甚者姑息纵容。

（五）任务下达不合理

许多厂家为了抢占市场，盲目给各地经销商增加销量，经销商一旦在限定的区域内无法达到一定目标时，就很自然地选择跨区销售。还有一些厂家由于售后服务跟不上，造成货物积压又不能退货，经销商为了减少损失，就将产品拿到畅销的市场上出售，从而形成窜货。

（六）营销员受到利益驱使鼓动经销商违规

营销员的收入始终与销售业绩挂钩，有的营销员为了自己多拿工资，不顾企业销售政策，鼓动经销商违规操作，向其他区域发货；更有甚者，有的业务员缺乏职业道德，已经跳槽了，临走时跟经销商达成某种默契，以种种理由求得厂家支持，然后向其他地区窜货引起区域冲突。

四、分销渠道窜货的危害

（一）导致价格危机，严重打击经销商积极性

恶性窜货极易引发经销商之间的恶性竞争和价格战，使经销商利益受损，挫伤经销商的积

极性。经销商销售某品牌产品的最直接动力是利润。一旦出现价格混乱，销售商的正常销售就会受到严重干扰，利润的减少会使销售商对品牌失去信心。销售商对产品品牌信心的树立最初是通过广告投放，这是“空中”支持；其次是“地面部队”的配合，就是营销监控：企业对产品质量、价格的监控。当窜货引起价格混乱时，销售商对品牌的信心就开始日渐丧失，最后拒售商品。

（二）挫伤业务人员积极性

通过恶性窜货方式流入的产品扰乱了当地市场价格体系，增大了价格维护难度，如不能迅速查清其来源并及时治理，业务人员的工作积极性将严重受挫。

（三）混乱的价格和充斥市场的假冒伪劣产品会吞蚀消费者对品牌的信心

消费者对品牌的信心来自良好的品牌形象和规范的价格体系。前面提到过名牌的一个特质：比别人卖得贵。这是从价格角度提出的名牌的市场要求。金利来对此曾有深刻的教训。金利来通过大量广告宣传和优质的产品成功塑造了“男人的世界”的良好形象，但早期对假货和窜货现象管理不严，地区差价达到一倍甚至几倍，消费者由于惧怕买到假货，不敢购买真假难辨的金利来，金利来作为名牌的品牌再保证价值显得苍白无力。另一个例子是价格定位失误的沙驰皮具。沙驰皮具曾经塑造了高档、尊贵的品牌形象，但对香港地区市场控制不利，用地摊摆卖的方式在各百货公司推销，给人一种低档的感觉，冲击了沙驰皮具的名牌形象。

（四）损害企业盈利能力，市场严重受损甚至崩溃

市场出现恶性窜货时，经销商为了维护自身利益可能要求退货，或要求补足差额以保证其正常盈利，这无疑使生产企业面临要么痛失市场份额，要么蒙受巨额经济损失的艰难抉择。如果既不退货，也不补差额，经销商会为了保证自身品种齐全而继续持有少量商品，却向顾客宣讲该商品的种种不足，推荐其他利润相对较高的商品，这不仅严重损害企业形象，也直接导致消费者忠诚度下滑。窜货现象导致价格混乱和渠道受阻，严重威胁着品牌无形资产和企业的正常经营。在品牌消费时代，消费者对商品指名购买的前提是对品牌的信任。由于窜货导致的价格混乱会损害品牌形象，一旦品牌形象不足以支撑消费信心，企业通过品牌经营的战略将会受到灾难性的打击。企业之所以能在不长的时期内塑造一个名牌，是因为适逢市场转型这样一个时代机会，一旦我国市场经济体制发展完善，市场分割完毕，企业再想通过白手起家创名牌，那是非常困难的。在市场经济发育成熟的国家，塑造一个名牌极为不易，新品牌的成功概率只有5%左右，也就是说，100个品牌中95个是失败的。在西方发达国家，企业不轻易涉足制造业，因为成功推广一个品牌需要1亿美元左右，而在中国则需五千万元，耗时一般只需3年甚至更少的时间。因此，对品牌的管理，其实就是一个品牌保值的过程。窜货问题作为品牌管理的重要方面，应该引起营销人员高度重视。

五、分销渠道窜货的防范

（一）制定完善的营销政策

（1）完善的价格政策。企业的价格政策不仅要考虑出厂价格，而且还要考虑一批价、二批价、终端销售价。每一级别的利润空间设置不可过大，也不可过小，每一级的价格须严格执行。

（2）完善的专营权政策。企业在和经销商签订专营权合同时，要对窜货问题做出明确的规定。企业应该在合同中注明以下条款：区域限定、授权期限、违约处置等。

（3）完善的促销政策。在制定促销政策时，大多数厂家过多地看重了结果，而忽视了促销

过程和质量，从而造成一促销就窜货，停止促销就销不动的局面。完善的促销政策应考虑合理的促销目标、适度的奖励额度、恰当的促销时间、严格的兑奖措施和有效的市场监控，以确保整个促销活动在计划范围之内进行，防止出现失控。

（4）完善的返利政策。在返利方面，厂家应在合同中注明以下条款：返利的标准、返利的时间、返利的形式、返利的附属条件。

（二）建立健康稳定的营销网络

（1）应明确某一区域为总经销商的市场范围，并在相依区域内分别设立不同的总经销商，从网络体系上堵住可能产生跨区域销售行为的漏洞。

（2）以城市市场为中心，建立起区域内的包括二级批发商，三级批发商，零售商在内的销售网络，以区域内完整的销售体系来抵御其他区域总经销商的冲击。

（3）总经销商一旦确定，就应该维持相关区域营销网络的相对稳定，除非特殊情况，不轻易更换总经销商，避免出现市场真空。

（4）要求各地经销商采取"高筑墙，不扩张"的相邻市场关系政策。把主要精力放在本地市场的潜力挖掘上，不给其他经销商创造进入本地市场的机会，同时严格禁止向其他市场扩张。

（三）培养稳健的经营作风

（1）制定现实可行的营销目标。稳健的经营作风可以有效地控制窜货现象。而稳健，就是要制定既有激励效应，又现实可行的营销目标 。在对现有市场进行认真总结和自有资源详细清查之后，制定符合实际的营销目标，不急功冒进，不盲目扩张。只有这样，才能进可攻，退可守。

（2）提供良好的售后服务。对于售后服务，一般的企业都是说得多，做得少。企业应该认识到今后的营销竞争中很大的一个因素是服务之争。良好的售后服务才能使经销商对企业有亲近感，在经营时对企业有责任感，有忠诚度，不至于主动窜货来破坏这种感情。良好的售后服务是增进厂家、经销商和顾客之间感情的最好纽带，企业切不可忽视这一点。

（四）建立健全的管理体系

（1）加强对销售渠道的管理。一是对企业内部经销商的管理。企业应该规范各项规章制度，使每一项政策的提出和执行都能科学化、制度化，并有一套健全的监督制度。二是对销售终端的管理。终端销售是窜货最常见的发生点。

（2）设立市场总监并建立市场巡视员工作制度，把制止窜货作为日常工作常抓不懈。市场总监的职责就是带领市场巡视员经常性地检查巡视各地市场，及时发现问题，并会同企业各相关部门予以解决。市场总监是制止跨区销售行为的直接管理者，由公司最高层直接领导，一旦发现跨地区销售行为，他们有权决定处罚事宜。

（3）实行奖罚制。发生窜货的两地，必然有其他经销商由于利益受损而向企业举报，对于举报的经销商，应该给予奖励；对窜货商，就实行四级处罚，即警告、停止广告支持、取消当年返利和取消其经销权，按窜货行为的严重程度区别执行。对有违规行为的营销人员也绝不姑息，轻则处罚，重则开除。

（4）实行产品代码制。实行产品代码制，便于企业对窜货做出准确判断和迅速反应。所谓代码制指对每个销售区域编上一个唯一的号码，印在产品内外包装上。这样的话，一旦在甲地发现乙地产品，就可以判断出窜货的来源，企业也就能迅速做出反应。

第四节 典型渠道冲突案例

一、水平分销渠道冲突案例：七匹狼——解决渠道冲突 培养网络经销商

传统渠道进军电子商务，电商渠道开始加紧综合化路线，并积极拉拢传统品牌商入驻。在这样的电子商务大潮中，传统品牌如何将电子商务纳入到自己的渠道战略中来是许多传统品牌的老板们思考的问题：是依托自身另起炉灶，还是利用现有电商渠道做好网络分销？

传统服装品牌七匹狼的做法是“先放水养鱼，再对大经销商进行招安扶持”，这样的实践未必是一个最好的模式，但或许能给意欲进军电商新渠道的传统企业带来一些启发。

大多数传统品牌在涉足电子商务的过程中，总会遇到内外两大矛盾：外部的电子商务渠道和经销商渠道的冲突，内部的电子商务部门与其他部门的冲突。

“这是因为电子商务作为新业务，并没有厘清与传统渠道和业务部门的利益关系。”七匹狼实业股份有限公司电子商务中心（以下简称“七匹狼电商”）总监钟涛指出。据了解，2012 年，七匹狼在淘宝系平台上的销售额达到了 6.2 个亿，这样的成绩正得益于七匹狼电商有效的策略：先放水养鱼，再对大经销商进行招安扶持。

1. 渠道策略：招安“五虎上将”

从 2008 年开始，七匹狼的产品已经开始在淘宝上销售了。那时候，大多数传统品牌商还没有开始重视电商渠道。当时，网络上销售的主要是库存货或者窜货来的商品。“我们的策略是扶良除假。”钟涛表示，当时七匹狼自己还没有涉足网络销售，也没有经验。因此，对于网上销售七匹狼产品的网店，只要其不卖假货，价格、拿货渠道等，公司都不加干涉。

与此同时，七匹狼电商也在淘宝平台上开设了自己的旗舰店。目的是了解这个市场的规则，只有在市场中运营，才能知道谁做得最好。

经过渠道乱战，淘宝系平台上 2010 年就发展起来 5 个大的经销商，其平均一年的回款量在 3000 万元左右，营业额差不多 5000 多万元，七匹狼将其称为“五虎上将”。在 2010 年后，七匹狼电商开始以网络渠道经销授权的方式，对渠道进行梳理规范，同时对“五虎上将”进行“招安”。

七匹狼的网络渠道授权分为三个层次。第一层是基础授权，回款达到 500 万元就可获得基础授权，中级授权是回款量 1000 万元，高级授权是 3000 万元。实际上，无论是“五虎上将”还是其他层次的授权，这些网店起家都经历了窜货、低价竞争等问题，而在拿到授权后，经销商若再有窜货、卖假等行为，就会“杀无赦”。

对于网络经销商的管理，并不仅仅是简单的授权。以“五虎上将”为例，最初，这几个大经销商同在淘宝平台，时常会打价格战。后来，七匹狼电商部门开始挖掘它们各自的优势，帮助它们找到各自的差异，这些大经销商有的擅长休闲产品，有的擅长商务类产品，有的擅长用户数据分析。找到各自的优势之后，钟涛对这些经销商进行了有针对性的引导。

比如某家经销商擅长卖裤装，那么它的任务就是盯住市场上销售业绩最好的对手，跟随对方的变化。如果该经销商的裤装品类超出了最初的预期销售额，七匹狼电商会就这个单品单独

给其返点。而另一家大经销商的长处是做库存，那么七匹狼电商就针对其特点加以扶持，库存来了之后优先分给它。

七匹狼还有类似于线下加盟店的“大店扶持计划”，即单独返点。据钟涛介绍，在线下，某些大区的经销商会在当地做一些品牌推广的活动，这样的运营费用总部会承担 30%。线上的“五虎上将”也被视为大店，七匹狼会对它们的优势进行挖掘，有针对性地进行扶持，这样它们就愿意一致对外了。

2. 产品策略：不做网络专供款

很多传统线下品牌为了解决线上线下渠道冲突，采取了线上创立新品牌或者线上生产网络专供款的策略，而七匹狼并不这么做。

钟涛指出，那些线上线下冲突比较严重的传统品牌，因为线下经销商库存压力比较大，而线上旗舰店在线下经销商有大量库存压力的情形下，已开始卖新品或是折扣比线下要低许多，这才会引发线下不满，从而引起线上线下的冲突。

七匹狼的线下线上冲突不明显，这与七匹狼的线下模式有关。据了解，七匹狼依托加盟店扩张，按照其政策，加盟店如果 3 年不赚钱，总部就要收归直营，第二年不赚钱就要被监管。因此，七匹狼的线下店全国只有 1000 多家。在这种情况下，线下经销商往往不愿意囤货，如果能卖掉 150 件，往往只进 100 件，这样会避免因库存压力带来损失。而线下库存压力小，对于线上的折扣销售就没有那么敏感。

七匹狼的电商部门也并不专门针对网络设计生产网络专供款。在传统线下渠道，经销商会根据不同的区域消费特点进行选货。钟涛指出，在互联网平台，每个渠道的用户也有差异性，不同的经销商也有各自所擅长的品类。而七匹狼整个集团的 SKU 足够多，每个线上经销商也会根据平台特点和优势来选货。网络空间虽然是无限的，但经过测算，淘宝平台上一个店面最优的款数是 200~270 款。因此，不同经销商选出来的款式还是有很大差别的。

另外，线上有些款，线下店面是没有的，这并非专门生产的网络专供款。这种款型产生的途径有两个：一是某些款式可能有太另类等原因，线下销售并不好，而线上的聚合效应却能把喜欢这款产品的顾客聚合起来，将这一款式变成线上专卖；另一途径是，大经销商发现竞争对手或者网络品牌某款产品销售较好，便可提出将这个款式吸收成七匹狼线上专有的款式。

3. 从“独立团”到“文工团”

在天猫平台上，七匹狼电商也开设了自己的官方旗舰店。从页面设计和产品配置上看，这家店不仅承担了销售任务，还更多地承担了品牌宣传的任务。

“我们要把官方旗舰店的销售额控制在 30%以内。”钟涛指出，要搭建互联网上的可控分销体系，必须形成一个金字塔式的销售体系。位于塔尖的是旗舰店，但是塔基应该是由业绩成长性良好的授权店组成，中间是“五虎上将”这样的大经销商。如果旗舰店的销售量增长过快，而使其他店铺增长缓慢，就会形成一个柱状体系，虽然旗舰店业绩可观，但品牌在整个互联网市场中所占的份额就有限。

很多品牌企业为了扶持自己的电商渠道，往往是自己亲力亲为，不仅自己有官方旗舰店，包括其他各个平台上的销售都由电商部门一力完成。在钟涛看来，这种方式属于“重”模式。

“2012 年 6.2 个亿的销售额如果全部都由七匹狼电商自己完成，需要的客服至少要 2000 人。”钟涛指出，一个品牌的电商部门不能做成重模式，而是要将分销体系搭建好并进行管理。但电商部门也会先有所尝试，比如七匹狼在天猫上开旗舰店，同时也在京东、1 号店等各个开放平台上去开店或者供货。在钟涛看来，只有自己先去尝试，才知道该平台的用户特点、规则、销售增长情况等。在实践中了解每个平台之后，对经销商就容易管理了。

在许多传统企业中，电商部门不是全新的事业部，就是独立的公司。钟涛认为，传统品牌的电商部门角色一定要随着渠道的规模而进行转变，“最初是‘独立团’，自己成立团队，老板给货，给政策，自己杀出来做出规模；第二步应该是‘保安团’，要对市场上的渠道进行规范，变身为一个执法者；第三步是‘文工团’即先把方向定好，然后树典型，做表彰，拉动权益分配。”因此，电商部门要做网络渠道的管理者，自己需要先定好战略，然后让每个授权经销商执行自己的战术。

二、垂直分销渠道冲突案例：双星渠道冲突的利润诱惑

（一）5000万元市场沦陷

双星的石家庄市场几乎是一夜沦陷的。而石家庄市场在其全国市场列前十位，容量达5000万元。2012年11月，双星石家庄总代理商石家庄友隆实业发展有限公司（以下简称友隆）自立门户，自做品牌“派勒斯”，友隆旗下一百多家双星专卖店随即一夜之间改换门庭。

友隆董事长韩伟称，友隆“本来是挂两块牌子，和双星闹翻后，就只挂友隆的牌子了”。

韩伟的办公室下面，是一间200平方米左右的“派勒斯”旗舰专卖店。“这间店以前是双星在石家庄的旗舰店。”友隆的一位员工说。店内刚刚经过一番草草的装修，派勒斯标志下还能明显看出双星标志的痕迹。

为推广“派勒斯”这一品牌，“把亲生儿子养大”，韩伟表示，自己这几个月来一直在和代理商沟通，“保定、邯郸、安阳、东北和山东济南已确定了代理商，有一部分还是双星代理商，我们的重点是华北地区，石家庄周围三百公里以内，包括济南市。”

韩伟甚至将扩张触角伸到双星集团大本营青岛，“在青岛选了3个代理商”。

友隆自立门户，一个直接的结果就是双星暂时丢失了石家庄5000万元的大市场（包括保定和邯郸等周围城市），“石家庄一年能消化掉200万双双星鞋，双星在石家庄市场曾占据绝对第一的位置。”韩伟说。双星集团有关人士证实，石家庄市场确实在双星占有极其重要的地位，“列全国十大市场之一，仅连锁店销售收入每年就达2000万元，韩伟的实力也排在双星全国十大代理商之列。”

为收复失地，双星集团指派济南一位代理商杀回石家庄，“已经建立了20多家专卖店，规模比原来的大，最大的连锁店超过300平方米。”对此，双星集团党委副书记王增胜颇有信心，“虽然市场丢失了，但双星的品牌影响力还在。”

在王增胜看来，韩伟倒戈准备已久。“韩伟2001年到国家工商局注册派勒斯商标，2003年3月获批，4月就到青岛注册了派勒斯经贸有限公司。”与此相应的是，韩伟开始变得“不听话”，“两年多没有来青岛开代理商大会，觉得有点不对劲，但没想到他会闹出这种事来。”

王增胜介绍，2003年下半年，有石家庄市场的连锁店举报，韩伟在双星专卖店违规卖“派勒斯”品牌鞋，2003年10月，双星华北区总指挥前往调查，“由于韩伟没有全面在双星专卖店铺货，总指挥很快被糊弄走了。后来又有人举报，再去检查，发现韩伟不仅违规卖派勒斯，还开了派勒斯专卖店销售双星鞋。韩伟当时答应撤货，以当年10月底为期。”双星随后派人检查，派勒斯非但没有从双星专卖店撤柜，反而上柜更多。尤其让双星难捺怒火的是，其中一个专卖店竟对双星派来的检查人员说：“派勒斯是双星产品，是双星集团的一个商标。”

按双星的说法，派勒斯在双星专卖店上柜直接导致双方近10年的合作画上句号。

（二）诉讼

2003年11月上旬，双星到青岛市市南区人民法院起诉，要求终止与友隆的代理合同，撤销其代理权，取消代理资格，并要回欠款364万元。

虽然诉讼的焦点是友隆违反合同，但双星内部普遍认为，友隆在发展初期获得双星不少帮助，翅膀硬了却想单飞，于情于理难以说通。

按双星的说法，韩伟1995年大学毕业，"没有工作想卖鞋"。"韩伟爱人的舅舅是双星集团副总经理（在2001年离开双星），韩的舅舅找到汪总（汪海），汪总答应韩伟卖鞋。"有了这层关系，在石家庄已有一家国有销售公司（双星集团内部称一部）的情况下，双星同意让韩伟成立一家私营公司卖鞋（双星集团内部称二部）。"二部最初是在双星支持下发展起来的，双星以二部可以赊货的形式，为其垫了一部分资金。"王增胜说。

友隆"由于管理得比一部好，公司由小到大发展起来。1999年，一部亏损，二部却不亏损。"双星为做好石家庄市场，支持韩伟，撤掉一部，并将一部资产评估后，委托韩伟经营。韩伟至此已完全把持双星在石家庄的市场。到2000年，双星把邢台、衡水的市场也给韩伟经营，韩伟成为双星的红人。2002年8月，韩伟正式成为双星在石家庄市场的总代理，并在当年将一部的资产和双星向韩伟铺的货共计1000多万元，折价400万元卖给韩伟，还款期定为6年，而"按正常的标准应该是5年。"王增胜说。

"我和双星是一种双赢的关系，我帮双星销货，自己得到发展，不能说谁帮了谁。"韩伟对"双星帮助和支持"一说并不表示认可。至于"优惠购买一部资产"一事，韩伟的说法是，"从1995年找双星集团开始卖鞋，一直和一部在市场上打，打到1999年，一部撑不住了，1000多万元资产亏到只剩二三百万元。"

诉讼当前，口水战已没有实际意义。4月中旬，有消息说，双方有庭外和解的可能。但6月初，韩伟告诉本报记者，庭外和解没有下文。

王增胜说，韩伟对双星最大的伤害就是不履行合同，私自在双星专卖店卖"派勒斯"鞋，这也是双星起诉韩伟的根本原因。坚持双星专卖店只销售双星品牌是双星与代理商合作的底线。

（三）20%的诱惑

双方曾有和解的机会。韩伟也说："只要我写份认错书，交上10万元罚款，并且认可双星专卖店不卖非双星品牌的规定，这事（争端）就算了结了。"

但韩伟却最终选择了放弃，而且不再代理别的品牌。韩伟这样做是为了什么？

韩伟坦承，和双星分手，主要是出于公司长远发展的考虑。双星在石家庄市场已发展到顶峰，很难再找到市场空白点。韩伟曾为突破区域市场的限制，越过自己的地盘发展，但常和双星别的代理商发生冲突，很难协调。"如果按部就班地为了眼前的利益（继续合作），公司不可能再发展，再赚几年钱销售骨干就会流失。"这促使韩伟考虑做自有品牌，以走出石家庄市场的限制。

而且，做自有品牌的利润远高于代理利润。"直接操作品牌利润（比代理品牌）大，"韩伟说，"双星向OEM厂下单后，产品可以直接加价20%～30%，双星得到的利润太大了！"

友隆现在的水平也给韩伟充足的信心。"公司的骨干很年轻，平均年龄28岁，已经控制了石家庄庞大的销售网络，可以为派勒斯所用，做了双星多年的代理，知道它的空白在哪里，有针对性地开发，比如派勒斯在产品定位、价格方面就比双星略低一点。"做自有品牌，友隆不需要伤筋动骨式的重组，“只需重新设立开发和采购部门”。

友隆在整合上下游资源上不乏经验。在和双星合作阶段，友隆就以向双星鲁中鞋厂和张家口鞋厂提供市场反馈信息的形式，间接控制鞋厂按照自己的意愿生产，为和现在的 OEM 厂商打交道积累了经验。韩伟认为，现在中国制鞋厂很多，寻找合适的 OEM 厂商并不难，“从福建、温州到山东，有 50 家鞋厂要和我合作。”

实际上，友隆推出自有品牌也是长时间酝酿的结果。2001 年注册“派勒斯商标”，前后有 4 年左右时间运作。

韩伟现在正忙着扩大销售网络。他称，6 月 26 日将在石家庄召开派勒斯全国代理商大会。

韩伟也承认，从代理商转变为品牌商，在鞋业还很少见，“大多数是转变为生产商，这样相对于做自有品牌风险要低一些”。

本章小结

渠道冲突就是指某渠道成员意识到另一个渠道成员正在从事会损害、威胁其利益，或者以牺牲其利益为代价获取稀缺资源的活动，从而引发在它们之间的争执、敌对和报复行为。渠道冲突的原因多种多样，著名渠道专家 Stern 把这些原因归结为三个方面：目标不相容、归属差异以及对现实认知的差异。

渠道冲突有多种分类方法，其中最常见的是从渠道内不同层次、渠道内同一层次的不同成员，以及企业不同渠道之间关系的协调性与竞争性的角度出发，将渠道冲突分为水平渠道冲突、垂直渠道冲突、多渠道冲突三种。

解决渠道冲突，一般会涉及三个层次的工作，及冲突的管理策略、冲突的管理办法、冲突的防范机制。冲突的管理策略包括明确主导渠道、保障各渠道的利益、渠道改造要抓住时机、向渠道提供良好的服务和合理解决渠道之间的利益分配。渠道管理的办法主要有谈判、调节、仲裁、法律手段、清除和替补、退出。分销渠道冲突的防范机制包括建立渠道调整机制、渠道沟通机制、利益分配机制和引入第三方监督机制。

窜货，通常是指经销商为了谋求利润的最大化，利用不同销售区域市场需求的差别，将产品超越所限制的区域进行销售的行为。窜货行为是现阶段中国绝大部分企业渠道管理中遇到最多的一种渠道冲突，也是最令企业感到棘手的问题。从性质上来看，窜货主要分为自然性窜货和恶性窜货两类。窜货的主要原因是由于企业渠道管理上存在漏洞。因此，为维护生产秩序，堵住窜货源头，应从增强企业自身的渠道管理能力入手。

思考题

1. 渠道冲突的类型有哪些?
2. 渠道冲突的原因有哪些?
3. 渠道冲突的危害有哪些?

4. 如何评估渠道冲突？
5. 如何管理和控制渠道冲突？

【案例分析】

宝洁公司渠道冲突管理分析

宝洁公司的渠道冲突管理可以按照结构变量划分为多渠道冲突管理、垂直渠道冲突管理和水平渠道冲突管理三种类型，借此可以了解宝洁公司在渠道冲突管理中的具体运作和成功经验。

1. 宝洁公司的多渠道冲突管理

宝洁公司所处的日化行业属于快速消费品行业，这种行业消费者的购买具有不同于其他行业的一些特点，最明显的是购买者的购买行为具有冲动性和习惯性的购买特征，而且消费者购买选择的品牌忠诚度不高。对于这样的行业，企业只有拥有高效的多种分销渠道才能把产品以最快的速度转移到消费者的手里，使消费者能够方便地随时买到。

首先，宝洁公司把多渠道的组织按一定的要求进行分类管理，以便充分发挥它们各自的优势。在宝洁公司的渠道组织划分中，小店主要是月销量低于5箱的小型商店、商亭及各种货摊；大店是指百货商店、超级市场、连锁店、平价仓储商场、食杂店、国际连锁店及价格俱乐部等。同时，宝洁公司对大店和小店的经营进行了准确且互补的定位：小店的优势在于极大地方便消费者随时随地地购买，经营品种相对集中，以畅销规格为主，销售量受其他因素干扰小，能够有足够的毛利率保证其稳定的利润来源，基本上都有较稳定并且较为广泛的客户网络。大店都基本上具有50%以上的利润来源，大店的经营环境是建立企业形象、塑造品牌的有利场所，大店中良好的店内设计和形象展示是配合宝洁公司强大的广告攻势的最有力的销售工具。

其次，宝洁公司对营销资源也进行了合理的配置，通过供货管理和拜访制度的差异管理成功地解决了多渠道冲突。在供货管理上，小店供应价可高于批发市场的发货价，一般以厂价加5%为宜，100%现款现货，在任何情况下都不提倡采用任何形式的代销赊销，并要求分销商向所有的小店提供送货上门服务。大店则按严格单一分销商供货政策，根据商店经营的历史背景和目前的经营状况，按比例将每一家商店划给某一个具体分销商，同时其他分销商不得介入。在拜访制度上，小店的拜访频率，以成熟品牌不脱销，新产品4周内卖尽为目标，每家小店按1.5周考虑是比较合适的拜访频率。大店则根据其库存周期，生意量大小及货架周转率、送货服务水平以及促销活动频率等综合指标来考虑确定合适的拜访频率。

2. 宝洁公司的垂直渠道冲突管理

从垂直渠道关系来看，导致宝洁公司垂直渠道冲突的主要原因是宝洁公司与分销商的目标差异。宝洁公司希望通过销售终端来拉动市场，通过广告攻势建立强大的品牌力量，实现消费者的高度认同，再配以分销渠道的协助，以提升产品的市场销量。但经销商却更倾向于经营毛利率更高的短期盈利产品，特别是一些区域分销商大多采用多品牌经营，它们通过代理其他品牌的产品来增加其盈利的途径。可以看到，许多区域经销商同时经营包括联合利华、花王、高露洁等这些宝洁公司的竞争对手的多个品牌的产品。这样，必然大大地分散分销商运作宝洁公司产品所需要的资金、人力、仓储运输等资源。面对这种目标冲突和经营行为冲突的现实，宝洁公司采用了以渠道合作为核心的经营思路和恰当使用渠道权力的策略来解决其分销渠道冲突。它们采取的具体方法如下。

（1）坚持经销商必须专一经营。这项措施是基于宝洁公司强大的渠道权力优势，要求经销商必须独立经营宝洁公司的产品，独立设置账户，独立进行资金运作，业务员独立办公，宝洁公司的产品拥有独立仓库等硬性规定，使经销商只能够专一经营。以此确保宝洁公司要求经销商经营其产品的财力、人力、物力等不能随意地被组合和占用，更不能经营与宝洁公司存在竞争的品牌产品。

（2）注意精心选择经销商。宝洁公司在全国各地精选具有一定规模、财务能力、商誉、销售额、仓储能力、运输能力和客户关系的经销商，特别强调经销商的客户关系的深度和广度，以及其对区域市场的覆盖能力。对于新的经销商，宝洁公司要求其拥有不低于 500 万元的资产抵押及不低于 400 万元的流动资金，并采用公开招标的形式选择经销商。这种对经销商的严格挑选标准，可以促进市场渠道结构的合理分工，以避免因经营职能重复而造成的资源浪费，最大限度地降低渠道成本。

（3）实施端到端的直接合作。这是指不经过任何中间经销商，使宝洁公司的产品直接进入销售终端的一种渠道安排。这也是宝洁公司在成熟市场中运用娴熟的传统“战法”，使宝洁公司直接与最终零售商直接对接，比如宝洁与沃尔玛的“端到端”的直接合作。

（4）推行协助式的渠道管理。宝洁公司不仅注重精选有实力的经销商以形成合理的渠道结构和市场布局，而且还向分销商派驻公司代表以协助销售，并帮助培训分销商销售人员，招聘专职的区域市场代表，负责其工资奖金的发放，为分销商提供覆盖市场的一定费用。宝洁公司确立了 14 天回款返利 3%的回款激励制度，协助分销商提高物流管理水平并推行数字化管理。

3. 宝洁公司的水平渠道冲突管理

在企业拓展市场的竞争中，要从水平方向拓展渠道，针对分销商的竞争是异常激烈的，同时，渠道分销商之间也会频繁发生冲突和竞争。宝洁公司凭借其强大的渠道权力和影响力，较好地运用了渠道冲突管理中利益协调的核心机制，在渠道的各成员之间进行合理的利益分配，最大限度地避免和化解了分销商之间的渠道冲突，它所采取的具体措施主要如下。

（1）强调对经销商的权责管理。宝洁公司重视对经销商的权责管理，这样既可以维持宝洁公司在经销商选择上一贯坚持的高标准、严要求，同时对经销商的区域权力也做出了详细的规划安排，以避免水平渠道冲突的发生。比如，在对大的零售商的管理中，就明确规定了宝洁公司对各分销商的区域权力进行明确划分，其他分销商不得干涉。在权责明确划分的同时，宝洁公司也十分重视对分销商的激励机制，良好的激励机制本身也是对水平渠道冲突进行管理的有效方法。

（2）有效使用对分销商的覆盖服务费。宝洁公司设计并实施了分销商覆盖服务费（CSF）评估系统，按分销商覆盖业绩来评定覆盖服务费用，分销商提供越好的覆盖服务，将会得到越高的覆盖服务费（CSF）。分销商覆盖服务费=A%×分销商所有覆盖人员奖金基数总额×覆盖服务水平（CPL），其中 A%=270%，是一个固定比率，由宝洁公司每一个阶段根据市场情况而定，CSF 系统可以有效激励分销商，同时简化了相关的管理，并使对分销商的日常管理标准化，这对解决水平渠道冲突起到了重要的作用。

（3）充分发挥信息共享的作用。宝洁公司善于利用信息共享来协调各种可能的矛盾，不仅在宝洁和各级分销商之间，而且在同级的分销商之间也鼓励充分实现信息共享，从而有效地避免了水平渠道中因成员在信息方面的阻隔所导致的冲突。

（4）注意指导分销商的内部分工。宝洁公司通过尝试实施分销商一体化管理系统（IDS），对分销商内部的合理分工进行指导，该系统主要通过分销商运作经理、分销商销售主管、分销商销售组长、大店分销商销售代表、小店货车销售代表等各层级明确的职责和业务指标来保证渠道的畅通和高效运行。

（5）实施一体化营销改造。宝洁公司帮助经销商进行宝洁式的管理改造来增加对渠道管理的可控度，其改造的步骤如下。首先，宝洁公司内部组成一个跨部门的工作小组，对经销商进行诊断，找出其管理上的问题和不足，并且同经销商一起制定符合宝洁公司管理标准的改造计划；再次，经销商自行按照计划进行改造，工作小组提供各种支持，特别是为经销商提供导向性的咨询服务；最后，使改造后的经销商与其营销有关的职能部门拥有同宝洁公司相似的组织机构和运作管理方式。

问题：

1. 您认为宝洁公司在处理渠道冲突时，有哪些值得借鉴的经验？
2. 您如果是宝洁公司渠道管理人员，有什么改进建议？

第八章 渠道激励管理

【学习目标】

在渠道成员确定下来之后，渠道管理者应开始努力培养成员间良好的合作伙伴关系，以提升整体渠道的经营效率，这就离不开日常工作中的监督和激励。同时，对中间商的经常监督和激励也是及时消除渠道冲突与矛盾的行之有效的方法之一。

通过本章的学习掌握以下问题：

- 了解渠道激励的概念、内涵；
- 了解渠道激励的作用及基本原则；
- 掌握渠道激励的策略；
- 发现中间商的需求；
- 掌握激励中间商的方法。

【能力目标】

- 能设计简单的渠道激励管理组合方案；
- 学会使用渠道激励的“三大法宝”。

【知识导图】

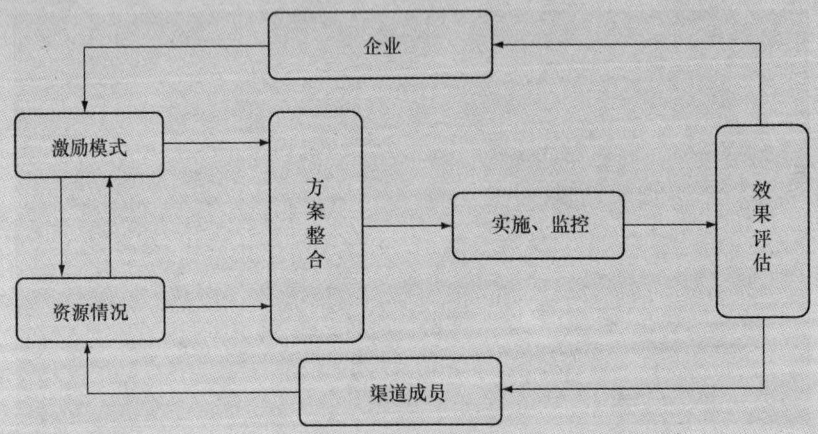

【引导案例】

加多宝渠道激励管理

2012 年 12 月 8 日，国家统计局中国行业企业信息发布中心公布“2012 年我国饮料行业 1～3 季度运行状况分析报告”，在这份全国 2012 年前三季度饮料行业的调研数据里，凉茶市场中，加多宝占比 73.0%，王老吉 8.9%，而和其正和宝庆堂分别以 4.3%和 0.5%排名其后——四大品牌销售量占行业总销量的 86.7%，行业集中度趋势明显。

无疑，这场引发众多热议的品牌之争以加多宝远超对手而完胜，而产生这个结果的原因不止在于加多宝多年操作原品牌的市场积累，还有面对新的格局时在渠道方面采取的一系列措施。

一、折扣策略

在对经销商的促销策略上，一方面为“满 100 箱送 3 箱”的优惠策略；另一方面对产品进行降价，提高了各经销商的利润空间，但是市场价依然保持原价，大大刺激了经销商的积极性。此次促销策略，促销对象为经销商，不同于其他品牌的大量终端促销方式。这种促销方式的亮点在于，一方面提高了经销商的利润，加强了经销商网络的巩固；另一方面保持着加多宝“高端产品”的品牌形象。

同时，在各终端网点、餐饮渠道投放促销人员，宣传加多宝新一轮针对消费者的促销活动，直面客户群，在拉动销售的同时，也让普通消费者了解到王老吉与加多宝的关系转变，避免了更多的老客户流失。

二、排他协议策略

加多宝的经销商都必须与加多宝集团签订一份排他协议，即作为加多宝的经销商，只能是加多宝唯一的经销商，不得同时成为其他凉茶品牌的经销商。

此次危机中最关键的竞争对手就是之前与加多宝为同一品牌的广药王老吉凉茶品牌。之前红罐王老吉与广药王老吉统一由鸿道集团经营管理的经销商进行销售，如今加多宝作为新的凉茶品牌脱离出来之后，加多宝经销商的排他协议让各经销商终止了广药王老吉的经销。同时，另外，加多宝对经销商的促销策略也从利润方面阻断了广药王老吉利用更多的利润挖经销商墙角。

三、压货策略

压货，顾名思义为渠道（经销商渠道）花钱买断产品后还没有销售出去的部分。加多宝给经销商以短期内才会实施的市场政策，使得经销商进行不同数量的压货。一方面刺激经销商将产品迅速铺入市场；另一方面让经销商没有剩余精力来经销类似产品，促使各经销商全心全意地将加多宝铺入市场。

第一节 分销渠道激励策略

一、激励

美国哈佛大学的心理学教授威廉·詹姆士在《行为管理学》中指出：合同关系仅仅能使人的潜力发挥到 20%～30%；而如果受到充分激励，其潜力可发挥至 80%～90%，这是因为激励活动可以调动人的积极性。所谓激励，是通过一定的手段和方法，调动对象的积极性和能动性的一种管理行为。根据社会心理学的“态度—行为”理论，人的态度决定人的行为及其效率。因此，激励对人的行为具有积极的意义。

从心理学的角度上说，激励是指通过刺激和满足人们的需要或动机，激发和培养人的动机，使人为了满足需要而积极行动，朝着目标前进的心理过程，其主要机理是遵循人类心理活动过程的自然规律，通过满足需要或研究行为达到引导、鼓励人们的目的。从管理学角度来看，所谓激励，就是组织通过设计适当的外部奖酬形式和工作环境，以及一定的行为规范和惩罚性措施，借助信息沟通，来激发、引导、保持和归化组织成员的行为，以有效地实现组织及其成员个人目标的系统活动。激励的最终目的是在实现组织预期目标的同时，也能让组织成员实现其个人目标，即达到组织目标和员工个人目标在客观上的统一。

在激烈的市场竞争中，企业为了获得竞争优势，分别在产品、价格和促销方面大做文章，但是在瞬息万变的市场格局中，企业发现产品、价格和促销方面渐渐缺乏“张力”，但是与此同时，分销渠道对于企业发展的重要性正日益凸显。因此，在渠道管理中，对于分销渠道的激励是不可或缺的重要内容。

(一）渠道激励概述

渠道激励，也叫渠道成员的激励，是渠道管理者通过强化渠道成员的需要或影响渠道成员的行为增强渠道成员间的合作精神，提升其工作积极性与经营效率，最终实现企业目标的过程。故此，渠道激励就是生产制造商希望通过持续的激励举措，来刺激中间渠道成员，以激发分销商的销售热情，提高分销效率的企业行为。

分销渠道因素将直接影响其他营销决策的制定和效果。例如，企业要进行大规模的派发活动时，极有可能因铺货不足、缺乏相应的店内宣传等因素，导致试用产品感到满意的消费者买不到产品，而使派送的促销效果大打折扣。实际上，不少大公司对分销渠道上的中间商们都不敢怠慢，它们在渠道上的促销花费要比它们愿意花费的更多。虽然它们希望把钱花在消费者身上，但越来越强大的渠道控制能力使中间商有本钱要求更多的奖励和资助。

因此，对渠道成员策略性地乃至战略性地激励是产品营销的要素之一，品牌与渠道必须同时发展，这并不是一个谁先谁后的问题。不管各个厂家的策略有何不同，渠道竞争的加剧已是不争的事实，现在的厂家不能像过去那样只管向经销代理商出货就可以了，为了使产品增加与消费者见面的机会，厂家必须激励和管理好渠道上每个层级的中间商，而在对消费者举办促销活动时，更需要各级成员的积极响应与支持配合方能取得成功。

激励贯穿于企业员工工作的全过程，包括对员工个人需要的了解、个性的把握、行为过程的控制和行为结果的评价等。需要渠道激励的根本原因在于，大多数情况下，构成分销渠道系统的各个渠道成员与制造商属于完全独立的不同经济实体。这种渠道系统的构成决定了制造商与渠道成员之间的关系不是严格意义上的上令下行的关系，而是一种合作关系。维系这种渠道成员之间、渠道成员与制造商之间关系的纽带则是双方对利益的一致追求。

(二）分销渠道激励的作用

渠道系统是由两个不同利益目标和思考模式的利益主体构成的，渠道成员和厂家的关系不是上令下行的关系，维系两者之间合作关系的纽带是它们对利益的共同追求。因此，对制造商而言，为了使整个系统有效运作，渠道管理工作中很重要的一部分就是不断地增强维系双方关系的利益纽带，针对渠道成员的需求持续提供激励以及经常性地进行渠道促销以增强渠道活力。企业只有充分、准确地认识渠道激励的重要性，才能制订出科学的、可执行的渠道激励计划。

渠道激励的作用主要体现在以下几方面。

1. 保证稳定的销售业绩，共同完成企业销售目标

企业的销售目标不仅依靠自身销售团队的努力，更需要渠道成员在企业促销期间对销售目标的实际达成。企业对渠道成员进行及时、有效的物质激励和精神激励，有利于激发和保持其产品销售热情，使之能更主动、积极地进行商品陈列、商品展示和各种促销，促使消费者做出购买决策，从而协助企业保持稳定的销售业绩，共同促成销售目标的达成。

2. 建立分销渠道排他性，获取渠道竞争优势

目前我国商品市场，尤其是快消品行业和家电行业，商品供应相对过剩，企业实际可选择的渠道成员与渠道利用空间有限。企业合理的渠道成员激励计划与方式有利于其占领和巩固有限的渠道资源，对竞争对手形成渠道壁垒，从而帮助企业建立分销渠道排他性，获取渠道竞争优势。

3. 提高铺货速率，加大铺货密度

市场终端执行力的强弱会影响企业是否能够迅速适应市场变化以抓住市场商机。产品若想尽快地顺利传递到消费者手中，先于竞争对手抢占市场制高点，需要渠道成员在铺货速度与铺货密度上的充分配合。企业制定相关的激励措施，有助于渠道成员提高终端铺货速率，并在条件成熟时扩大商品铺货密度，从而帮助企业获取更多的市场机会。

4. 收集市场反馈信息，了解消费者新需求

随着社会经济的发展和人们收入水平的提高，消费者对商品的需求日益丰富化与个性化，而且这种需求变化的速度越来越快。中间商（尤其是大型零售商）拥有的终端市场最接近消费者，有能力收集、分析消费者购买行为的相关信息并能把握这种市场变化。对此，企业可以制订相应的渠道激励计划，使其积极地为企业提供顾客的需求信息和市场的变化趋势，及时获取相关市场信息，把握消费者新需求，并调动一切资源去满足这种新需求，从而获得企业竞争优势。

5. 推动新品成功上市，树立企业品牌形象

企业新产品是否能够顺利上市，是否能够大卖，渠道成员的紧密配合起着至关重要的作用。大到经销商购进新品，小到新品终端陈列，都需要企业与中间商的密切配合，才能使其市场效果最大化。只有这样，企业品牌形象才能逐渐在市场中树立起来。因此，企业制定合理的激励措施，在某种程度上能确保新产品的成功上市，并使经销商成为企业信息的传播者、企业信誉的建立者和产品形象的维护者。

6. 减少窜货现象发生，稳定商品价格系统

产品或服务价格稳定是企业确保将其产品或服务成功推向目标市场并达到预定销售额和市场份额的关键条件之一。而一些渠道成员在经济利益驱使之下，往往会以低于市场正常价的价格侵占其他区域市场，从而使得企业产品价格系统和渠道网络系统趋于混乱，严重损害合法渠道商以及企业经济利益。企业对渠道成员进行合理、科学的激励，努力平衡各方利益，有助于遏制和减少窜货现象的发生，保持商品价格系统的稳定。

总之，企业制定和实施及时、合理的渠道激励计划，能够激励、规范与渠道成员的合作行为，提高企业产品销量以及扩大品牌知名度，在某种程度上能够降低双方之间的沟通成本，减少经济与情感消耗，确保双方长期、良好的合作关系。

二、渠道激励的基本原则

渠道激励作为调动渠道成员积极性的一种手段，需要遵循一定的规律或原则，否则，不但

没有激励作用，还有可能引起渠道成员的不满、矛盾与争斗，以及一个企业不同渠道之间的混乱。

1. 针对性原则

渠道激励的起点是满足渠道成员的需要。但是，不同渠道成员的需要存在差异性和动态性，因人而异，因时而异。因此，渠道领袖在对渠道成员进行激励时，必须针对它们的具体需求与问题，有的放矢，采用多样化的激励手段，满足它们的不同需求，解决它们关心的问题，才能达到最好的激励效果。厂家应该注重调查研究，深入、全面地了解各个渠道成员的实际需求和问题，制定有针对性的激励措施，才能收到相应的效果。

2. 及时性原则

渠道激励的及时性原则是指在激励过程中要注意时机的把握，无论是奖励还是惩罚，都应该及时实施。如果时机把握不当，应该奖励时没有奖励，就会使渠道成员产生不满情绪，影响其工作积极性，甚至产生不满和消极情绪。应该惩罚时不惩罚，则会使渠道成员不知畏惧，继续其错误行为，也会使其他本来遵守政策的渠道成员感到“吃亏”，从而也可能“以身试法”，这就会使整个渠道系统趋于崩溃，造成无法挽回的恶果。同时，及时性原则还要求把握短期和长期效应的整体平衡，不能只顾短期效应，否则会使渠道成员产生错误的营销观念，只顾眼前利益，采用不道德的手段销售和竞争，会损害顾客对企业的形象认知，影响企业的长远发展。

3. 公平性原则

中间商经常会采用两种标准衡量自己是否得到了公正的待遇，即横向比较与纵向比较。横向比较，就是将自己与别人比较来判断自己的所得是否公平。横向公平的基本标准是：某个渠道成员的所得与所投入的比例基本上与另一个成员的一致。如果与这个标准背离，就会产生不公平感。例如，对于感觉收入低于贡献的中间商来说，由于感觉遭到不公平待遇，会抱怨并且产生挫败感，积极性将受到严重影响；而对于感觉收入高于贡献的中间商来说，则会认为不需要怎样努力就可以得到奖励，所以也会对今后的努力不以为然，从而影响到工作效果。纵向比较，就是将自己目前的状况与过去相比较，看自己的努力是否获得了相应的报酬。其过高或过低也会产生和横向比较相同的效果。所以，不管从纵向还是横向角度看，激励遵循公平原则都是非常重要的。

4. 适度性原则

适度性原则是指对渠道成员的激励应适度，既不能使渠道成员的需求欲望过度膨胀，也不能使激励程度过低导致对渠道成员积极性的打击。要达到激励适度的目标，厂家就要尽量避免出现激励过分和激励不足两种情况。当厂家给予中间商的优惠条件超过它为合作付出的努力与业绩水平时，就会出现激励过分的情况，其结果是销售量提高而利润减少。当厂家给予中间商的条件过于苛刻，不能激发中间商努力工作时，则会出现激励不足的情况，其结果是销售量降低而利润减少。所以，厂家必须根据中间商的工作努力程度及业绩情况，给予恰如其分的激励，才能既起到激励的作用，又不至于激励过度。

5. 奖惩结合原则

奖惩结合原则是指对中间商的激励必须奖励和惩罚相结合，不能有所偏废。奖励是一种正激励，惩罚是一种负激励，两者都是有必要的。奖励业绩突出的中间商不仅可以调动该中间商的积极性，还让其他中间商看到工作努力的结果，从而产生赶超的动力。而对业绩不好、行为恶劣的中间商进行惩罚也是必要的，这样可以使中间商有所畏惧，不至于为了个体利益做出损害整体利益的行为。

三、渠道激励的三大法宝

（一）目标激励

目标激励就是通过目标的设置来激发人的动机，引导人的行为，使被管理者的个人目标与组织目标紧密地联系在一起，以激励员工的积极性、主动性和创造性。目标设置理论认为，指向一个目标的工作意向是工作激励的主要源泉，因为目标告诉员工需要做什么以及需要付出多大的努力才能实现目标。目标激励有三个要点：一是如果能力和目标的可接受性保持不变，则目标越具体、越困难，绩效水平就会越高；二是当获得了工作业绩的反馈时，人们会做得更好，因为反馈能帮助他们认清已做的和要做的之间的差距；三是如果员工有机会参与设置自己的目标，他们会更努力地工作。

渠道目标激励是一种最基本的激励形式。厂家每年都会给分销渠道成员制定或协商制定一个年度目标，包括销量目标、费用目标、市场占有目标等，达到目标的分销商将会获得相应的利益、地位以及渠道权力。所以，目标对于分销商来说，既是一种巨大的挑战，也是一种内在动力。在目标的制定方面，企业往往存在“失当”的问题，大多表现为目标过高的倾向，而过高或过低的渠道目标都不能达到有效激励的效果，过低了轻而易举，过高了遥不可及。因此，要制定科学、合理的渠道目标，必须考虑目标的明确性、可衡量性、挑战性、激励性以及可实现性。

（二）渠道奖励

这是制造商对分销商最为直接的激励方式。渠道奖励包括物质奖励和精神奖励两方面。其中物质奖励主要体现为价格优惠、渠道费用支持、年终返利、渠道促销等，实际上就是“Money”，这是渠道激励的基础手段和根本内容。而精神激励的作用不容忽视，因为经济基础决定上层建筑，上层建筑也反作用于经济基础。渠道成员同样有较高的精神需求。精神激励包括评优评奖、培训、旅游、“助销”、决策参与等，重在满足分销商成长的需要和精神的需求。

（三）工作设计

这是比较高级的激励模式。工作设计的原意是指把合适的人放到合适的位置，使他们能够发挥自己的才能，使得物尽其用，人尽其才。这一思想用在渠道领域，则是指厂家合理划分渠道成员的经营区域（或渠道领域），授予独家（或特约）经营权，合理分配经营产品的品种，恰当树立和定位各渠道成员的角色和地位，互相尊重，平等互利，建立合作伙伴关系，实现共进双赢。

四、分销渠道激励策略

根据不同企业的性质、渠道成员特性等因素，分销渠道管理者可以制定不同的激励策略。这些策略可以归纳为以下几类。

（一）价格策略

制定分销渠道的价格政策就像是将一块馅饼分割给很多人。分销渠道中不同环节的经销商都希望从总价格（最终消费者付出的价格）中分一杯羹，借以补偿它们的开支并获得所期望的利润。各个渠道成员从总价格中分享多少份额，将形成渠道定价结构。它是分销渠道价格政策的主要内容。在制定分销渠道价格策略时要注意以下问题。

（1）防止矛盾冲突。在商品定价过程中，仅仅考虑市场、内部成本、竞争因素是不够的，还必须防止造成渠道成员之间的不合作甚至冲突。因此在定价方面，渠道管理人员有责任制定合理价格，借以促进渠道合作和减少渠道冲突。

（2）价格策略的类型。价格策略的类型包括交易折扣、数量折扣、现金折扣、预期补贴、免费商品、预约运费、新产品展示及广告补贴（无绩效要求）、季节性折扣、混合装载特权、降低装运费特权、商务合同。

（二）支援策略

为渠道成员提供支持是指分销渠道管理者为满足渠道成员的需求并帮助其解决销售问题。如果能正确使用这种支持，就能有效地发挥渠道成员的积极性和主动性，从而产生更大的分销效益。为渠道成员提供支持的内容可以分为以下三大类。

1. 财务支持

财务支持包括传统的借贷方式和信贷延期。

（1）传统的借贷方式。传统的借贷方式包括定期贷款，提供仓储场地，票据融资，应付账款融资，设备分期付款融资，租赁及票据担保，应收账款融资。

（2）信贷延期。信贷延期包括 EOM 信贷延期、季节性信贷延期、ROG 信贷延期、“额外”信贷延期、后信贷延期。

2. 合作方案

在传统的松散型联盟的分销渠道中，批发与零售层面上的制造商与渠道成员之间的合作性计划是最常用的激励渠道成员的手段。合作性计划与合约的种类繁多，可以说是“思想有多远，合作方式就可以达到多远”。爱德华·维兹调查发现，生产商为渠道成员提供的合作方案五花八门，非常广泛。

对于分销渠道的不同层次，采用不同的合作性计划，例如对经销大量个人消费品的零售商如超市、杂货店、大众商品经销商等，生产商大量提供的是合作性广告补贴、有偿内部展示补贴；而对于批发层面的中间商，特别是那些经销产业用品的中间商，生产商通常提供销售人员竞赛及培训项目。所有的合作性支持项目都必须在平等对待的基础上提供给相同类型的渠道成员。从生产商角度来看，所有这些合作性支持项目的基本原理都涉及提供激励，以促使分销渠道成员加倍努力。

（三）战略联盟

分销渠道战略联盟，指在同一分销渠道中两个或两个以上的企业为了实现优势互补、提高竞争力而制定双边或多边的长期或短期的合作协议，并在此基础上进行长期联合的组织形式。

分销渠道战略联盟类型主要有以下几种。

1. 股权式战略联盟

这是由渠道各成员作为股东共同创立的联盟。这种联盟拥有独立的资产、人事和管理权限。这种联盟又可以分为对等占有型战略联盟和相互持股型战略联盟，前者指双方公司各拥有 50% 的股权，以保持相对独立性。后者指双方长期地相互持有对方少量股份。

2. 契约式战略联盟

当分销渠道成员无法将其资产从核心业务中剥离出来置于同一企业内时，或者为了实现更加灵活的收缩和扩张，合作伙伴不愿建立独立的合资公司时，契约式战略联盟便出现了。契约式战略联盟最常见的形式如下。

（1）技术性协议。渠道成员间相互交流信息技术资料，通过“知识”的相互学习来增强竞争实力。

（2）研究开发合作协议。分享现成的科研成果，共同使用科研设施和生产能力，共同开发新产品。

（3）产销协议。生产商与中间商之间通过签订协议的方式，形成风险共担、利益共享的联盟体，并按照商定的生产和销售策略，合作开发市场，共同承担市场责任和风险。

（4）渠道协调协议。建立全面协作和分工的渠道合作体系。

契约式战略联盟由于更强调相关企业的协调与默契，从而更具有联盟的本质特征。同时，契约式战略联盟在经营的灵活性、自主性和经济效益等方面比股权式战略联盟具有更大的优越性。

（四）保护策略

渠道管理者面对激烈竞争的压力，有时会改变营销策略，借以转变自己在市场上的被动地位。可是，有时政策变化可能给渠道合作伙伴带来伤害，优秀的渠道管理者必须时刻考虑对渠道成员利益的保护。

（1）树立“共赢”理念。所谓“共赢”理念，指的是一种新型分销渠道伙伴关系，这种伙伴关系或战略联盟强调的是生产商与渠道成员间保持持续和相互支持的关系，其目的是建立更加主动的团队、网络或者渠道伙伴的联盟。在这种渠道伙伴关系或战略联盟中，传统的“我和你”、“你的、我的”的观念已经被“我们”、“我们的”观念所取代。正如通用电气公司的前董事会主席兼首席执行官杰克·韦尔奇所说的那样：“我们在20世纪90年代的目标是建立一个没有界限的公司，我们要拆掉阻止我们与支持者融为一体的围墙……使他们与我们更好地合作，成为我们工作过程的有机部分，为了共同的目标——满足顾客需要而努力。”具体来说，“共赢”理念包括：合作伙伴双方都应得到利益；尊重合作伙伴；做出的承诺必须是能够达到的；特定的目标必须在建立牢固的伙伴关系之前就已确定；每一方都必须花一定的时间去了解对方的文化；每一方都必须对伙伴关系的发展提供一定的支持；双方交流的渠道必须保持畅通；最好的决策是双方共同做出的；保持关系的连续性。

（2）防止价格策略对合作伙伴的冲击。价格策略会对渠道成员产生影响，所以渠道管理人员必须考虑对渠道成员利益的保护。比如要保证每一个有效率的中间商得到超过其营运开支的价差；保证每一个中间商的价差必须与它在成本中所起的作用大致相当。

（3）保护策略的扩展。对分销渠道成员的保护政策还可以扩展到特许销售区域的保护，杜绝交叉授权、窜货可能给该区域特许分销商带来的冲击；服务政策和技术保障政策的保护，通过提供良好的维修服务、咨询服务、技术开发支持，使分销渠道成员获得良好的市场环境，保持对目标市场的高度吸引力。

第二节 对中间商的激励

一、发现中间商的需求

厂家在与渠道中间商的合作中，要不断发现其新的需求和问题并加以解决，才能有的放矢地对它们实施激励，达到良好的激励效果，使其产生最佳销售业绩，从而更好地促进双方的合作，顺利完成渠道的目标。所以，发现中间商的需求与问题是厂家在激励过程中首先要做好的事情。根据对各种相关研究的总结，中间商的需求大致可以分为三大类：获得利润，降低风险和提高竞争力。

（一）获得利润

通过销售厂家的产品，获得包括进销差价在内的各种利润是中间商与厂家合作的根本目的，也是双方合作的基础。厂家通过制定相应的价格政策，可以控制中间商获得利润的多少，从而刺激中间商加大销售力度，增加销量，实现双赢的目的。

（二）降低风险

中间商一般都是厌恶风险的，所以总想方设法降低风险。风险的主要来源是竞争与不确定性。它们可能来源于中间商在经营过程中所遇到的各种因素，包括厂家的新产品开发、产品供货、价格变动、竞争对手产品及营销策略的变化、顾客需求的变化等。针对这些风险，厂家可通过加强与中间商的信息沟通，如新产品开发信息、生产信息、物流信息、顾客信息等来解决。这样中间商就可以减少制定经营策略和实际经营过程中的不确定性带来的风险，增加彼此间的信任度，建立和巩固与厂家的合作关系，提高满意度。

（三）提高竞争力

在市场竞争过程中，短期利润最大化并不能保证长期持续发展。在市场中，一贯发展良好却一夜倒闭的中间商并不罕见。所以，现在很多中间商都非常注重建立和提高核心竞争力。如果厂家能帮助中间商提高竞争力，这将是对其最大的激励。目前有很多厂家都在用各种手段为中间商提供发展机会，如对中间商员工进行培训，辅助其制定决策和投资方式，帮助其拓展业务等，提高中间商的核心竞争力，从而达到激励目的。

二、激励中间商的方法

在确定了中间商的需求和问题之后，接下来就是要针对问题和需求进行相应的激励。激励中间商的方法多种多样，根据激励手段的不同，可将激励方法分为直接激励和间接激励两种。

（一）直接激励

所谓直接激励，是指通过给予渠道成员物质或金钱的奖励来激发其积极性，从而实现公司的销售目标。直接激励永远都不失为一种有效的激励形式，追求利益是中间商的天性。如果运用得当，物质奖励往往会起到非常好的激励效果。中间商大多为独立运营的企业，获取利润是其进行经营活动的根本目标，因此，生产制造商可以根据各中间商的经营目标和需要，在谈判与合作时提出一些商业利益上的优惠条件来实现对中间商的鼓励。直接激励是最有效、便捷的激励方式。在企业的现实运营中，常用的直接激励方法有以下几种。

1. 折扣

折扣是指为了鼓励中间商的某种行为而对产品价格进行的调整，它几乎是所有的厂家都在采用的方式之一。折扣一般是由厂家提出一定的条件，如果中间商达到条件中的要求，则厂家承诺给予一定的价格折扣。常见的折扣种类有如下几种。

第一，回款折扣。所谓回款折扣，即厂家规定一定的回款方式与一定的折扣率相联系，以缩短货款回笼周期。例如某药厂规定：如果经销商用现款现货购买，则厂家产品在出厂价的基础上再优惠 5%；如果 10 天之内回款，则在出厂价的基础上再优惠 3%；20 天之内回款，则优惠 2%；一个月回款，优惠 1%；一个月以上回款则不优惠。利用此方法，可促使一部分有实力的中间商为获得更大利润，尽可能缩短回款周期，这有利于厂家的生产经营。

第二，提货折扣。这种折扣是厂家为那些大量提货的中间商提供的一种减价，以鼓励中间商购买更多的产品。提货折扣的一种方法是根据提货等级、数量给予折扣，另一种是根据提货金额。例如某家电企业规定，如果中间商一次提货达到 100 万元，可以在出厂价基础上优惠 2%；达到 200 万元，优惠 3%；达到 500 万元，优惠 4%；1000 万元以上，优惠 5%。

第三，季节折扣。在销售旺季之前，生产制造商一般都希望中间商提前订货，以压货给中间商，达到一定的市场铺货率，为旺季备货，以抢占热销先机。而在旺季转入淡季之际，厂家也希望中间商多进货，以减少厂家仓储和保管压力。所以各中间商在相应季节提货，可获得厂家更多的折扣。

第四，功能折扣。功能折扣是指厂家为了促使各中间商愿意执行某种市场营销功能（如推销、仓储、服务）而提供的一种价格减让，也包括为促使各中间商同意参加厂家的促销活动而进行的价格折扣。例如，如果中间商愿意为顾客提供售后服务，生产制造商就可以在出厂价基础上再给予一定的价格折扣；如果各中间商愿意参加厂家的统一促销活动，则根据销售额可在再进货时提供一定的价格折扣。

2. 返利

返利是指生产制造商以一定时期的销量为依据，根据一定的标准，以现金或实物的形式对经销商的利润返还或补贴。返利对生产制造商来说，是希望最大限度地激发经销商销售自己产品的积极性，通过经销商的资金、网络，加速产品的销售，以期在品牌、渠道、利润等诸多方面取得更高的回报。返利对经销商来说，则是生产制造商对自己努力经营其产品所给予的奖励，是其经营利润的主要来源之一。返利的特点是滞后兑现，而不是当场兑现。根据奖励目的，返利可以分为过程返利和销量返利两种。

过程返利是一种直接管理销售过程的激励方式，其目的是通过考察中间商市场运作的规范性以确保市场的健康发展。通常情况下，过程激励需要考察以下内容：铺货率，商品陈列生动化，安全库存，指定区域销售，规范价格，专销（即不销售竞品），守约付款等。能达到相应的要求，厂家就对中间商予以一定的返利支持。这是一种很好的管理工具，如果设计得好会起到既激励中间商，又管理和控制中间商的作用。例如，某厂家的返利政策是这样的：中间商完全按公司的价格制度执行销售，返利 3%；中间商超额完成规定销售量，返利 1%；中间商没有跨区域销售，返利 0.5%；中间商较好地执行市场推广与促销计划，返利 1%。通过这种过程返利方案设计，既能激励中间商超额完成销量，又能规范中间商的运营，避免出现擅自降价、窜货现象，并促使中间商积极参与厂家的促销活动。

销量返利是指厂家根据中间商达到的销量提供不同程度的返利。具体来说，如果中间商在一定时期内的销量（或销售额）达到厂家规定的某一最低值，则厂家在原来出厂价的基础上，再给予中间商一定比例的返利，销量（或销售额）越高，则返利比例越大。例如某厂家规定，如果中间商分别完成必保任务 200 万元、争取任务 250 万元和冲刺任务 300 万元，返利比例分别为 1%、3%和 5%，相对应的返利金额分别为 2 万元、7.5 万元和 15 万元。

销量返利常见的形式是销售竞赛。销售竞赛是指对在规定的区域和时段内销量第一的中间商给予奖励，奖励的形式如上所述。另外，还可开展针对中间商的销售人员的营销大赛，以激发中间商的推销热情，掀起“比、学、赶、帮、超”的热潮。例如，某厂家在全国范围内，针对中间商的导购人员，开展销售技能比拼大奖赛。通过这次规模宏大的比赛，不仅激发了大家学习的动力，提升了导购技能，还潜移默化地"同化"了中间商的导购员，促使他们主推该企业的产品。此销售大赛不仅使厂家受益颇丰，壮大了声势，展示了实力，而且中间商也很满意，通过销售竞赛，提升了它们的员工素质，扩大了销售额、利润额，取得了较好的效果。销量返利的实质就是一种变相降价，可以提高中间商的利润，无疑能促进中间商的销售热情。但事实上，销量返利大多只能创造即时销售，从某种意义上讲，这种销量只是对未来市场需求的提前支取，是一种库存的转移。其优点是可以挤占中间商的资金，为竞争对手的市场开发设下路障。缺点是若处理不好，则可能造成中间商将返利当利润，而不是向市场要利润；同时一部分善于投机的中间商为获得更多的返利，可能会越区销售，导致窜货、价格倒挂等扰乱市场秩序的行为。

返利的时间应根据产品特性、货物流转周期来确定是月返、季返还是年返。时间不宜过短，一般以不低于 3 个月为好，以免引起中间商为了得到返利而压货，使销售额大起大落。同时也不宜太长，一般以一年为限。否则，由于时间太长，不确定因素加大，中间商也就不感兴趣。另外还可能成为糊涂账，对双方都不利。

3. 放宽信用条件

通常相对于生产制造商而言，许多中间商的资金实力都非常有限，它们对付款条件也会较为关注。一般期望厂家给予它们资金支持，这可促使他们放手进货，例如，采取售后付款或先付部分货款，待产品出售后再全部付清的方式，积极推销产品以解决中商资金不足的困难。这种激励方式比较适合厂家刚进入某一市场或者希望尽快扩大市场份额的情况。企业针对此类中间商的特定需要，通过对其诚信度的调查，适当地放宽对付款方式的限制，甚至可在安全范围内为其提供信用贷款，帮助其克服资金困难，如此也能达到较好的激励效果。

4. 各种资金补贴支持

针对中间商在市场推广过程中所付出的种种努力，企业可以带有奖励性质地对其中一些活动加以补贴，如广告费用的补贴、通路费用的补贴、商铺陈列的补贴等，既拓展了产品的市场广度和力度，也能提高中间商的工作积极性；还可通过提供一定数额的产品进场费、货架费、堆箱陈列费、POP 张贴费、人员促销费、店庆赞助、商店 DM 的赞助等形式向中间商提供资金支持。

概括地说，直接激励作为激励中间商的一种重要手段，能最大限度地满足中间商的利益保障需要，激发其工作热情，但过多地使用物质激励也可能会导致渠道出现价格失控、管理失控的混乱局面，同时还需要承担企业利益损失的风险。因此，企业应在了解中间商实际需要的前提下，以建立长远稳定的发展渠道为目标，有针对性地适度使用直接激励政策。

（二）间接激励

间接激励是指通过帮助中间商提高服务水平，提高销售效率和效果，以增加利益，从而激发它们的积极性。间接激励方式很多，随着社会的发展，其方式还在不断创新之中。目前常见的间接激励方式有以下几种。

1. 帮助中间商进行库存管理

这主要包括保证合理安排进货，供货及时，减少因订货环节出现失误而引起发货不畅。帮助中间商了解某一周期的实际销货数量和利润，建立进销存报表，形成安全库存数和先进先出库存管理，以减少即期过期品的出现。例如在旺季保障供货就是对中间商的最大支持和激励；妥善处理销售过程中出现的产品损坏、变质、顾客投诉、顾客退货等问题，切实保障中间商利益不受无谓的损害；减少因厂家政策不合理而造成的渠道冲突。

2. 帮助零售商进行零售终端管理

零售终端管理的内容包括铺货和商品陈列等。在渠道为王，决胜终端的时代，中间商的服务水平直接影响顾客对厂家产品的购买选择。对顾客来说，他们直接感受到的就是终端的商品陈列和促销人员的服务质量。良好的终端陈列和服务水平是销售业绩的有效保障。而许多中间商受自身水平的限制，在服务上很难达到规范化、标准化。所以，厂家有必要制定严格的终端服务手册，对终端商品陈列、POP 布置、专柜店头制作、广告宣传、促销方法等做出全面规定，并委派业务人员协助中间商工作，提供促销物料，指导商品陈列，加强促销员培训，增强他们对企业及产品的认同，全面了解产品的性能和指标，以增加销售技巧，提高他们的服务质量，树立企业品牌，在顾客心中真正树立起企业与产品形象。

宝洁公司要求经销商组建宝洁产品专营小组，由厂方代表负责该小组的日常管理。专营小组的构成一般在 10 人以上，具体又可分为大中型零售店、批发市场、深度分销三个销售小组。每个销售人员在给定的目标区域、目标客户范围内，运用“路线访销法”开展订货、收款、陈列、POP 张贴等系列销售活动。制造商代表必须协同专营小组成员拜访经销商，不断对经销商进行实地指导与培训。同时，为了确保制造商代表对专营小组成员的全面控制管理，专营小组成员的工资、奖金，甚至差旅费、电话费等全部由宝洁公司负责发放。厂方代表依据销售人员的业绩，以及协同拜访和市场抽查的结果，确定小组成员的奖金额度。宝洁公司还要求经销商配备专职文员以及专职仓库人员，工资、奖金亦由宝洁公司承担。这些做法不仅有效地帮助经销商提高了运营管理水平，使经销商获得了更多利益，同时也在此过程中向经销商灌输了宝洁公司的经营理念和文化，更加巩固了其与经销商的合作关系。

3. 加强对中间商的培训

我国中间商因为历史原因，整体素质不高，管理能力和自我提升能力不足，在企业发展到一定程度后，需要接受管理、营销、财务、人力资源等方面的指导。厂家为提高整体渠道效率，很有必要统筹规划，有针对性地对中间商及中间商的销售人员进行相关方面的培训，提高他们的素质和能力，提高中间商的业绩，使中间商能和厂家共同成长，在合作中实现共赢发展。同时，这种培训也可加强中间商与厂家的关系，使双方成为长期合作的战略伙伴。例如，联想成立的“大联想学院”就是一个专门为代理商提供各类培训服务的机构。“大联想学院”的宗旨是落实“大联想”的渠道策略，面向合作伙伴，通过培养大联想销售体系需要的专业人才，提高合作伙伴的管理水平、增值能力、销售推广能力和商务、宣传、服务的规范，提升“大联想”体系的竞争力，使合作伙伴与联想共同成长。

4. 提供市场情报

市场情报是开展营销活动的重要依据。企业应将所掌握的市场信息及时传递给中间商，使它们能很好地制订经营计划。为此，企业有必要定期或不定期地跟中间商进行座谈，共同研究市场动向，制定切合实际的销售措施；企业还可将自己的生产状况、今后的发展计划以及自己的生产状况、生产计划、新品研发等信息传递给中间商，为中间商合理安排销售计划提供依据。

5. 广告促销支持

生产者利用广告宣传、促销活动推广产品，一般会受到中间商的欢迎。厂家应当在整个市场塑造自己的产品形象，提高品牌知名度，中间商在自己区域内进行促销时，厂家也应给予大力支持，为中间商提供各种补贴措施，形成利益统一体，既提高自己的品牌知名度，又帮助中间商赚取利润，激发它们推广产品的热情。广告宣传及促销费用可由厂家负担，也可由双方合理分担。厂家还可经常派人协助一些主要的中间商安排商品陈列，举办产品展览和操作表演，训练推销人员。广告促销支持可使中间商的销售额迅速增加，增强中间商对厂家产品的信心。例如，某厂家在某地和中间商谈好合作意向后，承诺为了使该中间商尽快开拓市场，厂家将在该地区电视台的黄金时间连续 3 个月做每天不低于 2 次的产品广告。这就是典型的广告宣传支持。

6. 精神激励

厂家除了重视物质激励，让中间商获得更多的经济利益之外，还应该重视精神激励的作用。实际上，人们在基本需求得到满足之后，随之上升的是精神需要，例如尊重、归属、自我实现等。厂家如果能根据中间商需求的变化调整激励措施，往往会收到意想不到的效果。常见的精神激励方式如下。

（1）旅游。这是对中间商的一种很好的激励方式。在生意繁忙之余，给它们的员工一次放松身心的机会，他们会更忠诚，更有凝聚力，可以激发他们口碑传播的积极性。现在很多厂家在年终召开中间商大会，都是前 1～2 天开会，最后留出时间在当地旅游。花钱不多，却非常受中间商的欢迎。曾有一家厂家针对完成销售目标的中间商员工代表给予了一次俄罗斯三日游的奖励。面对出国的这种“诱惑”，一些中间商欢呼雀跃，连厂家都没有想到，效果竟是如此之好。

（2）大客户会。有的企业会定期召开大客户会，邀请主要客户代表参加企业的新产品说明会、培训会、政策吹风会等，促使这些核心客户深刻领悟企业营销战略及其策略，明晰企业发展方向，更好地实现与制造商携手合作共赢的良好局面。能参加大客户会，对中间商来说意味着厂家的尊重和承认，也是一种巨大的精神激励。

（3）中间商顾问委员会。一些厂家为了激发大客户的参与，及时了解中间商面临的问题及需求，采取了中间商顾问委员会这种激励方式，为参与者颁发聘书，给予一定的补贴待遇等，让它们参与到厂家的产品研发、市场管理、渠道政策制定等工作中。由于中间商亲身参与，执行力更强，而厂家也能及时了解中间商的问题和需求，建立和大客户的牢固关系，因此，销售更为稳定。

（4）荣誉证书。在厂家召开年度中间商大会时，经常会就一年来中间商的销售业绩进行评比，对销售额较大或销售额增长较快的中间商进行奖励，并颁发荣誉证书，让代表上台发言，甚至邀请优秀中间商的负责人作为宴会抽奖环节的颁奖嘉宾。这些精神激励方式对中间商来说也是一种巨大的精神鼓励，可促使它们第二年更努力。

除了上述方式外，厂家还会想方设法给予优秀中间商精神激励，例如，提高中间商的经销地位，邀请它们的负责人与厂家总裁共进晚餐；聘请在当地有影响、信誉好的中间商作为厂家的名誉顾问，定期邀请其参加厂家的一些经营或公关活动；为大中间商派驻专业顾问等。这方面还有很多创新潜力。

7. 建立长期伙伴关系

上述激励方式的主要目的是获得中间商的合作。除此之外，厂家还要研究目标市场上产品供应、市场开发、寻找顾客、账务要求、技术服务和市场情报等方面的情况，以及厂家与中间商各自能从对方得到什么。然后，根据实际可能性，与中间商共同议定这些情况，制定必要的措施，签订相应的合作协议，谋求与中间商建立长期合作关系。如中间商能认真执行，则厂家可再给予一定的补助。例如，某厂家不直接给中间商 25%的销售佣金，而是按下列标准支付：

如保持适度的存货给 5%；如能达到销售配额，再给 5%；如能有效地服务顾客，再给 5%；如能及时报告最终顾客的购买水平，再给 5%；如能正确管理应收账款，再给 5%。

另外，厂家可在组织方面与中间商进一步加强合作，把厂家和中间商双方的要求结合起来，建立一个有计划的、专业化管理的纵向联合销售系统，这有时也被称为分销规划。厂家可在此系统内设立一个中间商关系计划部，由该部门与中间商共同规划销售目标、存货水平、商品陈列、培训员工计划以及广告宣传计划。其目的是使中间商认识到，它们和厂家的利益是一致的，双方都可以从这种良好的合作中获益。

8. 惩罚

根据奖惩结合的原则，在所有的激励方式都不能奏效的情况下，厂家还必须对有违规行为又不听指挥的中间商采取惩罚措施，例如取消中间商资格或降低经销级别、优惠政策，直至终止合作等。有奖有罚，才能令行禁止，保证整个渠道系统的稳定、高效。

本章小结

本章基于这样一个前提：即渠道结构已经设计好，而且所有的渠道成员也已经选好。渠道设计工作已经完成，随之而来的是如何对现有渠道进行管理以保证渠道成员之间相互合作的问题了。为此，本章主要讨论渠道政策、渠道激励与激励效果三个问题。

渠道政策是指生产商根据当前的市场环境和企业的战略意图，为有效激励渠道成员所提出的渠道运作规则、职能分配政策、激励政策以及支持政策的总称。渠道政策既要符合企业自身的利益，也要符合其他渠道成员和消费者的利益，总之要有利于分销渠道的协调和合作。

渠道政策的实施就是渠道激励。生产企业要想赢得产品的销售市场，首先必须赢得中间商这个“市场”。激励的目的是确保渠道成员之间的超越合同关系的合作。为此，首先要发现渠道成员的需求与问题，其次是采取直接与间接的方法为成员提供激励。直接激励是指通过给予渠道成员物质或金钱的奖励来激发其积极性；间接激励是指通过帮助渠道成员进行销售管理，以提高销售的效率和效果来激发其积极性。

激励是一种投入，因此必须研究其产出，即激励效果。这一效果体现于中间商的努力程度，销售业绩是否有较大的提高。激励效果是对激励政策的反馈。激励得当，它可以像催化剂一样推动渠道良性运行；而如果激励过分、激励不足或激励失效，它就可能变成渠道发展的阻力。

思考题

1. 渠道激励的概念及内涵是什么？
2. 渠道激励的作用有哪些？
3. 渠道激励的类型有哪些？
4. 渠道管理与渠道激励的区别与联系是什么？

【案例分析】

曾经被家电厂家视为“鸡肋”的三四级市场，如今获得了不少厂家的垂青，特别是那些在一、二级市场的“贴身肉搏”中累得虚脱又没捞到多少好处的厂家，开始把三四级市场视为最好的“休养生息”之所、“真正的富矿”。但三四级市场的水到底有多深，厂家也十分迷茫。显然，一、二级市场的网点布局不能在此简单复制，毕竟一、二级市场有家电专业连锁店的“血拼”和零售大卖场的密集布局，家电厂家虽是身陷其中，但以直供的方式，在忍气吞声的前提下，销量多少还是有保证的。三四级市场有其特殊性，厂家们来到这里，感受到的更多的是“爱之深，责之切”，更多的是有心无力后的无奈。代理商理所当然地扮演了厂家三四级市场“拓荒者”的角色，但优秀的代理商作为厂家“拓荒”的稀缺资源，自然成了各厂家争夺的对象，资源的稀缺性暂且不说，这些仅有的资源能否有效利用也将是一大考验。这些代理商手中握着三四级市场的网点资源，因而在厂家与代理商的利益博弈中，代理商往往恃宠而骄，经常违背厂家的意愿或不积极主动去经营厂家的产品。

在商者逐利的游戏规则下，厂家应如何调动三四级市场代理商主动营销的积极性，这显然是一门学问，而且是一门考验厂家营销功力的大学问。对此，你将如何运作、策划呢？

第一篇
分销渠道概念

第二篇
分销渠道设计

第三篇
分销渠道管理

第四篇
分销渠道控制

第九章 渠道控制

【学习目标】

按照管理学职能的基本逻辑关系，控制既是管理的终点，又是下一轮管理活动的起点。在实际的营销活动中，企业面临内外环境的不断变化，渠道体系是动态的，为此，需要对渠道进行及时调整和控制。

通过本章的学习掌握以下问题：

- 了解渠道控制的特点及分类；
- 理解影响渠道控制的因素；
- 掌握渠道控制的方法与方式。

【能力目标】

- 能分析某一具体企业的渠道控制的因素；
- 能对某一具体企业渠道控制的方法与方式提出建议。

【知识导图】

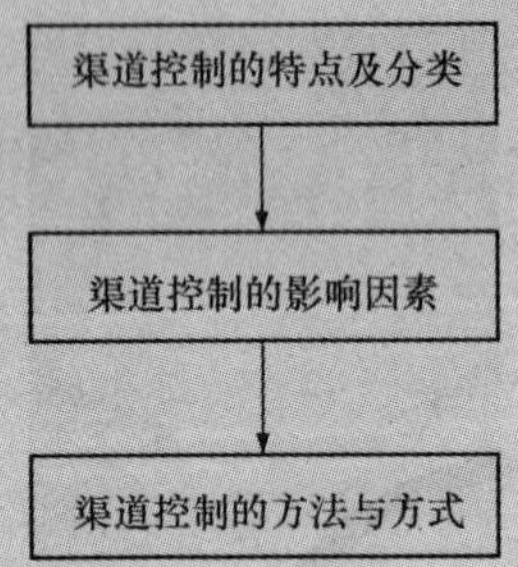

【引导案例】

渠道管理：掌控中国企业生命线

改革开放 30 年，中国的营销格局发生了翻天覆地的变化，而分销渠道或营销通路则是中国营销 30 年发展进程中变化最大也最为复杂的领域。实际上，中国营销实战中最棘手、变数最多、最直接影响业绩的就是营销通路。本土企业渠道复杂而动态，相应的渠道管理模式充满变数，且不同行业的渠道模式各不相同。营销人员和研究学者从不同的角度，基于不同行业总结了多种渠道模式，甚至一个企业就是一种模式。专家学者针对不同行业，基于不同视角，总结出不同渠道模式，如食品饮料行业的厂家直销模式（以三株为代表）、网络销售模式（以娃哈哈为代表）、平台式销售模式（以上海三得利啤酒为代表），空调行业的美的模式（批发商带动零售商）、海尔模式（零售商为主）、格力模式（厂商股份合作）和志高模式（区域总代理制）等。由此可见，由于所采用的标准和分类的角度不同，渠道模式也不尽相同。渠道主体之间信息不对称是一种常态情形，因此，交易成本理论认为，控制机制是企业进行交易关系管理时不可或缺的重要基础，它是降低渠道成员机会主义行为，提高渠道关系绩效的有效手段。在中国市场，对通路的控制权是一个最重要的因素。以对通路的控制权为依据，可以将本土企业的渠道模式分为三大类：制造商主控的 M 通路模式（Manufacturer），如长虹、联想模式等；经销商主控的 W 通路模式（Wholesaler），如苏宁、国美模式等；零售商主控的 R 通路模式（Retailer），如华联模式等。

（资料来源：渠道管理：掌控中国企业生命线 http://info.10000link.com/newsdetail.）aspx?doc=2012032990054）

控制是社会化生产的必要职能之一。凡是涉及多人合作进行的经济活动，为了实现准确的配合和协调，为了实现预期的总体效率，就必须对每个人的生产效率以及人们彼此之间的合作关系进行检测和控制。所谓控制，是指对多人合作生产系统内的合作与配合状态，根据一定的计划和标准，进行跟踪监测，发现问题并及时纠正的活动或过程。

控制是对各种活动的监视，从而保证各项行动按计划进行并纠正各种显著偏差的过程。所有的管理者都应当承担控制的职责，即便他的部门是完全按照计划行动。因为管理者对已经完成的工作与计划所应达到的标准进行比较之前，他并不知道他的部门的工作是否进行得正常。一个有效的控制系统可以保证各项行动完成的方向是朝着达到组织的目标。确定控制系统的有效性的准则就是看它在促进组织目标实现时做得如何。控制系统越是完善，管理者实现组织的目标就越容易。

第一节 渠道控制的内涵

一、管理控制

管理控制是衡量和矫正工作活动使之按计划进行，进而确保组织目标得以实现的过程。具体来说，管理控制就是用预定标准来检查组织中各项工作的进展情况，看其是否与计划相符，是否与下达的指标和既定原则相符，及时发现差异和存在的问题，采取矫正措施，使工作按原定计划进行，或适当调整计划，使之符合客观实际的管理活动。

（1）管理控制具有整体性。这包括两层含义。一是管理控制是组织全体成员的职责，完成计划是组织全体成员共同的责任；二是控制的对象是组织的各个方面。确保组织各部门和单位彼此在工作上的均衡与协调是管理工作的一项重要任务，为此需了解掌握各部门和单位的工作情况并予以控制。

（2）管理控制具有动态性，管理工作中的控制不同于电冰箱的温度调控，后者的控制过程是高度程序化的，具有静态的特征。而组织不是静态的，其内部环境不断地发生变化，进而决定了控制标准和方法不可能固定不变。管理控制应具有动态的特征，这样可以提高控制的适应性和有效性。

（3）管理控制是对人的控制并由人执行。管理控制是保证工作按计划进行并实现组织目标的管理活动，而组织中的各项工作要靠职工完成，各项控制活动也要靠人去执行。管理控制首先是对人的控制。管理控制的这种特点使得管理控制工作具有更明显的人为因素干扰，这种干扰可能是正面的，如人们的责任心有助于增强控制效果；也可能是负面的，如担心被处罚的心理会影响偏差信息的收集。如何降低人为因素所产生的负面影响是管理控制工作中的一大难题。

（4）管理控制是提高职工能力的重要手段。控制不仅仅是监督，更重要的是指导和帮助。通过控制工作，管理者可以帮助职工分析偏差产生的原因，端正职工的工作态度，指导他们采取矫正措施。这样，既会达到控制目的，又会提高职工的工作质量和自我控制能力。

二、渠道控制的内涵

国内学者常永胜教授提出，分销渠道控制是以分销渠道成员的分销效率以及合作和配合关系为对象，设计控制标准，进行连续的监测与评价，发现问题并采取措施及时纠正错误的管理过程。由于分销渠道控制的主要对象、核心内容是分销效率，因此，也可以称为分销效率控制。而且，他提出“渠道控制的内容可以根据营销组合因素来划分，分为对产品与服务的控制、对价格的控制、对促销活动的控制和对分销过程与分销区域的控制”。表 9-1 从生产制造商和中间商两个角度，列举了在分销渠道中控制营销组合因素的具体内容。

表 9-1　　分销渠道中对营销组合因素的控制①

控制内容	控制者	
	生产制造商	中间商
对产品与服务的控制	控制产品的生产制造过程，产品质量保证的落实，中间商为产品提供的各种服务；监督中间商，不使与自己有关的假冒伪劣产品通过中间商入市	控制某一产品的订购数量、品种、规格和质量，产品质量保证的落实，产品的安装与维修；提供售前、售中和售后服务；通过严把进货关，杜绝假冒伪劣产品入市
对价格的控制	按照合同，监督与控制自己产品的批发和零售价格；监督与控制中间商对于企业折价政策的落实情况	根据市场情况和供销合同，确定或建议产品的批发与零售价格；落实生产制造商的折价政策；防止生产制造商制定对自己不利的价格歧视政策
对促销活动的控制	根据合同或实际需要，从事和控制企业产品的促销活动；监督中间商对自己产品的促销方式和促销努力	根据合同或实际需要，实施产品的售点促销，负责产品在售点的销售活动，进行售点的现场管理；向生产制造商提供促销活动的建议
对分销过程与分销区域的控制	按照合同，控制物流过程和分销区域，避免不同成员之间或不同渠道之间发生大的冲突	防止生产制造商的窜货行为和其他投机行为，如产品在售点的“体外循环”

另外，渠道控制的内容也可以按照渠道功能来划分，如分为对渠道信息的控制、对所有权转移过程的控制、对资金流的控制和对物流的控制等。

虽然渠道控制是管理控制在渠道领域的具体应用，但是它与一般意义上的管理控制有很大的差别。渠道控制是一个渠道成员对另一个渠道成员的行为与决策变量成功施加影响的过程。渠道控制的本质是对渠道成员（组织）的行为进行控制，同时它也是一种跨组织控制、相互控制（或交叉控制）和结果导向的行为过程。渠道控制根植于相互依赖的渠道关系中，因而它与渠道关系中的诸多变量存在着千丝万缕的联系。

分销渠道控制问题由来已久，早期渠道控制问题的研究是经济学研究的延伸，直到 20 世纪

① 常永胜．营销渠道：理论与实务．电子工业出版社，2009 年．

70 年代初，Stern 等学者将行为科学方法引入渠道研究领域后，对该问题的研究才逐渐转向行为科学范式。Stern（1967）是最早对渠道控制问题进行研究的营销学者之一，他认为渠道控制是一个渠道成员就某一特定产品（或品牌）为其他渠道成员制定营销政策的能力。这一概念并没有明确渠道控制的本质内涵，并且将渠道控制归结为一种能力的观点直接导致了该概念与渠道权力概念的混淆；Bucklin（1973）直接借用了组织学者 Tannenbaum 的控制定义；将渠道控制定义为"个人、群体或组织有目的地影响其他个人、群体或组织行为的过程"。这个定义虽然明确地将渠道控制的内涵界定为对行为的控制，但并没有在渠道关系背景中对渠道控制进行定义。也许是受 El-Ansary 和 Stern（1972）的影响，渠道控制与渠道权力一度被认为是可以互换的两个概念，但还是有学者对两者进行了区分（El-Ansarv&Robichearx，1974；Etgar，1977，1978）。这些学者认为，渠道权力是一个渠道成员影响另一个渠道成员决策变量的能力；而渠道控制则指一个渠道成员对另一个成员行为和决策变量的实际影响。因而权力是一种潜在影响力，而控制则是权力应用的实际结果。因而将渠道控制定义为"一个渠道成员对另一个渠道成员行为和决策变量成功影响"的观点得到了大多数学者的认可。虽然也有学者从较为宽泛的角度来研究渠道控制问题，即将渠道治理问题（Philips，1982；庄贵军，2004）和产业组织问题（晏维龙，2004）纳入分析框架。

Bucklin（1973）是最早建立渠道控制模型的学者之一，他将 Bamard 的权威理论应用于渠道控制分析，并应用经济学方法构建了一个渠道控制模型。该模型通过构建中间商的忍耐函数和收益函数描述了制造商对中间商控制的有效区间，制造商控制战略的作用区间，以及影响函数曲线移动的若干变量。然而，这个模型的一些前提假设受到了 El-Ansary 和 Robichearx（1974）的质疑，他们修正并发展了 Bucklin 的渠道控制模型。更为重要的是，这两位学者指出了渠道控制是组织间控制这一本质特征，并认为在这样的背景中权威或权力的使用是相互的，因而渠道控制也是相互的，而不是单向的。从渠道成员之间的依赖关系出发，两位学者进而指出渠道关系双方向对方实施的控制是针对不同问题或领域的，这取决于渠道成员在关系中的地位和作用。这种基于渠道依赖关系的相互控制的观点得到了诸多学者的认同（Frazier，1983，1999；Reve&Stern，1979；Skinner&Guiltinan，1985）。与之相应，营销学者们进行了大量实证研究以检验渠道依赖关系与渠道权力和渠道控制的关系（Anderson&Narus，1990；Brown，Lusch&Nicholson，1995；Celly&Frazier，1996；Frazier&Rody，1991； Keith，etal，1990；Kim&Hsieh，2003；Skinner&Guiltinan，1985）。从文献资料来看，20 世纪 80 年代中期以后，鲜有学者提出专门针对渠道控制问题的理论模型，渠道控制大多被整合到了各种渠道关系模型中。

由此可见，渠道控制与渠道权力及其运用密切相关。渠道权力是渠道影响力，渠道权力的运用是影响力的使用，而渠道控制则是影响力的成功使用。当然，渠道控制也可以通过其他方式实现，如合作、参与、关系与关系的发展等。

三、渠道控制的特点

分销渠道有多种不同的结构。对于不同结构的分销渠道，控制的内涵和方法有很大的区别。比如，直销渠道的控制，实际上就是组织内部控制，所采用的也是基于企业层级系统的各种控制方法或手段；中间商渠道的控制，则与组织内部控制大不相同，它是一种跨组织控制，基于企业层级系统的各种控制方法或手段可能并不好用。

因为直销渠道的控制问题从根本上讲，是企业的内部控制问题，再加之一般在销售管理课程中都会有详细的介绍和讨论，所以不是本书的重点。本书只把重点放在中间商渠道的控制问题上，其原因一是中间商渠道的控制问题是渠道控制中特有的问题，代表着渠道控制的本质特性；二是中间商渠道是当今社会一种占统治地位的渠道形式，很少有企业自愿地只使用直销渠道或简单的市场交易渠道，而不使用中间商渠道，因此中间商渠道的控制问题具有普遍性；三是与直销渠道的组织内部控制不同，中间商渠道的控制属跨组织控制，管理学中不仅很少涉及，而且一般的管理控制方法也很难奏效。

中间商渠道的控制是跨组织控制，不过在跨组织控制中交织着组织内控制。图 9-1 显示的是以生产制造商为施控者、中间商为被控者的渠道控制路线图。其中，虚线表示的是跨组织控制，实线表示的是组织内控制。由图可见，生产制造商对于中间商的控制是由生产制造商的渠道管理者实施的，但是生产制造商的内部控制（高层管理对渠道管理者的控制）和中间商的内部控制（中高层管理者对销售人员的控制）会影响生产制造商对渠道控制的力度、方式和效果。例如，生产制造商有很规范的内部控制，通常也会促使其渠道管理者对中间商进行规范的控制；一个零售商有一套行之有效的现场控制体系，生产制造商就可以减少对于零售商销售人员的行为控制。

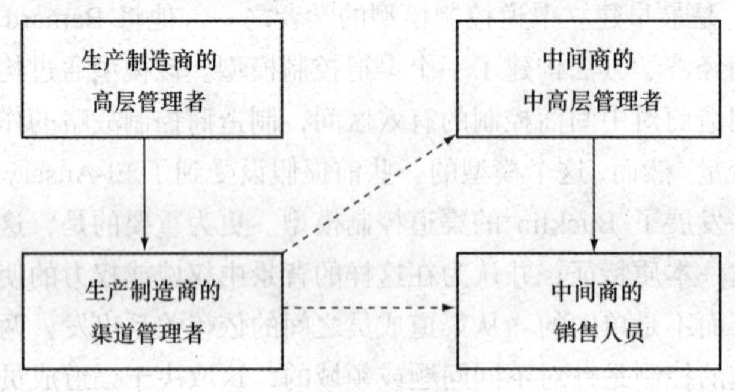

图 9-1　渠道控制路线

这种交织着组织内控制的跨组织控制，是渠道控制的特点所在，也是难点所在。有时，看起来是跨组织控制出了问题，可实际上是组织内控制出了问题；相反，有时以为是组织内控制出了问题，可能真正的问题出在对于渠道合作伙伴的控制上。要使渠道控制有效果且有效率，既需要合作伙伴的配合，又需要施控者和被控者各自内部控制的配合。

概括而言，渠道控制有如下几个特点。

（1）施控者与被控者之间各自独立。这表现在法人资格、利益、文化、企业战略和行为方式等方面。

（2）相互依赖、互惠互利。这是渠道这一“超级组织”得以建立、发展和维持的基础，也是渠道控制的前提。

（3）渠道成员常常互为施控者与被控者。一个渠道成员往往在某一种或几种渠道功能上有较大的话语权，是施控者；而在另一种渠道功能上少有或没有话语权，是被控者。因此图 9-1 中生产制造商对中间商的控制路线有可能倒过来。

（4）渠道成员之间的控制，介于市场控制与组织控制之间，是两者的混合。有时组织控制较强（如特许经营渠道中），有时市场控制较强（如一般的贸易渠道中）。

（5）平等原则。由于上面四个特点，一个渠道成员对于另一个或一些渠道成员的控制更多的是建立在平等原则基础之上的沟通或影响，而不是建立在层级制度基础之上的命令和指挥。

四、渠道控制的分类

（一）按照渠道控制的程度分类

1. 绝对控制

绝对控制是指生产商不仅能够选择负责其产品销售的中间商的数量、类型及地理区域分布，而且能够支配这些中间商的销售政策和价格政策。绝对控制往往要求制造商具备雄厚的实力和强势的产品品牌，如日本丰田汽车公司专门把东京市场划分为若干区域，每一区域都有一名业务经理专门负责，业务经理对本区域内的每一中间商的资料都详细掌握，及时根据市场变化及中间商的表现进行政策调整，确保渠道的努力程度，保证企业获得良好的经济效益。绝对控制的优点是可以防止中间商的恶性价格竞争，保证公司渠道政策的顺利实施，有效控制渠道成本，有利于维护产品的统一品牌形象。缺点是容易形成完全集权，不利于形成渠道成员的对等关系。

2. 低度控制

并非所有的制造商都能对渠道进行绝对控制，实力较弱的企业也可以通过对中间商提供具体支持、协助来影响渠道成员，这种控制称为低度控制，也称为影响控制。大多数企业的控制都属于这种方式，它们通常采用的方式如下。

（1）向中间商派驻商务代表。一些较大的制造商一般都会派驻代表到中间商那里进行监督，同时帮助中间商进行产品的销售活动。

（2）与中间商进行多方位的合作。如联手开展广告宣传、促销、公关活动，共同进行产品研发与改进，以及共同进行市场调查、售后服务等。

（3）对中间商进行培训、激励。如向中间商进行有关销售管理、存货控制以及有关产品的专业知识培训，奖励业绩突出的中间商或向中间商提供价格、交易条件上的优惠等。

相对而言，在这种控制过程中，制造商的议价能力相对较弱，对渠道的掌控能力不强，但是这种方式也会促使渠道成员间的合作更为平等和紧密，有助于信息的双向交流，民主性较高。

（二）按照渠道控制的具体内容分类

1. 利润控制

中间商的利润取决于产品的销量和购销差价，并且与这两项正相关。企业既要保证分配给中间商颇具吸引力的利润空间，又要确保渠道成员间利益的相互平衡，避免个别中间商因收入过多、实力增长过快而掌握渠道的控制权。

2. 目标控制

渠道成员间保持战略目标的一致性是渠道长期稳定发展的前提条件，同时，渠道管理者应在经营管理过程中，协助中间商对其营销目标的执行情况进行评估，及时调整实施策略或营销目标，确保企业目标的顺利完成。

3. 实施过程控制

除了以上两点控制内容以外，企业还应随时控制中间商的具体经营活动，从而确保中间商的努力和投入程度，如对中间商进行库存控制、促销方案控制，以及执行情况的监控等。

（三）按照渠道控制的结果导向分类

1. 正向控制

正向控制指制造商本着与中间商进行协商与长期合作的原则采取一系列控制手段，如加强培训，加大支持力度等，其目的是实现渠道成员的共赢。

2. 负向控制

负向控制指制造商对达不到合作与支持要求的中间商往往采用负向控制，如通过终止合作，收紧信用期限，产品线控制等手段来实现对渠道的控制。这类控制只适合于对渠道进行调整的时候，多用则会导致渠道的不稳定甚至破裂。

第二节 渠道控制的重要性和有效性

一、渠道控制的重要性

1. 能使企业的产品或服务更顺利地实现其价值和进入消费领域

分销渠道是产品或服务从生产者流向消费者（用户）所经过的通道，若分销渠道不完善、建设滞后或控制不当都会影响企业经营目标的实现。

2. 能更好地发挥渠道的功能，提高企业的经济效益

分销渠道的功能主要有调研、寻求、分类、促销、洽谈、物流、财务和风险等，使产品（服务）在转移过程中创造产品的形式效用、所有权效用、时间效用和地点效用。适度控制渠道可使上述渠道功能得到更好的发挥，促使销售过程更顺畅，更有效地节约交易成本，提高交易效率。

3. 对分销渠道的适度控制，是确立企业竞争优势的重要武器

在市场环境迅速变化和竞争日趋激烈的情况下，致使很多企业的生存发展情况，在很大程度上取决于其分销渠道系统的协调与效率，以及能否最好地满足最终消费者的需求。可以说，如果企业不能对分销渠道进行有效的管理和控制，就无法有效地保护现有的市场和开拓新市场，也无法获得比竞争对手更低的成本，无法获得创造具有独特经营特色的竞争优势的条件。

二、渠道控制的有效性

对于现代企业来说，渠道控制的有效性主要是指企业在渠道规划、建设、维护和调整的过程中，根据控制力大小进行运作后取得的效果。它主要包括以下三个方面。

1. 渠道控制力的大小

渠道控制力就是企业运行和管理渠道的能力，它在很大程度上取决于企业对渠道的运行有多大的话语权和自由支配的能力。如果企业能对渠道的各个环节进行随心所欲的支配，那么，它就具有很强的控制力；反之，则控制力较弱。从某种意义上来说，企业对渠道的控制力如何，取决于渠道对它的忠诚度。忠诚度越高，控制力也就越高。因此，企业渠道的竞争力关键在于控制力如何，更进一步说在于如何提高渠道的忠诚度。同时，渠道控制力也包括渠道链条的整体控制能力和渠道客户忠诚度的控制能力两个方面。研究表明，渠道的忠诚度主要来自渠道链中各个客户通过合作获得的利益的多少和对未来合作前景的期望。而在现代市场条件下，渠道利益的分配及保障体系始终存在着巨大的不确定性。因此，渠道客户的忠诚度越低，控制力也越低下，不仅会影响企业的市场占有率和扩张速度，而且常常不可避免地导致核心渠道以及层次渠道之间发生业务和利益上的冲突与内耗，进而削弱和影响渠道控制的有效性。

2. 渠道控制的效果

渠道控制的效果主要是指在既定的渠道控制成本和控制模式下，企业通过渠道销售产品和服务的出货能力。它可以从数量和质量上反映渠道的投入产出效果，并通过渠道的市场覆盖率、渠道服务能力、维护成本和影响力等指标来描绘和分析，从而对渠道的效果进行优势和劣势的系统评估。渠道控制的效果与产品的细分市场高度相关。不同企业的渠道建设、控制模式只有与其产品的细分市场的特点相匹配，才能从结构上保证所构建渠道链的有效性，奠定最终有效出货的基础，实现对区域市场的有效覆盖。一般而言，其中任何一种渠道都不可能有效地覆盖所有的细分市场。不同控制模式和渠道构成，其控制效果是不同的。

此外，渠道构成中的客户素质、模式、实力、服务和管理等基本要素决定着渠道控制的效果水平和质量。只有拥有可控的优质渠道资源并提高渠道控制质量，才能构建起有效的营销链并产生强大的分销力。提高渠道控制效果的基本原则就是要以顾客价值最大化为目标，通过渠道创新、功能发育、策略调整、资源投入等方法，提高整个渠道价值链的服务增值能力和差异化能力。通过为顾客提供针对性的增值服务，使产品获得有效差异，从而提高用户的满意度和忠诚度，使企业从根本上摆脱产品同质化引起的过度无序竞争的销售困境。实际上，通过渠道增值服务的提供，使渠道链条各环节的利益提高，必然增强渠道控制的稳定性和协同性。如某饲料企业在发展原有经销商的养殖服务功能的同时，进行渠道创新，发展兽医和生猪交易经纪人等成为饲料渠道客户。企业将市场促销调整为服务营销，加大服务资源的投入，充分利用渠道的服务功能，为广大养殖户提供防疫、收购、饲喂、品种改良等养殖综合服务，改善其养殖效益，从而提升了产品市场份额和用户的忠诚度。

3. 渠道控制的效率

渠道控制的效率主要是指渠道控制中的流程运作效率，在现实的渠道流程中，涉及商流、信息流、物流、资金流等的顺畅性和运营维护成本。渠道流程运行效率的高低除取决于渠道的结构、功能以及市场容量、需求、产品特性和地理等其他环境因素的影响外，还受到渠道控制模式本身及控制模式的影响。现在的分销理论普遍强调，渠道设计中应该考虑到区域商流的习惯性，合理地设计渠道层次关系，减少不合理的物流和价格环节，实现渠道效率基础上的扁平化。如考虑在区域传统商业集散地设立总代理，利用业已存在的商流联系，直接覆盖地、县等二、三级市场，改变以往由中心城市代理商覆盖地级，再由地级覆盖县级的一般性渠道构建思路。但在集中的专业市场内，由特约经销商设立库存，覆盖其他多个一般渠道客户（无需增加库存），既实现了物流集中和库存集约，又保证了很大的渠道占有面，使渠道的整体效率最大化，同时减少渠道冲突，调动各级渠道成员的积极性，稳定区域市场秩序，有效降低维护费用。

为了提升渠道控制的效率，必须注意渠道链条各环节的协同分工。这一方面是同一企业内部在使用不同类型的渠道成员覆盖相应细分市场，进行合理分工；另一方面还指渠道链各环节成员间的优势互补和资源共享，有效地获得系统协同效率，即提高分销效能，降低渠道运营费用。如企业利用管理经验、市场能力、技术服务等营销资源优势，承担品牌运作、促销策划、助销支持和市场维护等管理职能；核心经销商利用网络、地缘、资金、配送等资源优势，承担物流、结算、配合促销实施、前期推广等分销职能；各零售终端利用地理优势、影响力、服务特色等优势，承担现场展示、用户沟通、客户服务和信息反馈等销售职能。

实际上，渠道有效控制的核心原则之一就是要谋求企业渠道价值链的系统协同效率，并以此为基础与在营销领域的经营商、各类优秀终端、用户和其他物流、服务提供商等相关者之间建立分工协同、长期合作、共同发展的紧密关系，打造以企业为主导的渠道价值链。在此基础上，企业利用自身的综合能力（品牌、实力、荣誉、管理经验等）逐步确立渠道领导权，承担分销链的构成、协调、领导和服务等管理职能。企业要提高渠道综合管理能力，引领渠道各级成员有效地协同运作，在市场竞争的关键环节获得优势，有效打击竞争对手，扩大市场份额，使合作各方利益加大，获得各成员的认同和拥护。

第三节　影响渠道控制的因素

影响渠道控制的因素有很多，主要有企业交易资产的投入数量和专有程度、不确定性、企业对于分销渠道控制的欲望和能力，以及渠道成员因素、顾客需求因素等。

一、交易资产的投入数量和专有程度

由于企业在交易专有资产方面的投入不能毫无成本地转移，所以一个企业在交易资产上的投入越大、专有程度越高，为了防止交易伙伴的投机行为伤害自己，它就越需要使用垂直一体化的方式构建自己的分销渠道，使渠道控制内部化（如对直销渠道的控制实际上就是组织内控制），提高自己对渠道的控制程度；反之，它会较少地控制渠道，将许多渠道功能交由合作伙伴来完成。在后一种情况下，企业对渠道的控制机制和控制程度有很多变化。

二、渠道控制的欲望与能力

这一因素本身受很多其他因素的影响，如上面提到的企业产品的特点、企业的渠道目标和渠道策略，以及企业实力等。因为控制是有成本的，所以一个企业并不是在任何情况下都愿意控制渠道。当渠道控制的成本大于收益时，企业就失去了控制渠道的动力。另外，渠道控制还有能力问题，一个企业不是想控制渠道就能控制得了的。当然，控制能力也不是控制欲望的必要条件，一个企业可能有控制能力，但可能并不想控制。渠道控制的欲望与能力，会以某种方式和在某种程度上影响一个企业渠道控制的结构、方法和水平。例如，渠道控制欲望较强、能力较大的企业，倾向于选择垂直一体化的控制结构，采用较为直接和明确的方式，进行水平较高的渠道控制；渠道控制欲望较弱、能力较小的企业，倾向于选择偏向于市场化的控制结构，通过关系与合作来实施较低水平的渠道控制。渠道控制欲望与能力的各种组合，使渠道控制产生很多变化。

三、渠道控制的不确定性

不确定性指决策环境的预测难度（外部不确定性）和渠道成员绩效的评价难度（内部不确定性）。不确定性对渠道控制的影响不很确定——随着不确定性程度的提高，一方面企业越需要通过垂直一体化的方式加强对分销渠道的控制；另一方面也越需要通过市场化行为来化解不确定性所带来的风险。

四、渠道成员之间的因素

渠道的功能是通过渠道流程或渠道中不同成员的职能来完成的。而渠道的基本业务流程有实物流、所有权流、促销流、融资流、洽谈流、风险流、支付流和信息流等。这些流程将组成渠道的各类组织机构贯穿起来，形成一条通道。这些渠道的职能和流程，客观上是可以由不同的成员来承担的，而特定的机构往往只从事其中一项或多项流程。由于每个机构的资源条件不同，因而使得其在完成某些流程时有优势、成本低，而在完成另一些流程时则情况相反。这导致渠道成员机构在运作中，往往都集中精力去执行自己最有优势的职能（流程），而把自己没有优势的职能向效率更高的成员转移，以使自己能获得较高的效益。这种变化虽然客观上能提高渠道的效率和整个渠道的竞争力，但原本由设定成员执行的职能一旦转移到其他机构，由其他机构成员承担后，渠道流程和职能实施情况也必然发生相应变化，企业对渠道的控制力也就可能随之降低。此外，渠道成员个体的经营管理能力方面也客观地存在差异。

五、顾客需求的差异化因素

顾客需求是指顾客愿意接受分销渠道向他们提供什么样的服务。分销渠道的运作一般可提供四项基本服务：一是空间上的便利性，即产品、产品信息、销售点、技术帮助等距离顾客居住地的远近程度；二是批量规模，即允许顾客每次购买的数量单位；三是交货时间，即顾客从订货到收到商品所需的时间；四是品种的多样化，即产品多样化的类型和程度。

这四项服务是通过分销渠道执行一定的职能和流程来实现的。分销渠道提供多少服务，则要取决于其所掌握的资源的多寡、企业的能力以及顾客对服务的需求。顾客需要分销渠道所提供的服务越多，参与渠道运作的成员就可能越多，企业（生产商）对渠道的控制力就可能越弱。

影响企业分销渠道控制的因素还有技术、文化、自然、社会、政治等方面。如地理环境、市场范围的大小、制造中心的位置、人口密度等，对企业分销渠道的控制力也有重要影响。当产地较为集中而消费人口比较分散，分销渠道较长，有较多中间商时，企业对渠道的控制力就会降低。法律法规也直接或间接地影响企业对渠道的控制力，例如，当政府要通过许可制度来限制某些机构进入某个渠道时，企业的渠道控制力就会因此受到影响。

第四节 渠道控制力的获得

制造商与中间商对于渠道控制力的获得有不同的方式。

一、制造商渠道控制力的获得

1. 规模经济和市场份额

实力是渠道权力的根本保证，制造商资金雄厚，生产规模大，销售量大，市场份额高，就具有很强的讨价还价的能力。因为销售量大，市场份额高，渠道成员流量大，盈利空间大，具有很强的奖赏力。

2. 高的品牌忠诚度

顾客对品牌忠诚度高，顾客需求就会拉动销售量上升，一方面能够提高对其他成员的奖赏力，另一方面能够提高感召力。

3. 提供较大数量的折扣和较高的销售费用

提供较大数量的折扣和较高的销售费用，可获得较强的奖赏力。

4. 提供较好的渠道培训和支持

提供较好的渠道培训和支持可获得奖赏力和专长权。

5. 对分销商进行分级管理

对关系紧密的分销商提供紧缺商品；对表现不佳的分销商“威胁”终止合作关系；对大客户进行直接交易。这样可获得奖赏力和强制力。

6．严格合同管理

严格合同管理可获得合法权。

7. 采取特许经营的方式销售

通过授予特许权的方式销售，在销售指导、采购、店址选择等方面获得更大的发言权，从而获得奖励力、强制力、合法权、专长权和感召力。

8. 建立竞争渠道或增加渠道内竞争

在同一销售区域建立不同类型的新渠道，增加现有渠道与新渠道之间的竞争；或者在现有的渠道内部，增加同类型渠道成员的数量，增加渠道内的竞争，这样能够使制造商减少对单一渠道和少数渠道成员的依赖，获得控制权。

9. 实施垂直一体化战略

制造商通过实施垂直一体化战略，自建渠道或合并、兼并现有渠道，获得渠道强制力。

10. 建立渠道信息系统

建立渠道信息系统，可获得奖赏力、专长权和感召力。

二、批发商渠道控制力的获得

1. 规模经济

实力强的批发商通过规模经济，能够提高与制造商讨价还价的能力，同时对零售商能够获得奖赏力、感召力。

2. 客户网络和客户忠诚度

发展客户网络，培养客户忠诚度，从而对制造商获得强制力。

3. 提供大批量订货折扣

提供大批量订货折扣，可对零售商获得奖赏力。

4. 成为制造商的独家代理

成为制造商的独家代理，可获得合法权。

5. 发展自有品牌

发展自有品牌可使供应商为批发商品牌提供产品，运作自有品牌，获得渠道感召力、合法权。

6. 实施垂直一体化战略

通过前向一体化或后向一体化战略，增强渠道控制力。

7. 控制信息

批发商掌握客户的信息及厂家的信息，通过信息控制，能够获得专长权。

8. 提供资金

批发商通过给制造商提供预付款，帮助制造商解决资金周转问题；通过给零售商提供商品信贷，帮助零售商解决资金周转问题，从而获得奖赏力和专长权。

三、零售商渠道控制力的获得

1. 顾客忠诚度

通过零售商的特色经营，获得顾客忠诚度，从而对批发商或制造商获得强制力。

2. 大量销售

通过大量销售，获得一定的市场份额，获得强制力和奖赏力。

3. 品牌建设

通过商店、超市品牌的建设，获得感召力；通过发展自有品牌商品对供应商获得奖赏力和感召力。

4. 连锁经营

通过发展连锁经营，扩大商品销售，获得奖赏力和感召力，并且通过连锁企业的集中采购，获得强制力。

5. 签订协议，获得专项权力

一些大的终端销售商，通过签订专项协议，如与制造商签订直接供货协议，保证从厂家获得直接供货，从而保证销售中的价格优势；或签订提供专销品协议，保证独家销售某些商品。这些专项权力的获得，保证了终端的竞争优势，同时也获得了合法权。

6. 实施垂直一体化战略

通过实施后向一体化战略，控制商品的批发或生产，从而获得对渠道的全面控制。

7. 收取陈列费或其他费用

通过陈列费、新产品上市费等费用的收取，对上市的商品进行筛选，获得强制力。

8. 信息控制

通过对终端顾客信息的控制和研究，获得专长权。

9. 参加零售商行业协会

通过参加零售商行业协会，参与行业协会的活动，分享行业协会集体争取的成果和对行业研究的成果，获得强制力、合法权和专长权。

第五节 渠道控制的方式

渠道控制能力的大小及有效性的高低显然与控制模式密切相关。由于与渠道控制有效性相关的企业规模、产品类别、市场化程度、管理水平、品牌价值以及经营商素质等千差万别，因此，渠道有效控制的方式也就出现多样化。

一、利用品牌控制渠道客户

在产品进入同质化的时代，竞争十分激烈。区别产品的唯一特征就是品牌，品牌从很多方面来说是最重要的资产。从渠道管理的角度来看，产品品牌通过对消费者的影响完成对整个渠道的影响。作为渠道客户的中间商、终端商等分销商也要树立自己的品牌。但是渠道客户的品牌只能是在渠道中起作用，对消费者的作用小。渠道客户的品牌往往是附加在所代理主要产品的品牌上的，没有厂家的支持，渠道客户的品牌价值就会大打折扣。对于渠道客户来讲，一个优秀品牌的产品意味着利润、销量、形象，但是更意味着销售效率的提高。一般而言，畅销的产品需要渠道客户市场推广的力度比较小，所以渠道客户销售成本比较低，还会带动其他产品的销售。同时因为销售速度比较快，提高了渠道客户资金的周转速度，所以企业只要在消费者层面建立了自己的良好品牌形象，就可以对渠道施加影响。通过这个品牌给渠道客户带来销售成本的降低和销售效率的提高，从而增加渠道控制的有效性。

二、利用长期战略和愿景控制渠道客户

每一个企业都必须有自己的战略目标和愿景规划，在行业中确立自己的优势与地位，这是每个企业领导人所必须考虑的事。企业若没有一个长远计划与目标，就难以在竞争中保持优势，从而最终会影响到企业的发展。一个长期没有战略的企业是没有灵魂的企业，是只会赚钱的企业，没有发展前途。虽然国内的渠道客户素质普遍较低，没有自己的长远规划是很普遍的情况，但是对于生产商来讲，一定要有自己的长远规划，因为渠道客户都会考虑自己企业的发展情况，市场机会是有限的，对甲公司产品的经营，很可能意味着放弃乙公司同类产品的营销。基于渠道客户的这个考虑，企业一方面要用自己在市场中的地位与业绩来证明自己的优秀；另一方面要不断把自己的长远规划和愿景向渠道客户阐述，也使它们对未来有一定的“憧憬”。一旦渠道客户认可了公司的理念、企业的发展战略，认可了公司的主要领导人，即使政策暂时不合适，产品暂时出现问题，渠道客户也不会计较。

三、利用利益对渠道客户进行控制

每一个渠道客户都要以一定的利益作为保障，尤其是短期的利益，因此作为厂家必须给渠道客户一定的利益空间，要保持合适的“度”。生产商必须要认识到，如果渠道客户不合作，渠道客户会损失合作的利润，也会使生产商的整体利润降低。一般而言，如果企业给渠道客户带来的利润很小，渠道客户与企业终止合作之后，还能盈利，这样的合作关系对渠道客户来讲是无所谓的，也就表明企业没有控制住渠道客户。所以生产商给予渠道客户的利益要达到一定的程度，这样，才会让渠道客户在和企业“分手”时感到损失很大，有利于生产商控制住渠道客户。具体办法有：增加产品的品牌优势；增加自己的产品销售量，降低渠道客户其他产品的销量；降低渠道客户其他产品的单位利润；增大自己的返利和折扣，使自己渠道客户的单位利润加大等。

四、利用厂家服务控制渠道客户

一般而言，渠道客户与企业相比管理能力较弱，渠道客户的人员素质也比企业差。企业有专业的财务人员、营销人员、管理人员和市场推广人员，渠道客户则可能是亲戚或朋友居多。很多渠道客户在发展到一定时期后，非常想接受管理、营销、人力资源方面的专业指导，有一些想借助大学的教授或者专业的咨询公司来帮助自己提高管理水平，最后往往发现对方不能满足自己的真实要求，不能达到自己的期望，费用也比较高。渠道客户的这种动机为企业提供了契机。企业可以通过对渠道客户的培训与咨询来达到管理与控制渠道客户的目的。企业对渠道客户的服务包括帮助渠道客户销售，提高销售效率，降低销售成本，增加销售利润。也就是说销售代表给渠道客户一个解决方案，这个解决方案能解决渠道客户目前的盈利问题，也能解决它们长远的盈利问题。厂家与渠道客户在这种情况下，合作会很愉快，最终实现双方共赢，谋求企业的长远发展。

五、利用终端控制渠道客户

由于零售业与消费者直接接触。因此消费品行业最常用的一个办法就是直接控制终端，直接控制渠道客户的下家。每个企业的做法可能不一样，但无论哪种做法，控制零售店是最根本的目的，更让零售店首先认同产品、认同品牌、认同厂家，而不是首先认同渠道客户，这样厂家就有把握在渠道客户出现问题的时候，把零售店切换到新的渠道而不影响销量。具体办法包括培训终端员工，举行促销活动，建立零售店的会员体系，建立零售店甚至大型最终购买者的

基本档案，制作零售店网点分布图以及建立零售店、主要零售店员、竞争对手、渠道客户以及厂家基本情况档案，这些档案需要经常更新，以保证基本资料的准确性和完整性。企业只有建立强大的基础市场数据库，才能在这个数据库的基础上，开展针对终端的拜访和举行直达终端的各项活动，增强与渠道客户的谈判能力，更有效地控制渠道。

六、利用激励淘汰机制控制渠道客户

企业可以根据不同渠道客户的态度和能力，定期或不定期地进行评估，然后采取不同的激励淘汰措施，将所有渠道客户分为优秀的、可用的和不可用的，对不可用的坚决淘汰。企业必须消除感情因素的影响，同时也不要顾虑淘汰渠道客户可能对销售量短期内产生的影响。企业不必越做越大，但必须越做越好、越健康，而没有健康的分销渠道就不可能有健康的企业，这个结论已经被现实所证明。将可用的渠道客户分为必须培训的和必须改造的。对于必须培训的，要求渠道客户无条件接受培训；反之，则划入不可用之列，予以淘汰。对于必须改造的，重点帮助它们建立业务队伍，提升其渠道管理能力。同时，在改造中还存在这种可能，就是根据其经营能力重新定义其业务区域或重新定义其细分市场。需要强调的是，对渠道客户的培训在当前具有举足轻重的作用，系统专业的培训是提升企业分销渠道能力最重要的手段。对于优秀的渠道客户必须从战略高度予以激励和支持，但是又要注意不要过于放纵和迁就，控制和激励都要松紧适度；否则，容易起反作用。

七、利用价格控制渠道客户

价格是影响厂商、经销商、市场和消费者的重要因素，因此，合理而准确的价格政策是保障厂商利益，调动经销商的积极性，吸引消费者，战胜竞争对手，保证市场占有率的关键。

价格控制包括价格维持和价格差异化两种策略。

（1）维持策略是指供应商控制产品价格，使渠道成员不能以低于或高于供应商制定的价格销售产品。这种政策也称“转卖价格维持策略”，实施价格维持策略有以下几个方面的优点。

① 防止价格折扣行为，有利于维护市场秩序，能够保证客户得到更多的信息和服务；

② 避免经销商潜在的提价冲动而背离供应商和顾客的利益，有效维持价格的竞争力；

③ 支持品牌“价格—质量”形象，鼓励经销商尽力推销自己的品牌而不是竞争者的品牌；

④ 保证本品牌的广泛分布和易获得性；

⑤ 可观利润使渠道成员退出协议的代价高，可以防止价格维持者转变为价格折扣者。

（2）差异化策略是供应商对不同的细分市场采取不同的价格策略的行为。公司之所以能够采取价格差异化政策，主要是因为市场本身存在差异化，由于市场存在着不同的需求，成本、价格敏感度和竞争通常会因细分市场的不同而显著不同。采取单一价格的销售策略不利于价格竞争，也不利于获得利润。

八、利用产品线控制渠道客户

产品线控制是由渠道管理者控制渠道成员经营的产品线的深度和宽度，主要有独家交易策略和捆绑销售策略。

（1）独家交易策略是指卖方（供应方）要求它的中间商只能经营其产品或品牌，或者最起码不能经营其直接竞争对手的产品和品牌的交易行为。独家交易策略使中间商更为依赖供应商，供应商因此能获得中间商的忠诚。具体来说，独家交易的策略具有以下几个方面的好处。

① 排除了竞争者通过已与自己签订独家交易协议的中间商销售商品的可能；

② 与中间商保持长期独家交易的关系可以使供应商较为容易地预测未来的销售情况,有利于供应商在生产和后勤保障上的工作安排；

③ 中间商可以获得稳定货源和进货价格并有效地降低管理成本；

④ 中间商可以获得供应商提供的促销支持和其他帮助,同时避免经营多品牌所带来的存货成本的增加。

（2）捆绑销售策略是供应商要求经销商除了购买其需要的产品或服务，还需要购买自己的其他产品或服务的销售行为。实施捆绑销售策略能有力地维护本品牌产品的销售，压制其他竞争品牌产品的的销售。采取捆绑销售还有以下几方面的好处。

① 可以用要捆绑的产品或服务（如复印纸）来衡量被捆绑的产品或服务（如复印机）的使用率；

② 可以利用利润低的被捆绑的产品或服务（如剃须刀架）来带动利润高的要捆绑的产品或服务（如剃须刀片）的销售；

③ 把被捆绑的产品和要捆绑的产品放在一个包装容器中进行销售,可以节省渠道成员的产品包装成本。

九、利用所有权控制渠道客户

渠道管理者在进行有效的渠道控制时，会通过控制所有权来进行垂直整合。实施垂直整合有自己成立某些渠道功能的组织单位（内部扩张）和收购其他渠道成员（外部扩张）两种方式。无论是通过内部扩张还是外部扩张方式进行整合，都可以使渠道成本降低，提高渠道管理效率，而且还会对价格控制、产品线控制和市场覆盖率控制产生更加有利的影响。

制造商(或供应商)还会通过控制所有权来达到多渠道分销的目的。多渠道分销策略可以通过“价格挤压”和“水平合并与共谋”等方式来争取更有利的竞争地位，进一步加强对渠道和市场的控制。在某一个特定市场中，卖方的竞争对手如果是一个强大的经过垂直整合的公司，就有可能遭到这个对手的“价格挤压”。例如，建筑用铝材的制造商在原材料价格上涨时都会面临压力。“水平合并与共谋”又称为横向整合渠道系统。在多渠道分销的情况下横向整合可以有效地控制市场和抵御竞争。

总之，渠道控制的方法有许多种，渠道控制的效果也取决于渠道的结构与数量、渠道成员之间的力量对比，以及企业采取的不同竞争策略等因素。事实上，并非所有的渠道都是由制造商控制的，有很多有实力的中间商也可能在渠道控制中掌握渠道主动权，它们通过自主选择供货的制造商，运用大规模的广告宣传和营销手段来吸引和发展消费者，建立中间商品牌和中间商商标来加强销售，从而使制造商依赖它们。如家电连锁零售企业国美电器和苏宁电器，经常与家电制造商发生冲突，其背后的真正原因就是对渠道控制权的争夺。因此，随着中国市场的逐步完善和竞争手段的不断成熟，制造商要想最终控制整个渠道，必须始终保持自己的竞争力，目标明确，利用科学的渠道管理方式和手段牢牢占据渠道中的“领袖地位”。

本章小结

渠道控制是一个渠道成员对另一个渠道成员的行为与决策变量成功施加影响的过程，是以

分销渠道成员的分销效率以及合作和配合关系为对象，设计控制标准，进行连续的监测与评价，发现问题并采取措施及时纠正错误的管理过程。其内容也可根据营销组合因素划分，包括对产品与服务的控制、对价格的控制、对促销的控制和对分销过程与分销区域的控制。渠道控制的本质是对渠道成员（组织）的行为进行控制，同时它也是一种跨组织控制、相互控制（或交叉控制）和结果导向的行为过程。渠道控制根植于相互依赖的渠道关系中，因而它与渠道关系中的诸多变量存在着千丝万缕的联系。影响渠道控制的因素有很多，主要有企业交易资产的投入数量和专有程度、不确定性、企业对于分销渠道控制的欲望和能力，以及渠道成员因素、顾客需求因素等。对于企业来说，在进行渠道控制之前，首先应知道和明确渠道控制的来源，以实施有效的渠道控制方法和手段。渠道控制能力的大小及有效性的高低显然与控制模式密切相关。由于与渠道控制有效性相关的企业规模、产品类别、市场化程度、管理水平、品牌价值以及经销商素质等千差万别，因此，渠道有效控制的方式也就出现多样化：①利用品牌控制渠道客户；②利用长期战略和愿景控制渠道客户；③利用利益对渠道客户进行控制；④利用厂家服务控制渠道客户；⑤利用终端控制渠道客户；⑥利用激励淘汰机制控制渠道客户；⑦利用价格控制渠道客户；⑧利用产品线控制渠道客户；⑨利用所有权控制渠道客户。

思考题

1. 为什么渠道控制如此重要？
2. 渠道控制的特点及类别有哪些？
3. 渠道控制的影响因素有哪些？
4. 渠道控制力的来源有哪些？
5. 渠道控制的方法主要有哪些？

【案例分析】

平常渠道，非常控制

娃哈哈已成为中国知名的饮料企业，位列中国企业500强，跻身全国大型工业企业百强。在它成功的背后，娃哈哈独特的渠道策略起到了关键作用。

1. 控制与促销

娃哈哈的促销重点是经销商，公司会根据一定阶段内的市场变动、竞争对手的异动以及自身产品的配备而推出各种各样的促销政策，针对经销商的促销政策，既可以激发其积极性，又保证了各级销售商的利润，因而可以做到促进销售而不扰乱整个市场的价格体系。

对“最后一公里”的营销概念的理解各异，有的说是服务，有的说是质量，有的说是品牌，而娃哈哈却认为是“利益的有序分配”。有序必然就要有控制。控制，在分销渠道中最重要的就是控制价差、区域、品种和节奏。

价差指的是产品从厂家到消费者手中经过的所有批零通路。就饮料、家电等产品而言，一般有 3～4 个环节之间的利益分配。高价产品如果没有诱人的价差分配，无法引起经销商的积极性；而低价产品如果价差控制得当，仍然可以以量大为经销商带来利润。有序地分配各级经销层次的利益空间，不但是生产商的责任，更是其控制市场的关键所在。

娃哈哈认为，生产商推出任何一项促销活动或政策，首先应该考虑的便是设计一套层次分明、分配合理的价差体系。当今很多企业在营销中，喜欢动辄“超低价”，以低价“轰炸”市场，以为只要我的价格比别家的低，肯定卖得就比别人的火，其实未必。因为没有考虑价差的低价，无疑让经销商无利可图，它不给你用力吆喝，不把你的产品摆在柜台上，买卖交易的“最后一公里”仍然无法到达。

一般而言，低价策略在新产品进入一个成熟市场时会因其对原有市场价格体系的摧毁而达到出人意料的效果，可是在长效经营中却可能是一个毒性颇大的兴奋剂。

与别的企业往往把促销措施直接针对终端消费者不同，娃哈哈的促销重点是经销商。针对经销商的促销政策，既可以激发其积极性，又保证了各级销售商的利润，因而可以做到促进销售而不扰乱整个市场的价格体系。相反，依赖于直接让利于消费者的促销，则造成经销商无利可图而缺乏动力，最终可能竞相降价而把零售价格打乱。

宗庆后认为，品牌商面对经销商和消费者往往有一个本末上的判断。在他的理解中，品牌商在推销一个新产品时，首先应该做的一件事，是以强力把市场冲开，造成销售的预期，这期间要把所有的人、财、物力倾注到网络渠道上，培育起忠诚的客户群体。在完成这一工作之后，则应该把工作的重点转移到消费者身上，经销体系内的价差体系一旦形成，就应该把更多的优惠政策放到零售终端上。而更多企业进行的却往往是相反的操作。

2. 窜货与竞争

娃哈哈成立了一个专门的机构，巡回全国，专门查处窜货的经销商，其处罚之严为业界少有；竞争策略是“敌疲我打”。

区域窜货问题，是所有企业面临的共同问题，娃哈哈也不能避免。中国市场幅员广阔，各省区之间由于经济状况、消费能力及开发程度的不同，产品的销售量差异极大，如浙江与江西、安徽毗邻，经济总量却相差数倍。娃哈哈在三省的销量各有不同，为了运作市场，总部对各省的到岸价格、促销配套力度和给予经销商的政策也肯定有所差异，因而，各经销商根据政策的不同，偷偷地将一地的产品窜到另一地销售，这种状况频繁出现，必将造成市场秩序紊乱，如蚁噬大堤，往往在不经意间让一个有序的市场体系毁于一旦。在过去十多年中，已有无数企业因此莫名坠马，一蹶不振。

娃哈哈成立了一个专门的机构，巡回全国，专门查处窜货的经销商，其处罚之严为业界少有。宗庆后及其各地的营销经理到市场行走时，第一要看的便是商品上的编号。一旦发现编号与地区不符，便严令彻查到底。

可是，要彻底解决窜货问题，治本之策，还是要严格分配和控制好各级经销商的势力半径。一方面充分保护其在本区域内的销售利益，另一方面则严禁其对外倾销。近年来，娃哈哈放弃了以往广招经销商、来者不拒的策略，开始精选合作对象，从众多的经销商中发展、扶植大客户，同时，有意识地划小经销商的辐射半径，促使其精耕细作，挖掘本区域市场的潜力。

对于竞争，娃哈哈则体现出作为一家成熟的市场强势企业的自信和能力。一家企业在一定阶段的营销策略的设定，无非主要根据以下几种要素：消费者的需求、本公司的开发、竞争对手的举措。娃哈哈的纯净水、果奶、八宝粥等产品的市场占有率均为全国第一，因此它常常成为其他企业设定营销策略的“假想敌”。一年四季，宗庆后的案头每天都会摆上一大沓有关竞争对手针对娃哈哈进行渠道抢夺和市场促销的“战报”。宗庆后对此的策略基本上是：以我为主，进行适度调整，避其锋芒，以持久力取胜。

宗庆后把这一策略比喻为“弹钢琴”。当对手以低价策略进行市场抢夺的时候，娃哈哈往往不会进行针对性的对抗。在宗庆后看来，这无疑于玉石俱焚，得不偿失，而且很容易陷入对手的陷阱——它很可能是以一个非主力产品的牺牲来扰乱和摧毁你的整个市场体系。娃哈哈会避开直接的对抗，而利用自己的广告和品牌优势，在别的产品上进行推销。当对手在抢得一定市场，实力耗尽并开始把价格提上去之后，娃哈哈则迅速做出反应，突然开展强有力的促销。如此一来一往、一纵一收；如果对手的综合实力和市场基础原本就不稳，主动权和控制权很快便又回到娃哈哈手中。在这层意义上，与娃哈哈在市场上交手的无数品牌，其溃败的原因往往不是因为娃哈哈有多么的强大，而在于它的对手在用大把的金钱轰开市场之后，便往往会不知所措或急于获利，以至于自乱阵脚。

3. 联销体

娃哈哈的营销队伍走的是一条“联销体”路线。跟其他一些大型企业相比，娃哈哈在全国各地的营销员少得让人难以想象，只有 2000 人，而且宗庆后还表示，他不会让这个人数有太大的突破。

其运作模式是：每年开始，特约一级批发商根据各自经销额的大小打一笔预付款给娃哈哈，娃哈哈支付与银行相当的利息，然后，每次提货前，结清上一次的货款。特约一级批发商在自己的势力区域内发展特约二级批发商与二级批发商。两者的差别是，前者将打一笔预付款给特约一级批发商以争取到更优惠的政策。

娃哈哈保证在一定区域内只发展一家一级批发商。同时，公司还常年派出若干位销售经理和理货员帮助经销商开展各种铺货、理货和促销工作。在某些县区，甚至出现这样的情况：当地的特约一级批发商仅仅提供了资金、仓库和一些搬运工，其余的所有营销工作都由娃哈哈派出的人员具体完成。

这是一种十分独特的协作框架。从表面上看，批发商帮娃哈哈卖产品却还要先付一笔不菲的预付款给娃哈哈——某些大户的这笔资金达数百万元。而在娃哈哈方面，则“无偿”地出人、出力、出广告费，帮助批发商赚钱。

对经销商而言，它们无疑是十分喜欢娃哈哈这样的厂家的：一则企业大，品牌响，有强有力的广告造势配合；二则系列产品多，综合经营的空间大，可以把经营成本摊薄；三则有销售公司委派理货人员无偿地全力配合，总部的各项优惠政策可以不打折扣地执行到位。

当然它们也有压力，首先要有一定的资本金垫底；其次必须全力投入，把本区域市场做大，否则第二年联销权就可能旁落他家。

任何营销都是建立在信用基础上的危险游戏。相对于生产商自己招聘人马、全资编织市场网络，娃哈哈的联销体模式似乎更为经济和高效。各级大大小小的经销商一方面可以使娃哈哈迅速地进入一个陌生的市场，大大降低市场的导入成本；更重要的似乎还在于，这些与娃哈哈既为一体又非同根的经销商团队，是保证市场创新、增长、降低风险的重要力量。娃哈哈其实通过这种制度建设，实现了对市场的制衡；而尤为重要的是，它避免了娃哈哈营销队伍的雍肿。

（资料来源：http：//www.emkt.comkt.com.cn/article/56/56 38.html，2008-06-18.）

第十章 渠道绩效评估

【学习目标】

在目前市场竞争日趋激烈的情况下，企业要想完成自己的销售目标，使销售渠道高效率运作，就要对渠道的绩效进行定期的评估，以便为更科学的管理决策提供依据，而且，绩效评估还具有重要的战略性意义。

通过本章的学习掌握以下问题：

- 了解渠道绩效评估的概念和流程；
- 理解渠道绩效评估对渠道控制的意义；
- 掌握评价渠道绩效的基本方法；
- 掌握及应用渠道成员绩效评估的财务方法。

【能力目标】

- 能应用渠道绩效评估的方法到某一具体企业之中；
- 能掌握渠道绩效评估的财务方法并加以应用。

【知识导图】

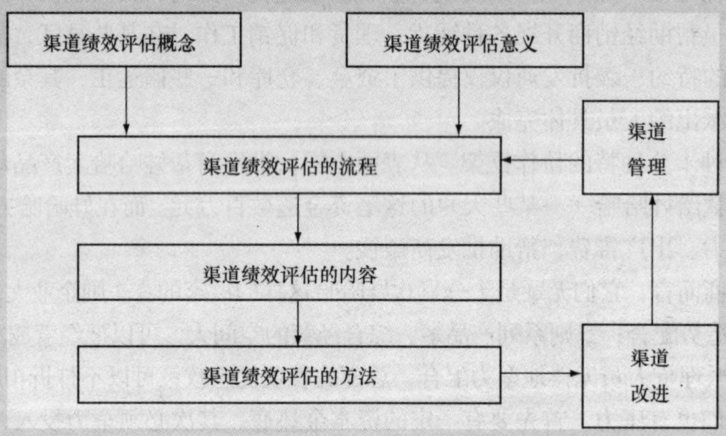

【引导案例】

渠道绩效评估与选择

某企业于 2011 年投身于建材行业，经过近两年的发展，已初具规模，但同时面临着销售额停滞不前、营销渠道效率下降的困境。作为生产型的企业，应如何提高营销渠道效率，形成独特的营销渠道优势？

作为一家小型企业，加强与渠道成员的合作显得尤为重要，但许多大型的建材经销商在与该企业合作时采用了以大欺小等手法来盘剥其利润。在痛定思痛之后，该企业认为合作并不等于放任，有必要加强对渠道成员的评价，如遇到不符合条件的渠道成员则坚决放弃。通过一段时间的新计划执行，该企业将其营销渠道成员梳理清楚，并取得了较好的经营业绩。

该企业对渠道成员进行评估采用评分选择法，如表 10-1 所示。评分选择法的基本原理是对拟选择作为合作伙伴的每个经销商，就其从事商品分销的能力和条件进行打分评价。由于各个经销商之间存在分销优势与劣势的差异，每个项目的得分会有所区别。注意到不同因素对分销渠道功能建设的重要程度的差异，可以分别赋予其一定的权数。权数按照众数原则取分，但公司有一个基本的参考值。然后计算每个经销商的总得分，从得分较高者中择优选取。对渠道成员进行评分的时候必须由 3 人共同评价，分值范围为 1～100 分，最后得分为 3 人的平均值，再乘以每个评价指标的权重获得加权平均分，最后相加得出该渠道成员的总分值。

表 10-1　　某公司渠道成员评价表

项目指标	权数	经销商 1		经销商 2	
		得分	加权得分	得分	加权得分
销售量	0.25				
按时付款情况	0.25				
服务质量水平	0.2				
合作程度	0.15				
信息沟通	0.15				
总得分	1				

第一节　渠道评估的定义与流程

渠道管理是一个动态过程，不仅包括确定渠道模式、选择与激励渠道成员，而且包括在必要的时候对渠道模式或渠道成员进行动态调整。渠道建设不是一项一劳永逸的工作，而是需要根据企业内外部环境的发展和变化持续地改进。因此，渠道绩效评估是渠道管理的一项重要内容。生产厂家应定期对渠道系统或渠道系统中的渠道成员进行绩效评估，以确保整个渠道系统或渠道系统中的渠道成员能够按照厂商制定的相关管理措施高效运转。

一、渠道评估的定义

渠道绩效评估就是指厂商通过系统化的手段或措施对其分销渠道系统的效率和效果进行客观的考核和评价的活动过程。

渠道绩效评估可分为宏观层面和微观层面。从宏观层面来说，渠道绩效就是指渠道系统表现出来的对社会的贡献，是站在整个社会的高度来考察的；从微观层面来说，渠道绩效则是指渠道系统或渠道成员对厂商所创造的价值或服务增值，是从厂商自身的角度来考察的。我们在本章中主要从厂商的角度阐述如何对渠道系统进行渠道绩效的评估，评估的对象既包括整个渠道系统，也包括渠道系统中某一层级的渠道成员。在营销实践中，不少厂商同时对某个层级的渠道成员及整个渠道系统进行评估。尤其是在渠道扁平化的发展趋势下，厂商更多地加强了对渠道系统中具体渠道成员的绩效评估，以利于厂商决定是否对某些层级的渠道成员进行扁平化管理。

二、渠道评估的流程

渠道的目的在于帮助实现企业的销售目标。对渠道的评估旨在建立一套与企业特定经营目标相一致的评价指标，引导渠道行为。渠道评估整体流程如图 10-1 所示。

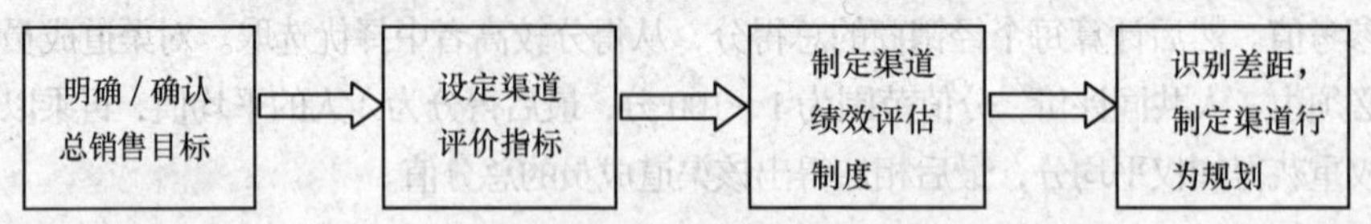

图 10-1　渠道评估流程图

1. 详尽了解企业的经营目标并将其分解成一系列的销售目标

如图 10-2 所示，在公司目标与渠道行为之间建立更紧密联系的方式是将公司目标分解成一系列具体、明确的销售目标。一个企业很难从诸如“提高经营利润”这样的公司目标中决定应该采取什么行动，但“使交易成本降低 5%”这样的销售目标则容易操作得多。销售目标提供了期望值的底线，围绕这个底线，可以建立渠道的绩效指标和评定制度。

一些企业已经拥有了自己强大的销售目标，这些销售目标能够将公司目标有效地传达给各个独立的渠道。但在大多数情况下，企业管理层，尤其是那些运用复杂多渠道体系的企业管理层，很少能对“在市场领域中所有渠道组合后应该完成哪些任务指标”这个问题给出一个满意的答案。

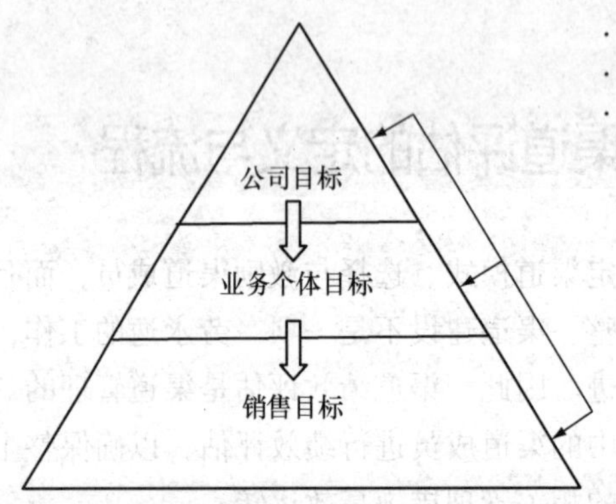

图 10-2　企业目标分解

通过分解公司目标的以下步骤可以给出答案。

（1）将每一个单个的公司 / 业务目标一一分解为对应的销售目标。将公司的每一个目标独立分解为一个定量的销售目标，如目标“将经营利润提高到有竞争力的水平”通常被直接转化成诸如“降低销售成本的 5%”这样的销售目标。为帮助企业实现其每一个高水平的战略目标，销售标准应该逐一明确、量化。

（2）将公司目标分解成三类：收入增加、利润提高和客户忠诚度。尽管公司目标各不相同，但大多数都适用于这种分类法。将有关公司目标与以上三大类别一一对应是有必要的，因为这种简单的分类法能为企业在设定合理的销售目标过程中提供许多明确的销售任务。①收入增加目标要求对应的销售目标致力于获取新客户，增大客户群的范围，加强对新市场的渗透，以及加强对已有市场的渗透；②利润目标要求对应的销售致力于保留老客户，降低交易成本，将重点置于大多数能带来利润的客户，更有效地运用销售资源；③客户忠诚度目标要求对应的销售目标着重改善客户服务质量，提供更强大的售后支持，向主要客户提供更灵活的销售资源及渠道的配置。

以上三类目标并不是相互排斥的。事实上，在设定综合绩效指标时，大多数企业至少考虑到三类目标的其中一部分。通过将公司目标分解成以上三大类，企业通常能给出更明确的销售任务以设定合理的销售目标。

杂乱无章、数量庞大的销售目标是不利于做好任何事的，一个小规模、精心挑选的销售目标则在运作时更为有效。事实上，3～5 个主要销售目标通常就能为制定渠道绩效指标提供一个有效的指南。

当一系列完整的销售目标被清楚地表达出来时，第一个步骤就完成了。销售目标在渠道绩效指标中起着基础性的作用。

2. 设定渠道绩效评价指标

绩效指标是有效渠道管理的核心之一。一个清楚而明确的绩效指标描述，如“使今年的渠道销售量增加 10%”或“将每月电话量提高 10%”，为评估渠道成功与否、追踪渠道绩效状况提供了一个基准点，也便于企业采取补救措施，使渠道绩效与其预期值相一致。合理的渠道绩效指标基于销售目标和销售过程中的渠道作用两个前提。销售目标指的是所有销售行为的总目标。它说明，一个单独的渠道个体，其目标绩效水平必须以能帮助企业实现其销售目标为导向。

设定的绩效指标必须能反映销售过程中每个渠道各自扮演的角色。例如，如果某个渠道的职能是提供客户支持服务，那么为其设定一个收入指标显然是没有意义的。同样，客户满意度对一个仅负责企业潜在客户的渠道来说通常也不是一个有价值的绩效指标。企业为每个渠道设定的期望值必须能够反映该渠道在销售过程中所承担的特定职责。

在确定渠道评估指标时，可以遵循图 10-3 所示的框架。在某些情况下，这种顺序可以变动，或者重复某些步骤以找到合适的评估指标。这个流程的目的主要还在于清楚地认识所需评估的方面，确定有针对性的指标。

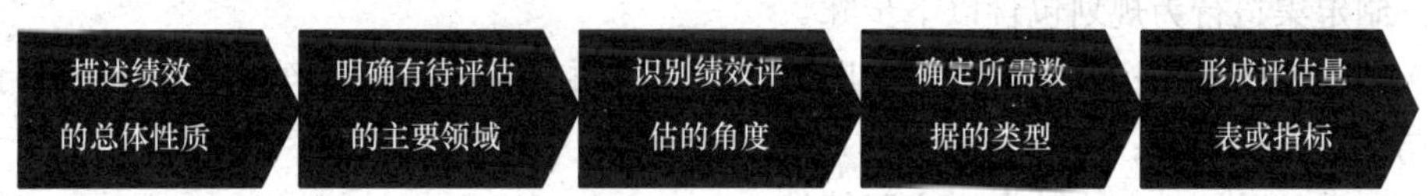

图 10-3　评估指标确定流程

（1）描述绩效的总体性质。这一步骤的意义在于考虑渠道绩效的多个方面和影响因素，以避免遗漏。绩效的定义可能包括某些方面而不包括另外的一些方面，这取决于具体的绩效问题。比如，在评估顾客服务绩效时，顾客满意度可能是一个好的指标，但它并不评估不同顾客服务活动的获利性，也不测量因服务而损失的顾客满意度。其他一些定义渠道绩效的备选方案包括 3E 绩效（效益、公平、效率）、基于结果和基于行为的控制系统等。从总体上不是一开始就确定一个具体的定义，有助于识别绩效问题独特或显著的特性。

（2）明确有待评估的主要领域。这一步骤的主要意义在于尽可能地将渠道绩效的一些细微方面包含到测量指标中去。

（3）识别绩效评估的角度。渠道绩效评估至少有三个角度。①内部的角度，例如，渠道的某个成员为了比较自己的绩效与目标之间的差距，进行自我评估；②相对外部的角度，渠道成员的绩效由其目前（或潜在）的合作伙伴进行评估，例如，厂家从供应商的角度对分销商绩效进行评估；③第三方的角度，这是指渠道外部的第三方对渠道绩效进行评估，例如，监管机构调查价格歧视或限制销售条款。对绩效评估的角度认定清楚是非常重要的，因为它是绩效标准的主要决定因素。

（4）确定所需数据的类型。这一步主要决定需要收集什么样的数据及其收集方法：是财务数据还是非财务数据，是主观的数据还是客观的数据，是原始数据还是标准数据，是采用调查、内部审计还是二手资料的方法。

（5）形成评估量表或指标。

3. 制定渠道绩效评定制度

渠道的绩效评定使企业管理者能够随时追踪渠道的绩效状况，确保其与对应的绩效指标相符，并揭示存在的绩效问题。

合理绩效评定的中心概念是绩效的主要决定因素。所谓绩效的主要决定因素是指能直接并强有力地影响渠道综合绩效的渠道行为。例如在远程服务领域，一个销售副总裁可能将创造更多销售电话量确定为一个呼叫中心业务增长量的最直接来源。如果目标是降低成本，则呼叫中心绩效的主要决定因素将是那些能最大限度地影响渠道实现其绩效指标的行为或行动。

4. 认清绩效差距并制定渠道行为规划

渠道绩效指标及评定制度的作用是什么呢?渠道评定制度有两个基本用途。

首先，它们可被用做管理渠道绩效的强有力的连续检测工具。连续的绩效评定是动态渠道管理的基础，它使市场预期值与实际值实现实时对照及调整。其次，同样重要的是渠道绩效评定制度提供了认清渠道现有水平与实现销售目标所需要的未来绩效水平之间的差距的一个机会。事实上，大多数企业渠道绩效还没有达到2～3年以后所需达到的水平。关键是明确为达到未来绩效水平，每个渠道现在必须采取什么行动。

在确定一个渠道的绩效水平时，渠道行为规划是决定必须采取哪些具体行动的强有力的管理手段。制定渠道行为规划包含以下步骤。

（1）以渠道绩效指标及主要评定制度为起点，这两个因素将被用来对渠道行为进行评定，以使其与绩效指标相符；

（2）记录每种评定制度的渠道实际绩效；

（3）确定18～30个月后渠道绩效必须达到的水平；

（4）确定一系列具体的针对渠道的行为，以帮助渠道从现在的绩效过渡到未来（期望）绩效水平。

渠道行为规划通过将企业销售目标和渠道绩效指标解析成具体的渠道行为来发挥渠道优势。该渠道行为与渠道实现其目标、达到其绩效指标的要求相一致。

当涉及一个多渠道投资组合时，应高度强调渠道绩效管理的重要性。作为一个指导性体系，一系列经过认真推敲后选定的目标和评定制度，为确保销售渠道能够服务于企业的主要目标并在销售过程中履行其应该履行的职责提供了基本前提。同时，该目标和评定制度也使企业管理者能够按照“渠道绩效必须与公司目标及期望值相符”的要求确定具体的渠道行为。

第二节 渠道整体绩效评估

一、从社会的角度评估

斯特恩等提出了评估分销渠道整体绩效的多维结构 3E 模型。这一模型包括对渠道成员的财务绩效和渠道的社会贡献的测量。而渠道的财务绩效又是渠道所承担的其他多种任务与责任的体现，如图 10-4 所示。

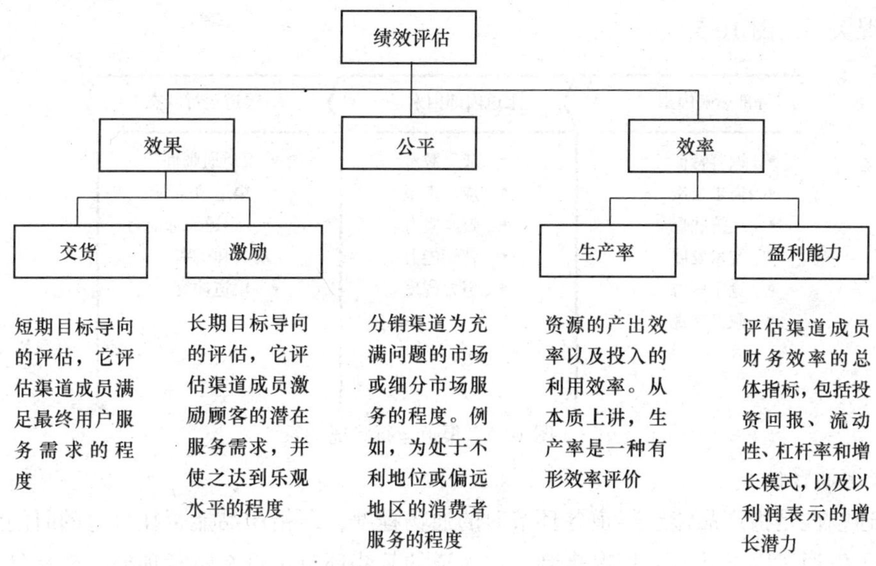

图 10-4 分销渠道绩效评估模型

3E 模型采取的是一个较为宽广的角度。效果（effectiveness）是指渠道以尽可能低的成本将服务或产品交付给最终消费者的全球绩效。总体而言，工业化国家的渠道效果优于非工业化国家的渠道效果。公平（equity）是指一个国家的所有公民有相同的机会去使用现有的分销渠道，有相同的能力去接触现有的分销渠道。从这个角度而言，全球性分销的公平性是相当差的，就我们国家目前而言也是如此——在购买同类产品时，农村和内陆地区的消费者往往要比城市和沿海地区的消费者支付更高的价格，但所得到的却是相对较差的质量和服务。效率（efficiency）是指以较低的社会资源达成某些具体结果。由于这些具体结果通常是针对细分市场的目标消费者的服务条款，因而效率和效果是紧密相连的。信息技术的发展提高了渠道的效率。

二、从企业的角度评估

从企业的角度考察整个渠道，可以从渠道管理组织、渠道的运行状况、渠道的服务质量和渠道的经济效果四方面进行。前三者主要是定性分析，后者是从财务角度定量分析。

（一）渠道管理组织评估

渠道管理组织的评估包括两个方面的内容：第一是要考察渠道系统中销售经理的素质和能

力。比如在厂商的某渠道系统中，从事销售工作 3 年以上且具有一定学历的地区经理占销售经理总数的比例有多大，该比例越大，表明销售管理组织的素质和能力就越强。第二是考察厂商分支机构对零售终端的控制能力。例如，厂商分支机构是否有自控的零售终端？如果有，自控零售终端的销售额占厂商分支机构所在地销售额的比例是多少？

（二）渠道运行状况评估

渠道的运行状况是指渠道成员之间的配合、协调以及积极性发挥等方面的综合表现。它决定渠道的效率和功能。

渠道运行状况评估是以渠道建设目标和分销计划为依据，考察任务的分配是否合理、渠道成员的合作意愿与努力程度、渠道冲突的性质与程度、销售是否达到既定目标等。具体分析时可从渠道的通畅性、渠道的覆盖面、渠道的流通能力及其利用率、渠道的冲突等方面展开。渠道运行状况关系见图 10-5。

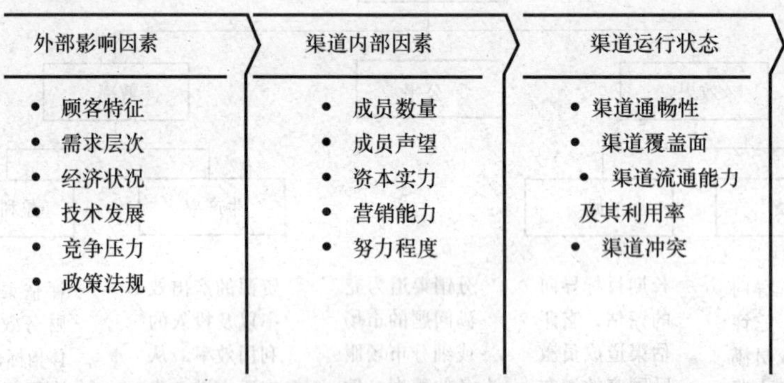

图 10-5 渠道运行状况关系

1. 渠道通畅性

渠道通畅性是指产品流经渠道各环节时的通畅程度，即指产品能否在合适的时间到达顾客手中。这可以通过以下几方面情况来判断：渠道的某些环节是否有断货现象，产品是否在中间环节积压，产品到达某一环节的时间是否正常等。

2. 渠道覆盖面

渠道覆盖面是指最大的销售区域。它是衡量渠道运行状况的一项重要指标，可从渠道成员数量、分布区域和零售商圈的大小等方面衡量。

市场覆盖面是衡量商品分销渠道运行状态和功能的重要指标之一。所谓市场覆盖面是指某个品牌的商品（或来自某个厂商的商品）通过一定的分销渠道销售能够达到的最大销售区域范围。销售区域范围越大，则该商品能够接近的潜在顾客就越多，购买该商品的顾客数量就越大。对分销渠道覆盖面的评估可以从分销渠道中的成员数量、分布区域、零售商的商圈大小等几个方面来进行。

（1）分销渠道成员数量多少

分销渠道成员数量多少在一定程度上能够反映该渠道的市场覆盖面。例如，在二级分销渠道中，由于在生产厂商与消费者之间至少存在一个批发商和一组零售商，批发商往往向多个地区的零售商批发商品，因此，该分销渠道的市场覆盖面就是这些零售商的商圈所构成的市场区域。当分销渠道的宽度较宽时，商品分销的地区范围就会很大。而在三级或更高级别的分销渠道中，由于存在地区差别较大的多层批发商，因此，分销渠道带来的市场覆盖面更大。

（2）渠道成员分布区域如何

现代经济运行中出现了商品分销渠道扁平化的趋势。具体来说，越来越多的商品销售渠道的环节数（级次数）趋向于在 2 级或 2 级以下，这时，同是一个环节的中间商数量（渠道宽度）就出现了越来越多的趋势。而同一渠道上中间商的合理分布应当是彼此拉开空间距离，不会出现商圈或销售区域的重叠，以避免自相竞争的情况发生。

（3）零售商的商圈有多大

零售商的商圈是指在零售商周围，能够方便地光顾零售商店铺的潜在顾客的分布范围。例如，对于一个日用杂货商店来说，能够方便地前来光顾的潜在顾客可能来自周围 300 米范围。那么以该日用杂货商店为中心、半径为 300 米的圆圈所划定的空间区域，就是该日用杂货店的商圈。一般来说，零售商的商圈受到交通条件、商店声誉、经营规模、竞争者的相对位置（距离）、周围服务环境以及顾客购买行为习惯等因素的影响。不同地区的零售商的商圈可能是有差异的。准确地说，一个品牌商品的分销渠道带来的市场覆盖面是指在该渠道中，所有零售商的商圈不重复部分的总和。不妨假设一个分销渠道中零售商数量是 n 个，第 i 个零售商的商圈是 S_i，第 i 个和第 j 个商圈的重叠部分为 S_{ij}，则该分销渠道包括的市场覆盖面 S 就是：

$$S=\sum_{i=1}^{n}S_i-\sum_{i=1}^{n}S_{ij}$$

由该式可以看出，如果零售商的数量越多，企业的市场覆盖面 S 就可能越大；如果零售商彼此之间的距离越大，则它们的商圈发生重叠的可能性就越小，而企业的市场覆盖面就越大。

对应于市场覆盖面，还有另外一个常用的评价指标——市场覆盖率，它是指在某个特定的市场范围内，企业商品分销渠道所形成的市场覆盖面的相对大小。它反映企业所利用的商品分销渠道在服务某个特定市场范围时的全面性程度，用特定市场范围的平面面积和在该区域内分销渠道产生的市场覆盖面积之比来量化说明。具体计算指标可以是：

$$CR=\frac{S^*}{S_0}\times 100\%$$

式中，CR——市场覆盖率，用百分率来表示；

S_0——特定市场范围的平面面积；

S^*——在该区域内分销渠道产生的市场覆盖面积。

特定市场区域通常是指企业的目标市场区域。市场覆盖率也可以用相应区域的目标顾客数量和所有商圈范围内的目标顾客数量来计算。

3. 渠道的流通能力及利用率

渠道的流通能力是指厂商在单位时间内经由该渠道将产品转移到用户手中的平均数量。流过的产品数量与时间的比值则是流速。一般而言，渠道的流通能力取决于渠道的瓶颈部分。流通能力的评估指标可以通过流通能力利用率来衡量，而后者又可以细分为以下一些指标：平均发货批量、平均发货间隔期、日均销售数量和平均产品流通时间。

了解了分销渠道中的瓶颈环节，可以使渠道建设的力量投放到合理的地方。例如，扩大薄弱环节的承担单位数量、增加人员，或者设法改进渠道结构，利用其他渠道来弥补薄弱环节的不足，也可以考虑减少对非瓶颈环节的投入，借以减轻瓶颈环节的压力负担，还可避免造成渠道资源的浪费。

在设计和建设分销渠道时，要特别重视评估分销渠道的流通能力。在渠道的运转过程中，渠道流通能力评估的重点是流通能力的利用率，即实际商品流通量与流通能力的比较。其计算公式是：

$$流通能力利用率=\frac{实际流通量}{渠道的流通能力}\times 100\%$$

流通能力利用率在一定程度上可以说明渠道成员参与商品分销的积极性的发挥程度。具体来说，流通能力利用率的大小与每个生产厂商的供货量、仓储运输的效率、批发零售企业的促销努力以及各个环节之间的有效配合有关。常用来考核流通能力利用率的主要指标如下。

（1）平均发货批量（一次发多少）

前后环节之间的发货（购货）批量是指根据后续环节的销售需要和送货通知，前一环节向后续环节发送一批货物的数量。例如，生产厂商每次向批发商、零售商的发货数量。平均发货批量大，说明生产厂商的供货能力大，同时也说明运输能力大和批发商、零售商的销售量大，因而流通能力就能够得到充分利用。发货批量直接影响到在分销渠道中的商品流通量。一般来说，流通能力利用率与发货批量成正比，发货批量越大，则通过分销渠道销售的货物就越多，流通能力的利用率也就越高。

（2）平均发货间隔期（多久发一次）

发货间隔期是指前一环节向后续环节先后两次发送货物的间隔时间。这个指标可用于说明供应单位向后续环节发送货物的频繁程度，也可从一方面表明供应单位的供货能力。平均发货间隔期短，说明后续环节销售量大、速度快，也表明仓储运输运转效率高。后续环节的日均销售量可以用平均发货批量和平均发货间隔期两个指标来计算，计算公式是：

$$后续环节日均销售量=\frac{平均发货批量}{平均发货间隔期}$$

与平均发货间隔期对应的另一个指标是年均发货次数。平均发货间隔期与年均发货次数的乘积等于一年的天数。平均发货间隔期与年均发货次数成反比。可以根据平均发货间隔期计算年均发货次数，计算公式如下：

$$平均发货间隔期=\frac{365天}{年平均发货次数}$$

后续环节的年均销售总量是平均发货批量与年均发货次数的乘积，也可以说是其日均销售数量的365倍。

（3）日均零售数量

平均每天的零售（销售）数量反映了零售商的销售努力程度，也反映了生产厂商与批发商对零售商的服务水平。如果这个指标较高，则说明在整个分销渠道中商品的流通能力也较高，或者说流通能力利用率较高。

（4）平均商品流通时间

商品流通时间是指商品从生产线下来或出产之日算起，到最后销售到消费者手上之日为止所经历的时间长度。这个时间长度是商品在流通过程中，占用仓储设施和资金的时间长度。按照分销渠道中转移的全部商品来计算，若平均商品流通时间较长，则表明在流通过程中商品占用的仓储设施和资金的时间长，所以，仓储环节的工作效率就较低，或者说批发零售环节的销售速度较缓慢。

平均商品流通时间也可以反映商品处在流通过程中的数量。计算公式是：

$$\begin{matrix}\text{滞留在流通中}\\\text{的商品数量}\end{matrix}=\left(\begin{matrix}\text{日平均}\\\text{产出量}\end{matrix}-\begin{matrix}\text{日平均}\\\text{零售量}\end{matrix}\right)\times\begin{matrix}\text{平均商品}\\\text{流通时间}\end{matrix}$$

这些商品中绝大部分停滞在仓库，等待转运或销售。造成大量库存商品的主要原因可能有：①商品不对路，需求过少；②市场不景气，需求不旺；③促销不力，没有引起消费者的注意和兴趣；④供过于求，商品竞争力不高；⑤销售淡季；⑥运力不足。由于这些商品占用过多的仓储设施和资金，严重影响了商品流转、资金周转和流通经济效益，因此，必须对库存商品进行严格的监督和控制，并通过提高流通环节的运行效率来改进库存状况。

上述这些指标都可以用来说明流通能力的利用情况。通过分析分销能力的利用率，可以判断分销渠道运转的有效性程度。正常运转的分销渠道，应当是能够使流通能力充分加以利用，而且没有浪费。但是，可能由于渠道的畅通性存在问题，或者有关成员的积极性和主动性没有得到充分发挥，渠道流通能力的利用率就不会很高。因而在这种情况下，企业就要寻找对策，尽快扭转局面。

4. 渠道冲突

渠道冲突是交换过程的一部分。无论怎样对渠道进行设计和管理，都不可能完全消除冲突。过多的渠道冲突会导致渠道的失调，但一定程度的渠道冲突还能产生建设性的作用，使渠道获得适应环境变化的动力。因此，处理渠道冲突的重点不在于如何消除，而在于如何管理。

如前所述，渠道冲突主要可分为水平渠道冲突、垂直渠道冲突和不同渠道间的冲突三种类型。我国目前渠道冲突的表现形式主要是水平冲突和垂直冲突。水平性冲突是经销商主导的一种冲突模式，垂直性冲突是零售商壮大（尤其是大型连锁超市的兴起）以及互联网普遍应用后生产商直接与零售商交易而引发的一类冲突。解决渠道冲突需要解决四个问题：不同渠道是否服务于同一类最终用户；渠道之间是恶性竞争还是相互受益；现有渠道利润减少是渠道入侵的结果还是本身的问题；一类渠道的衰败是否威胁到了企业的利润水平。

（三）服务质量评估

对服务质量的评估可以从信息沟通、实体分配服务、促销效率和顾客抱怨与处理等方面进行。

1. 信息沟通

市场信息的搜集者和传送者主要是零售商或批发商，信息的接收者和使用者主要是生产厂家或渠道领导者。信息沟通质量主要是考察渠道的下游对上游所反馈的市场信息与产品信息是否有效，衡量指标包括沟通频率、沟通内容、沟通时间和沟通方式。

渠道商家往往身在市场第一线，相对生产厂家而言更接近消费者。在沟通良好的情况下，下游企业在某种程度上可以常年为上游企业承担市场调研的职能。沟通的信息范围可以是当地的经济状况与发展趋势、政府的政策与法规，可以是竞争品牌的营销新举措、新进入者的情况，也可以是自身业务开拓如市场份额变化、宣传与促销等诸多方面。因而渠道信息沟通质量对于生产厂家的营销决策具有重要意义。

2. 实体分配服务

实体分配也称为物流。它指对原料和最终产品从生产者向使用者转移，以满足顾客的需要，并从中获利的实物流通的计划、实施和控制。实体分配的基本功能包括物质的运输、保管、装卸、包装、流通加工以及与之相联系的物流信息。实体分配服务质量是指渠道成员满足顾客需求的及时程度。及时满足顾客需求不仅要求快速完成谈判、签订合同，而且要快速交货，以使顾客在需求产生时能立即购买到所希望的产品。可口可乐公司的“无所不在”策略就使得其实体分配服务具有极高的质量。

不少公司这样描述它们的实体分配目标：以最低的成本将适当的产品在适当的时间运到适当的地方。这一目标缺乏实际的指导意义，没有一个实体分配系统能同时兼顾最佳顾客服务和最低分销成本。最佳顾客服务意味着大量的存货、足够的运输工具和许多仓库，这一切都将增加分销成本。最低分销成本意味着低廉的运输费用、低水准的存货和少量的仓库。渠道成员从自身利益出发，一般倾向于保持尽可能小的库存，以减少资金的占用；倾向于通过铁路运输，以节约成本。但铁路运输的速度相对较慢，较低的库存容易造成断货。

西方国家的许多企业在设计和管理渠道时，着重从六个方面来控制实体分配的服务质量：快速反应、高弹性、最小库存、优化运输、全面质量控制和产品生命周期支持。

3. 促销效率

渠道促销效率是指在促销活动的前后渠道中产品流通量的变化与预期效果的比较。促销效率的事后评估是检验促销活动是否达到预期目标以及促销花费是否合算的较好途径，同时也是在为下一次的促销决策提供参考和衡量的标准，从而避免盲目行动的风险。为了提高促销的效率，营销管理者应该坚持记录每一次促销活动的成本和对销售的影响，可以通过统计促销促成的销售比例、赠券回收率、询问人数等来研究促销效率。宝洁公司采用销量浮动评估法、随机抽样评估法和数据综合分析评估法评估促销效果，而对渠道促销效率的评估是其整体促销评估方案的一部分。

企业可采用多种方法对渠道的促销效果进行评估，而且在不同市场可采取不同的做法。比如，可根据促销活动前后零售商销量、商店货架空间的分布和零售商对合作广告的投入等评估对零售商促销的效率。

4. 顾客抱怨及处理

顾客对产品或服务的不满和责难叫做顾客抱怨。顾客的抱怨行为是由对产品或服务的不满意而引起的，所以抱怨行为是不满意在具体行为上的反映。顾客对服务或产品的抱怨即意味着经营者提供的产品或服务没达到他的期望，未满足他的需求。另外，也表示顾客仍旧对经营者抱有期待，希望能提高服务水平。一位不满意的顾客对商家的负面影响是不容忽视的，它将给企业的形象蒙上一层阴影，使商家的利益直接或间接地蒙受损失。企业应该全面了解顾客抱怨的前因后果，积极采取应对措施，使顾客由抱怨到满意再到惊喜。顾客的抱怨实际上是企业改进工作、提高顾客满意度的机会。

在顾客面前，渠道商家代表了其所售产品生产厂家的形象。因此，渠道成员对顾客抱怨的处理效率非常重要——如果对顾客抱怨的处理效率低下，就容易激化矛盾，并因此给生产厂家增加压力。生产厂家应协助渠道成员建立顾客抱怨管理制度。第一，鼓励顾客公开提出批评和建议，同时应对那些私下抱怨的顾客进行追踪调查，积极收集顾客对其产品和服务反应的完整资料，并对其进行分析，及时发现问题并予以纠正。第二，建立顾客抱怨卡。它用于记录顾客发生抱怨事件的内容，通常是关于客户因企业失误而产生抱怨的事件的发生时间、内容、经过及处理结果等。

（四）经济效果评估

评估渠道的经济效益，一是评估产出——这体现在销售分析；二是评估投入——这主要是分析渠道的费用。此外，通过一些财务比率如盈利能力和资产管理效率的计算和比较，分析较深层次的原因。

渠道绩效评估的常用方法有两种，一是历史比较法；二是区域比较法。通常而言，这两种方法都比较适合于定量评估。

历史比较法是指将渠道系统或渠道成员的当期销量与上期销量相比较，得出上升或下降的比值，然后再与整体市场的升降百分比进行比较。对高于整体市场平均水平的渠道系统或渠道成员予以奖励，对低于整体市场平均水平的渠道系统或渠道成员则要做进一步具体分析，找到准确原因并帮助其改进。该法的难点在于需要准确把握整体市场平均水平。

区域比较法是指将各渠道成员的绩效与该区域销售潜量分析所得出的数值进行比较。具体做法是：将某区域内各渠道成员在某一时段的实际销售量与通过分析得出的该区域销售潜量进行比较并排序，通过测算相关指标，以确定这些渠道成员在这一时段是否达到了某一标准。该方法的难点在于需要客观把握该区域内的销售潜在量。

1. 销售分析

销售分析是渠道运行的经济效果评估的重要内容，它主要评价销售计划与目标的实现情况。销售分析可以进一步分为销售差异分析和区域/产品分析。

销售差异分析旨在通过销售额这一指标，在影响销售额的诸多因素中，找出渠道效率的影响程度。渠道的效率最终将影响销售额。由于“销售额=销售量×价格”，所以除了渠道效率之外，消费者需求、竞争状况、产品质量、促销等都对销售额产生影响；价格的升降也影响销售额。例如，假设某公司在年度销售计划所定目标为全年实现销售额 2000 万元，销售产品数量为 50000 件，每件产品计划平均单价为 4000 元。年末共计销售产品 45000 件，平均单价为 3800 元，实际完成销售额 1710 万元，即销售额差异为 290 万元。我们可以通过销售差异分析来探究销售绩效降低的原因在多大程度上归结于价格下降，在多大程度上是因为销售数量的下降。

价格下降形成的差异=（4000-3800）×45000/2900000=31%

销售量下降形成的差异=4000×（50000-45000）/2900000=69%

由以上计算可以发现，销售差异的形成在 69% 的程度上是因为销售量的下降。此时，可以进一步就渠道效率对销售数量下降的影响进行深入分析，例如，渠道的推广力度和渠道的推广能力等都对销售效率产生影响。

区域/产品分析是指按产品类别和销售区域进行比较分析：先找出营销销售额的主要区域/产品，再按照销售差异分析的思路找出主要影响因素。

2. 市场占有率分析

仅分析企业销售绩效并不能反映出企业相对于其竞争企业的经营状况如何。企业销售额的增加可能是由于企业所处的整个经济环境的发展，也可能是因为其市场营销工作较其竞争者有相对改善。市场占有率正是剔除了一般的环境影响来考察企业本身的经营工作状况的指标。如果企业的市场占有率升高，表明它较其竞争者的情况更好；如果下降，则说明相对于竞争者其绩效较差。

市场占有率分析的目的在于：通过对市场占有率的严格定义，为决策者提供可供比较的市场占有率；通过对市场占有率的构成因素分析，找到市场占有率上升或下降的具体原因，并为企业改进其渠道系统提供明确建议。市场占有率有三种不同的计算方法。

全部市场占有率：以企业的销售额占全行业销售额的百分比表示。使用这种测量方法必须做两项决策：第一是要以单位销售量或销售额来表示市场占有率；第二是要正确认定行业的范围，即明确本行业所应包括的产品、市场等。

可达市场占有率：以其销售额占企业所服务市场的百分比表示。所谓可达市场就是企业产品最适合的市场、企业市场营销努力所及的市场。企业可能只有相对较小百分比的全部市场占有率，却有近 100%的可达市场占有率。

相对市场占有率：企业销售额与主要竞争对手的销售业绩之比。根据比较对象的不同，又可以分为相对于三个最大竞争者的相对市场占有率和相对于市场领导竞争者的相对市场占有率。前者以企业销售额与最大的三个竞争者的销售额总和的百分比来表示。如某企业有 30%的市场占有率，其最大的三个竞争者的市场占有率分别为 20%，10%和 10%，则该企业的相对市场占有率是 75%。一般情况下，相对市场占有率高于 33%即被认为是强势的。后者以企业销售额与市场领导竞争者的销售额的百分比来表示。相对市场占有率超过 100%，表明该企业是市场领导者；相对市场占有率等于 100%，表明企业与市场领导竞争者同为市场领导者。相对市场占有率的增加表明企业正接近市场领导竞争者。

了解企业市场占有率之后，尚需正确解释市场占有率变动的原因。企业可从产品大类、顾客类型、地区以及其他方面来考察市场占有率的变动情况。一种有效的分析方法是对顾客渗透率 Cp，顾客忠诚度 Cl，顾客选择性 Cs，以及价格选择性 Ps 四个因素进行分析。所谓顾客渗透率，是指从本企业购买某产品的顾客占该产品所有顾客的百分比；所谓顾客忠诚度，是指顾客从本企业所购产品与其所购同种产品总量的百分比；所谓顾客选择性，是指本企业一般顾客的购买量相对于其他企业一般顾客的购买量的百分比；所谓价格选择性，是指本企业平均价格与所有其他企业平均价格的百分比。全部市场占有率（Tms）就可表述为：

$$Tms=Cp\cdot Cl\cdot Cs\cdot Ps$$

假设某企业在一段时期内市场占有率有所下降，则上述方程为我们提供了四个可能的原因：企业失去了某些顾客（较低的顾客渗透率）；现有顾客从本企业所购产品数量在其全部购买中所占比重下降（较低的顾客忠诚度）；企业现有顾客规模较小（较低的顾客选择性）；企业的价格相对于竞争者产品价格显得过于脆弱，不堪一击（较低的价格选择性）。经过调查，可以确定市场占有率改变的主要原因。

假设期初的顾客渗透率是 60%，顾客忠诚度是 50%，顾客选择性是 80%，价格选择性是 125%，根据 L 计算方程式，企业的市场占有率是 30%。

假设期末企业的市场占有率降为 27%，在检查市场占有率要素时，发现顾客渗透率为 55%，顾客忠诚性为 50%，顾客选择性为 75%，价格选择性为 130%。很明显，市场占有率下降的主要原因是失去了一些顾客（顾客渗透率下降），而这些顾客的购买量一般都有高于平均的购买量（顾客选择性下降）。这样，企业决策者就可采取有针对性的措施。

3. 渠道费用分析

渠道系统的成本（费用）直接影响到厂商的利润。因此，对渠道系统成本的有效控制，对厂商来说就显得非常重要。

（1）分销渠道成本的构成。渠道成本是指以最终用户支持的任何方式将产品从生产者向最终用户转移过程中产生的所有成本。企业的分销渠道无论采用哪种模式，其单位产品渠道成本（C）都来自建立之初的初始成本（FC）和运转中的变动成本（VC），企业通过市场预测和会计核算都可以估算出这两种成本。如果企业选择建立直接销售渠道，则要设立拥有产权的销售部门，培养自己的销售队伍，配备用于销售的设备设施，故其初始成本（FCl）较大。而一旦建立起来，维护的变动成本（VCl）较小，主要是销售人员的工资支出等费用。如果企业选择了间接渠道，利用中间商的渠道来销售，其初始的成本（FC2）较小，但是以后的维护费用，单位产品的变动成本（VC2）是较高的。因为，首先，生产商的下游企业要从单位产品价格中挪走较大的份额作为佣金等；其次，为了防止产品在价格和服务质量方面失控，维护企业和产品的市场形象，还需要对中间商加强管理，使变动成本增加；最后，为了促进中间商尽可能多地代理或经销本企业的产品，企业还需要派人定期访问中间商，为其提供宣传品等，这些都会增加变动成本 VC2。

根据上述对渠道成本的分类，我们以 S 代表销售量，则渠道成本函数可以表示为：

直接渠道成本函数：$C1=FC1+VC1\times S$

间接渠道成本函数：$C2=FC2+VC2\times S$

且有 $FC1>FC2$，$VC1<VC2$。

以上分析是基于传统经济学的理论框架基础之上的，其中的成本概念主要沿袭了生产成本的经济学概念。这里有两个基本的假设条件：第一，竞争非常充分（不管是完全竞争市场还是垄断竞争市场），市场参与者信息完全且完全理性，所有的公司都希望掌握控制权，因而偏好纵向的渠道整合；第二，相关的固定成本可以分摊在数量巨大的交易之中，而且随着交易量的不断增加，生产商能够实现自己在分销渠道中的专业化运作并从规模经济中得利。

实务操作中，渠道系统中的成本可划分为如下几个方面。

- 直接推销费用（主要包括直销人员工资、奖金、差旅费、培训费以及招待费等）。
- 市场促销费用（主要包括宣传海报、产品介绍等的印刷费、赠品费、展览费、促销人员劳务费等）。
- 渠道成员的代理费用（即给予渠道成员的佣金）。
- 厂商自建渠道成本（包括初始投资成本以及此后的营运成本等）。
- 仓储费用（包括租金、维护费、折旧、保险和存货成本等）。
- 包装与品牌管理费用（包括包装费、产品说明书费用、品牌制作费和品牌管理费等）。
- 其他市场营销费用（包括市场营销管理人员工资、办公费用等）。

有些与销售额直接相关，称为直接费用；有些与销售额并无直接关系，称为间接费用。有时两者也很难划分。

（2）渠道运行效率与单位产品渠道成本。渠道运行效率是指通过某个营销渠道的商品流量与该渠道成本之比。实务操作中常计算渠道成本与销售额比率，也就是用当期渠道成本除以当期销售总额的比率。该指标主要用来衡量厂商的渠道系统的运作效率。若该比率较高，表明厂商的渠道效率较低，应注意渠道成本费用的控制；若该比率较低，则说明厂商现行的渠道系统效率较高，应继续保持。渠道成本与销售额比率，用公式表示如下：

$$渠道成本与销售额比率=\frac{当期渠道成本}{当期销售总额}\times 100\%$$

用传统经济学的概念分析渠道成本的构成的假设前提是大多数行业处于垄断竞争状态，产品的价格由激烈的市场竞争所决定，某一供应商对价格只有很小的控制能力，可以说市场价格是个既定量。对某一细分市场来说，在某一决策时点上，产品销售量的最大值也是一定的，它将由产品的市场容量和企业总体的供给能力决定：两者之中的较小者就是最大销售量，即Max销售量=Min（市场容量，企业总体供给能力）。其中，市场容量由产品的档次、消费者市场的规模、消费者市场与供应者之间的空间距离等因素决定。而企业总体的供给能力则主要受人力、资金、设备设施的影响。在以上条件下，由于价格和最大销售量都是既定的，所以企业分销渠道效率的最大化将取决于单位产品渠道成本的最小化。单位产品渠道成本是指平均到单位产品中的、由销售环节和其他渠道环节发生的两部分费用。

（3）渠道费用评估原则。渠道费用评估遵循两个原则：一是费用比例与功能地位的匹配性；二是费用增长与销售增长的匹配性。

渠道费用的构成应与分销功能相匹配。各分销渠道功能的有效运行都需要一定的费用作保证，重要或难度大的分销功能应获得较多的费用支持。合理的费用分配应当是：对于每一项功能而言其费用系数与功能系数之比等于 1，否则就表明有些费用支持不合理，应分析原因并加以改进。

渠道总费用与产品销售额应保持一个合理的比例。在市场竞争激烈的情况下，常出现渠道费用大幅度增长而销售额却缓慢增长的现象，此时有些渠道费用支出的效果被竞争抵消了。例如，A 公司在 B 公司采取降价措施的情况下，不得不展开促销行动或加大广告宣传力度。在有些情况下，公司需要针对此种情况对渠道进行变革。例如，由于市场竞争的不断加剧，某企业的吸油烟机产品在华南区域营销过程中的渠道费用、管理成本、促销物料费用居高不下，利润贡献值逐渐缩减，更为严重的是，销售额增长的幅度不大，无法达到企业在其他区域的市场份额。为此，某企业只能对华南区域的市场进行渠道变革。

4. 盈利能力分析

（1）销售利润率。所谓销售利润率，就是指渠道系统当期利润与当期销售收入之间的比率，表示每销售 100 元时企业获得的利润。用公式表示为：

$$销售利润率=\frac{当期利润}{当期销售收入}\times 100\%$$

有些企业销售额的增长是因为采取了大量的促销和低价销售手段而实现的。

此时，销售额虽然上升，利润却下降了——而单独考察销售额指标却不能揭示这种状况。因此，渠道成员和厂商都引入销售利润率作为评价一个渠道系统获利能力的主要指标。对于渠道成员来说，销售利润率在一定程度上影响到渠道成员的积极性，进而影响到渠道系统的稳定性；而对于厂商来说，销售利润率则影响到厂商的持续发展能力。

同一行业各个企业间的负债比率往往大不相同，而对销售利润率的评价又常需要与同行业平均水平进行对比。因此，在评估企业获利能力时最好能将利息支出加上税后利润，以便大体消除由于举债经营而支付的利息对利润水平产生的不同影响，增强在同行业间衡量经营水平时的可比性，以正确地评价市场营销效率。前述的销售利润率计算公式实际应该是：

$$销售利润率=\frac{税后息前利润}{产品销售收入净额}\times 100\%$$

（2）资产收益率。资产收益率是指厂商所创造的总利润与厂商自身全部资产的比率。与销售利润率的理由一样，为了在同行业间有可比性，利润的含义是指税后息前利润。用公式表示为：

$$资产收益率=\frac{当期利润}{资产平均总额}\times 100\%$$
$$=\frac{税后息前利润}{资产平均总额}\times 100\%$$

式中，资产平均总额=（年初资产总额+年末资产总额）/2。之所以用资产平均总额，是因为年初余额和年末余额相差很大，如果仅用年末余额作为总额显然不合理。

（3）净资产收益率。净资产收益率是指税后利润与净资产的比率。净资产是指总资产减去负债总额后的净值。这是衡量企业偿债后的剩余资产的收益率，体现的是投资的绩效。其计算公式是：

$$净资产收益率=\frac{税后利润}{净资产平均余额}\times 100\%$$

其分子之所以不包含利息支出，是因为净资产已不包括负债。

5. 资产管理效率

（1）资产周转率。是指一个企业以资产平均总额去除产品销售收入净额而得出的全部资产周转率。其计算公式如下：

$$资产周转率=\frac{产品销售收入净额}{资产平均总额}\times 100\%$$

该指标反映的是渠道现有资产循环的次数，用以衡量企业在渠道全部投资的利用效率。资产周转率高说明投资的利用效率高。

（2）存货周转率。存货周转率指标是指产品销售成本与存货（指产品）平均余额之比。其计算公式如下：

$$存货周转率=\frac{产品销售成本}{存货平均余额}\times 100\%$$

该指标说明某一时期内存货周转的次数，从而考核存货的流动性。存货平均余额一般取年初余额和年末余额的平均数。一般来说，存货周转率越高越好，说明存货水准较低、周转快、资金使用效率较高。

（五）渠道成员的财务贡献评估

前文所述的方法主要是从整体的角度对渠道进行评估。但对于管理而言，仅了解渠道的整体绩效还不够——公司需要根据不同渠道成员的不同成本及其获利性特点来调配资源。为了揭示渠道体系中不同渠道成员的成本与获利性，本节介绍作业成本法（activity-based costing，ABC）和直接产品利润法（direct product profit，DPP）。

1. 作业成本法

作业成本法是指将成本分解到生产该产品所必需的活动中去的方法。首先对作业成本法给出明确解释的是哈佛大学的学者罗宾·库珀（Robin Cooper）和罗伯特·卡普兰（Robert Kaplan）。他们认为：成本计算的基本对象是作业而非资源；作业消耗资源，产品消耗作业。作业成本法是以作业为中心的。作业成本法的理论基础是成本动因理论，这种理论认为费用的分配应着眼于费用发生的原因，把费用的分配与导致这些费用产生的原因联系起来，按照费用发生的原因分配。这包括后勤、生产、服务、技术、市场、销售、行政和信息资源成本。在产品层面，一旦成本被充分地考虑，管理者就能克服传统成本计算制度对成本的扭曲，认识到哪些产品的成本比别的产品的成本要高。

作业成本法把作业分为四个层次：单元作业、批别作业、产品作业、支持作业。其中单元层次作业的成本是与产品的产量成正比的，批别作业的成本与产品的生产批数成正比，产品作业的成本与生产产品的品种数量成正比，支持作业与产品生产无直接关系。显然，不同层次的作业具有不同的成本动因。按照传统成本的处理方法，对批别作业和产品作业的成本按产品产量分配必然会导致产品成本计算的扭曲。在多品种、小批量的生产模式下，这种扭曲尤为严重。

作业成本核算的运行需要先确定资源、作业、成本对象以及资源动因和作业动因，并根据实际的消耗关系建立资源向作业的分配和作业向产品的分配。资源就是各项费用，来自企业总分类账户；成本对象通常是各种产品；作业根据企业的实际情况确定。作业成本采用二阶段分配实现成本计算，即资源成本按资源动因分配到各个作业，归集到作业的成本按作业动因分配各产品。

作业成本的实施一般包括以下几个步骤：第一，设定作业成本法实施的目标、范围，组成实施小组；第二，了解企业的运作流程，收集相关信息；第三，建立企业的作业成本核算模型；第四，选择开发作业成本实施工具系统；第五，运行作业成本；第六，分析解释作业成本运行结果；第七，采取行动。企业是一个变化的实体，在作业成本正常运行后，还需要对作业成本核算模型进行维护，以使其能够反映企业的发展变化。伴随企业的运行，作业成本的运行、解释和行动是一个循环的过程。

作业成本法为企业成本管理提供了良好的基础。我们可以将这一概念应用到分销渠道的情境中，只需将“产品”解读为“渠道”或“产品与渠道”，即我们可以采用作业成本法比较不同渠道的效率，或者比较特定渠道销售不同产品的效率。

渠道的主要作业有采购、销售、库存管理和结算。采购作业的成本动因包括订货、运输、包装、采购员的工资及差旅费等；销售作业成本动因包括广告费、促销费、宣传费、销售人员工资等；库存作业成本动因包括保管费、整理费和保管人员工资等；结算作业成本动因包括财务费、结算人员工资等；其他作业成本动因有折旧费和职工培训费等。实际评估时，将发生的成本按照资源动因分配到作业，再依照作业动因到产品，从而得出最终产品的成本。

2. 直接产品利润法

直接产品利润法（DPP）是一种会计核算方式，用来检验每一种产品对零售商的总利润的贡献，它是按单个存货单元，将毛利分摊成净成本和利润。为了确定一个单品的 DPP，创造出了一个特殊的公式来推导经手那个单品的所有直接成本和间接成本。DPP 不涉及管理费用的分摊问题，只涉及与产品直接相关的成本，如订货和存货；ABC 涉及这些管理费用和间接成本。DPP 是从渠道下游成员看上游成员的角度，关注单个产品或存货单位（SKU）的财务绩效。

DPP 概念是由麦肯锡公司于 20 世纪 60 年代初为通用食品公司建立起来的。这种方法为每一产品建立了独立的损益账目，调整每一项目的毛利率以反映交易、预期收入和现金折扣，识别和测量某一产品的直接组成成本（劳动力、空间、库存和运输）。

这种方法需要详细的会计资料，最好是通过作业成本法得出的资料。信息系统和扫描系统加强了该方法的可操作性。

相对于毛利润、毛利率和单位产品毛利率等传统的价值衡量标准而言，DPP 为批发商和零售商提供了更精确的衡量产品盈利能力的标准。DPP 只关注与每种产品相关联的、由运营或销售产生的直接成本，其他的固定成本（如非直接劳动力、总部管理费用等）则不计算在内。

净利率对于单类产品而言通常毫无意义，毛利率忽视了直接运营成本和现金折扣，而 DPP 则在这两者之间实现了平衡。

DPP 方法使分销商关注仓库和库存的诸多细节，如收货、入库、文书工作、选择和检查货物、装载货物和空间成本。对小宗商品而言，上架和收银成本必须仔细检查、核对；对大件商品来说，保存的货架空间必须计算在内。DPP 尤其有助于改善空间管理。

表 10-2 直接产品利润示例

项　目	产品 A（%）	产品 B（%）
销售收入	100	100
—产品成本	79.5	76.5
毛利润空间	20.5	23.5
+现金付款折扣	1.6	0.0
+交易折扣	2.0	1.2
+预期付款利润(净利润)	1.3	0.0
+回程运费收人	0.8	0.0
调整后的毛利润空间	26.2	24.7
仓库成本		
—劳动力	1.1	1.6
—空间	1.0	1.2
运输成本		
—劳动力／设备	1.2	1.5
商店成本		
—办货劳动力	2.6	2.9
—收银劳动力	1.7	1.9
—空间（能源和占用）	2.2	2.7
总部成本		
—存货持有成本	0.7	0.4
直接产品成本总计	10.5	12.2
直接产品利润	15.7	12.5

美国食品营销协会支持 DPP 概念并协调了整个行业的努力，先后发布了干货产品、肉制品、农副产品和焙烤食品模型。DPP 数据有助于培养分销商和制造商之间的良好合作关系。第一，对 DPP 的了解有助于识别通过制造商和分销商的合作易于改善的高成本活动，包括包装的尺寸、箱子的大小、外包装设计和交货方式等；第二，通过为商店货架计划提供关于产品流动和货架朝向的研究数据、测试产品展示方法与地点、进行产品大类的利润研究，DPP 数据能帮助制造商和分销商提高分销的获利性；第三，理解 DPP，能极大地影响制造商的销售战略与方案。了解分销商的成本及其形成原因，制造商可以使其交易模式更易被接受。

第三节 渠道成员综合评价

本节简要介绍对经销商的综合评价方法。对经销商评估的本质在于确定经销商的价值贡献，找到改进点。

一、影响渠道成员绩效评估的因素

我们主要以影响评估的范围和次数的各种因素来讨论对渠道成员绩效评估的影响。而影响评估范围和次数的四个主要因素是：① 制造商对渠道成员的控制程度；② 渠道成员的重要性；③ 产品特性；④ 渠道成员的数目。

（一）制造商对渠道成员的控制程度

制造商本身对其渠道成员的控制程度对制造商确定其评估范围和次数有重要的影响。如果制造商对其渠道成员的控制以双方牢固的合同协议为基础，那么该制造商就处于可以要求获得渠道成员大量的绩效信息的地位，甚至是遍及渠道成员运作的各个方面信息的地位。此外，倘若某些制造商生产的产品市场接受程度很高或在市场上占主导地位，则这些制造商对渠道成员就会有很大的影响力。对于处于这样的市场地位的制造商来说，它们就能更容易地从渠道成员处获取大量的绩效数据信息，以便更容易地对渠道成员的绩效进行较为全面的评估。但若制造商的产品市场接受程度不高，即使制造商以合同条款为基础来实施渠道控制，也不一定能对渠道成员发挥强有力的控制。此外，由于该制造商的一些特殊品牌的产品可能只占渠道成员销售额很小的百分比，因此，许多渠道成员并不认为该产品品牌对它们来说有很大的重要性。它们就不太愿意花费过多的时间和精力向制造商提供与此相关的绩效数据。这样制造商对渠道成员就因缺少这部分绩效数据而不能进行全面的渠道成员绩效评估。所以，制造商在确定绩效评估范围和次数时，对其渠道成员的控制程度起到关键性的作用。

（二）渠道成员的重要性

对于通过专业的市场开发代理机构销售其产品的制造商来说，对渠道成员的绩效评估可能要比不太依赖这种专业机构的制造商要全面、完整得多，这是因为这样的企业在市场上的成功直接取决于渠道成员的绩效。例如，工业品器械制造商的全部产品一般都由分销商和经销商销售出去，而这些分销商和经销商是公司产品进入最终市场的唯一通道，所以，制造商就要对这些渠道成员进行仔细而详尽的全面评估。若一家生产高级化妆用品的制造商利用本公司自己的零售商店或与自己连锁经营的专卖店来销售其大部分产品，同时靠独立的生活用品商店销售较小比例的产品，这时制造商只要对这些经销商进行粗略的评估就足够了。

（三）产品特性

一般而言，制造商的产品结构越简单，就越容易进行评估；产品复杂程度越高，那么对渠道成员绩效评估所涉及的范围就越广。例如，一个大批量生产价格低廉而又几乎不要求售后服务的产品制造商，它要是进行渠道成员的绩效评估，可能只会以那些日常销售数据作为评估渠道成员的依据，不会在很广的范围内进行审查。另外，一个生产相对较复杂的、高价值的甚至是需要提供相当全面的售后服务的成套工业设备的制造商，就必须在相对广阔的范围内，按照不同目标市场的满意度等相关标准来仔细审查它的渠道成员。另外，对于单价很高的产品，获得或失去一个订单对于制造商来说至关重要，这甚至可能会直接影响到它的盈利或亏损。在这种情况下，制造商可能会非常仔细地审查渠道成员的绩效。

（四）渠道成员的数目

制造商渠道成员的数目会影响到制造商对其进行绩效评估时的工作量。对于分销渠道采用密集分销方式的制造商，对渠道成员的绩效评估也许只要粗略地从头到尾看看最新的销售数字就行了，有些制造商甚至只会对那些销售数字异乎寻常的渠道成员才进行较为彻底的评估。另一个极端是，利用经过精心选择的分销机制的制造商发现它们与渠道成员之间的紧密的工作关系使它们也能获得大量数据，以便它们可对渠道成员进行全面的绩效评估。

二、制定绩效评估标准

度量渠道成员绩效有许多可用的标准。例如，斯布立格司（Spriggs）在载重汽车工业中所做的研究采用了 34 项标准来评估经销商的绩效，如表 10-3 所示。但是对渠道成员绩效的评估，大多数制造商可能会采用渠道成员的销售业绩、渠道成员保持的库存、渠道成员的销售能力、渠道成员的态度、渠道成员面临的竞争和渠道成员总的发展前景等指标。

表 10-3　载重汽车工业中研究渠道成员绩效所采用的 34 项标准

基于成果的标准	基于行为的标准
总的经销量	保单投诉处理
总的经销利润	各种建筑物或各种设施
销售利差	办公室系统
库存周转率	雇员激励机制
市场份额	生意区域的覆盖情况
客户满意度	对产品的知识传播人员
销售费用	销售技巧或销售人员
投资利润	经销财务计划
库存费用	经销商业计划
对顾客服务的总体水准	优势或促销计划
按产品类型的销售量（件数）	顾客投诉数量
每个销售人员的销售量（金额）	买方贷款管理
销售量（金额）与定额之比	销售预测准确性
供货商的利润	销售电话总数量
按产品类型的销售量（金额）	现有顾客的电话数
不同产品类型的利润	非顾客的电话数
服务部门	产品展示的数量

（一）渠道成员的销售业绩

在制造商看来，渠道成员的销售业绩毫无疑问是最直接、最重要，且应用最普遍的评估渠道成员绩效的标准。如果渠道成员的销售业绩不佳的话，制造商的第一直觉就是该成员的绩效不行。

在制造商检查渠道成员的销售业绩时，负责绩效评估的渠道管理者应该特别注意区分以下两点。①制造商销售给渠道成员的销售量；②渠道成员把制造商的产品销售给渠道成员的客户的销售量。这两者在衡量销售业绩时的作用是不同的。渠道管理者要想对渠道成员做一个相对准确的评估应该尽可能设法去取得渠道成员把制造商的产品销售给其顾客的数据资料。然而，制造商能否获得这些信息，在很大程度上取决于其对渠道成员实施控制的程度。一方面，若在渠道中渠道成员是特许经销商，制造商则可以利用特许经营合约的法律条款约束来获取这些信息。另一方面，若是在那种传统的松散结盟的渠道体系中，制造商要想获取这些对绩效评估相当重要的销售资料则可能相对较困难，因为制造商对其渠道成员的控制达不到这样的程度。在这种情况下，制造商就只能近似地用自己销售给渠道成员的销售数据作为渠道成员当前的销售量，这时渠道管理者只能依靠经验数据对渠道成员做出绩效评估。

但是不管使用以上两种销售数据中的哪一种，渠道管理者应该根据下列要点来评估销售数据。①渠道成员在当前的经济增长水平和竞争状况下，其销售量同历史销售量的对比；②一个渠道成员的销售量同其他渠道成员的销售量的横向比较；③渠道成员的销售量同预先确定的销售定额相比较。

当与历史数据资料比较时，渠道管理者既要注意整个产品线总的销售数据，也要关注某些单项产品的具体销售数据。这些数据按产品类别分得越细，数据资料越详尽，渠道管理者就越能够发现其不同类型产品销售情况的变化，这样就能使渠道管理者根据这些销售变化来改变产品线的销售类型。

比较不同渠道成员之间的销售业绩也是至关重要的。我们也许都知道管理学中的 2/8 比例定律，销售渠道的销售也遵循这一规则。因为根据制造商的经验，它们会发现经常是少数渠道成员完成的销售额占了总销售额的大部分，几乎是 20%的渠道成员完成了 80%甚至更高比例的销售额，图 10-6 说明了这种情况。这种情况通常会造成营销成本过高且不成比例，这是由于业绩差的渠道成员的销售造成的，其结果是对制造商利润图产生负面影响。定期在渠道成员之间做销售业绩的横向比较，有助于更加方便、及时地揭示这些不利的销售情况。

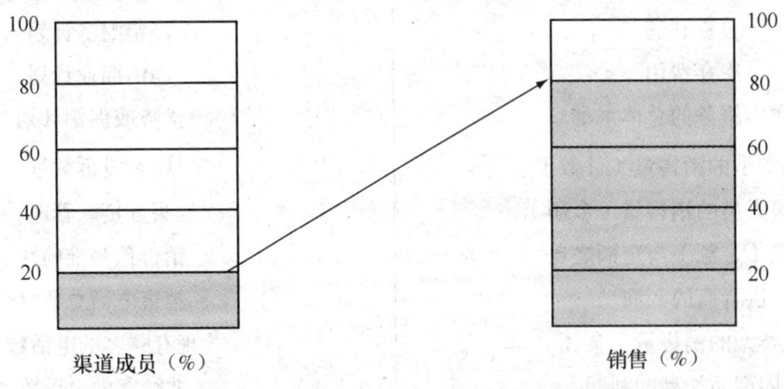

图 10-6　少量成员完成大部分的销售

最后，如果制造商已经给渠道成员制定了销售定额目标，它就应该把渠道成员实际完成的销售业绩与定额相比来做评估。如果将这种定额转化为产品类别，那么就应该对渠道成员每一类产品的销售业绩进行考核。此外，把渠道成员的销售业绩与定额进行比较时，渠道管理者不仅要关注比例本身，而且还要考虑在完成这些销售定额基础上所获得的绩效。如果大多数渠道成员所达到的定额比例普遍较低，那么，问题很有可能就不是渠道成员的经营业绩不好，而是销售定额过高，即不切实际。所以，制造商使用这种方法必须是建立在制造商所定的目标合理的基础上，在制定各渠道成员的销售目标时，应该根据不同渠道成员的具体情况进行深入、全面的分析，为每个渠道成员制定合理的销售目标。

（二）库存维持状况

渠道成员能否维持适当的库存水平是制造商对其考核的另一项主要的绩效指标。从本质上来讲，制造商要求渠道成员要做到保持一定的库存水平，特别要求达到制造商与渠道成员最初签订的合同协议销售额。有些协议十分正式，而且在制造商和渠道成员之间的经销或分销合同里写得很明确。为适应个别需要，制造商和渠道成员可根据对该地区市场销售潜力的预测共同制订出一份库存要求计划。这样，渠道成员就该自觉遵守协议，并相应地接受评估。如果渠道成员达不到协议中的要求，则经常被制造商看作严重问题。

即使在双方的合同中最初没有就渠道成员的库存做出正式规定，保持一定的库存依然是一项重要的评价标准。然而，由于没有正式合同，制造商就不能较好地控制在这方面表现不佳的渠道成员。因此，如果制造商将库存维持作为渠道成员绩效考核的标准之一，并把它当作非常重要的问题来看待的话，那么，就应该在渠道设计的选择阶段，想尽一切办法将这些内容写到正式协议中去。当然，许多不具优势的小型制造商不具备这样的权力，无法使有潜力的渠道成员接受内容苛刻的存货储备条款。

这种维持库存的方法在考核渠道成员库存保持水平时可能很简单，也可能非常困难。对于一些通过大量批发或零售渠道成员来销售产品的制造商来说，例如，生产大众消费品的制造商，这项工作要艰难得多，也许还需要请外部的市场调研公司来协助完成对渠道成员的库存调查。如果制造商在批发层次上只与少量渠道成员打交道，那么它通常只要求其销售人员以常规的销售拜访方式来对渠道成员的销售数据进行统计，为制造商的绩效评估决策提供依据。不管是制造商自己来调查分析其渠道成员的库存，还是由外部的专门公司来做这项工作，它们最起码应该考虑到下列这些与库存相关的问题。

（1）库存商品和库存设施的状况如何？

（2）有多少货架或场地可供存货用？

（3）有多少货架或场地提供给了竞争者的存货用？

（4）渠道成员库存的总体水平如何？

（5）按件数和金额计算的特殊产品分类细账有哪些？

（6）渠道成员预测购买的相关产品和竞争对手的产品类别相比较，结果如何？

（7）原先的库存还有多少，为出清库存做了哪些努力？

（8）渠道成员库存管理和库存记录保管制度是否恰当？

（三）渠道成员的销售能力

制造商对其渠道成员尤其是批发商层次进行绩效评估时，通过对渠道成员的销售能力进行分析，从而推断出它们将会达到的销售业绩，因此制造商将它们的销售能力也当作绩效评估的一项衡量指标。而批发商的销售能力主要是由它们的销售人员的销售能力来决定的，所以制造商认为可以通过评价批发商的销售人员来直接评估渠道成员的能力及价值。如果能够获得渠道成员的销售人员个人销售记录，那么制造商就有了极好的信息来源作为评估的依据。通过这些个人销售记录，制造商能看出销售业绩状况，并给每个渠道成员进行总销售能力评分，然后将此用于渠道成员之间的横向比较。不过获取这样的信息一般较为困难，因为许多渠道成员一般不愿意向制造商透露这些信息，它们不希望制造商对其有全面的了解，清楚地知道它们的经营状况。

根据渠道成员的这些数据，制造商应对其进行详细的分析，通过对这些数据的分析来对渠道成员进行准确的评估。但对这些数据，制造商最好能就以下几点得出完整的回答。

（1）渠道成员为制造商的产品类别配备了多少销售人员？

（2）渠道成员销售人员的业务知识和能力。

（3）销售人员对制造商产品的兴趣。

（4）分销商及其销售人员对竞争对手的产品和服务的了解程度。

（5）该经销商是否具有经营制造商产品所需的技能？

从渠道成员愿意为制造商的产品配备销售人员的数目可以看出制造商的产品会有怎样的陈列，产品的市场覆盖面将会有多大，以及经销商对制造商的销售投入的精力有多少。

业务知识和能力常常是销售能力评估的基础。然而，有些制造商已经通过其他的衡量方法来给渠道成员的业务知识和能力定量地打分，这就是看该渠道成员总共要用多少额外的销售时间才能完成销售任务。也就是说，经销商需要额外的帮助和时间越多，说明其销售能力越差，反之亦然。不论用哪种方法，一定要看到评估结果随时间的变化，这才是最有用的数据，而要想得到这些最有用的数据，制造商就得进行长期的数据收集。如果渠道成员的销售人员专业知识比较薄弱，就会影响未来销售的业绩数据。

销售人员对销售该产品的兴趣，制造商可以通过下面一些具体的行为反应来了解：销售人员参加由制造商资助的学校、各种研讨会、现场教学和讨论会的情况；销售人员是否会主动收集来自批发商客户的反馈信息；是否关心制造商现场销售业务员的意见。如果渠道成员的销售人员对这些没有关注，就说明渠道成员最高管理层没有重视该制造商产品的销售。如果真是这样的话，该渠道成员未来的绩效几乎可以肯定会下降。

随着市场化的不断发展，市场竞争的激烈程度可以说不逊于战场上的激战，市场犹如没有硝烟的战场，是那种你死我活的较量，所以企业要想守住自己的阵地，百战不殆，就应该知己知彼。这样就要求渠道成员的销售人员要很好地了解竞争对手的产品和服务，既承认竞争对手的优势，更要了解它们的不足，以便在销售中针对它们的不足培育自己的市场优势。

（四）渠道成员的态度

渠道成员的态度也可以说是渠道成员对制造商某些政策的服从度。以渠道成员对制造商及其各类产品的赞同态度作为评估标准，渠道成员的态度最终会影响销售业绩，对这点的重要性一点也不能低估。然而该指标在实际的应用中，除非渠道成员的销售业绩不能令人满意，制造商通常不会对它们的态度做评估。正如佩格兰姆（Pegram）在他有关渠道成员绩效评估开创性的研究中所指出的那样：只要分销商的销售还不错，就认为利益和协作关系都保持在可接受的水平，它们的态度也就不会被仔细地审视。只有当分销商账面的销售业绩达不到供货商的期望值时，供货商才想到要审视态度方面的问题，而这也可能就是绩效差的根源。

因此，只有在不好的销售数据反映出来造成不良绩效后，渠道成员态度的问题才会被制造商关注，制造商才开始着手采取措施。为了在渠道成员的态度问题影响销售绩效之前及早发现这种消极因素，应该在销售数据以外单独地对渠道成员的态度进行评估。而要做到这一点则可以借鉴前面所讨论过的了解渠道成员需求和问题的方法，诸如，由制造商利用自己的调研部门或企业外部的研究机构所做的正式调研，以及渠道审计和经销商咨询委员会，都可用于渠道成员态度的评估。最后，尽管不如正规的方法那么令人满意，但是渠道管理者还是可以利用从自己的销售队伍得到的非正式反馈来跟踪渠道成员的态度。

（五）竞争状况

在制造商进行渠道成员绩效评估时，渠道管理者还应该了解渠道成员所处地区的竞争状况。一般应考虑两种竞争类型。①来自其他中间商的竞争；②来自制造商自己的渠道成员经营其他产品类别的竞争。

针对渠道成员面临的同一区域内其他中间商的竞争来评估渠道成员的绩效有两个目的。首先，为渠道成员的绩效评估提供了一个参照物，有助于提高渠道成员的销售绩效。例如，假设某个特定的渠道成员可能已经被评估为在销售额上表现不佳，可是经过对其仔细了解，如果发现该地区的竞争异常激烈，那么就应该以一种完全不同的眼光来看待该渠道成员的绩效。很可能，在这种异常激烈的竞争环境下它的表现可以认为是优秀的。所以制造商应该具体情况具体分析，制造商可以适当地走出常规，向那些面临超乎寻常竞争的渠道成员提供额外支持。其次，如果制造商决定通过增加新的渠道成员来拓展分销业务，或认为必须替换掉现有那些销售绩效不佳的渠道成员时，渠道成员之间的对比信息就非常有用。虽然要获得有关竞争对手绩效的精确而又详尽的数字有难度，但是通常制造商的销售人员和销售管理人员能提供一般的信息和排名资料。例如，制造商可以直接要求其销售人员、地区销售经理，或其他负责销售管理的有经验的人员，在某些特定的市场范围内，根据渠道成员的竞争对手的重要性来排定名次。

第二种类型的竞争，即由制造商自己的渠道成员经营的各类竞争产品，也应该仔细评估。当然，这里评估的主要问题是看渠道成员为制造商的产品及竞争对手的产品各提供了多少支持。如果看起来渠道成员给予竞争产品更多的支持，而仅给予制造商的产品较少的支持，那么这一事实通常会在制造商评估的其他绩效标准（特别是销售业绩标准）中反映出来。但是，渠道成员注意力转向竞争者产品，并导致制造商产品销售下降，这之间经常会存在一定的时间滞后。因此，及早发现渠道成员精力投入的变化，可使渠道管理者处于一个相对有利的地位，以便在渠道成员的行为影响到销售额之前，采取相应的措施。

（六）渠道成员的发展前景

通过定期对大部分或全部渠道成员按照下面列出的增长前景问题进行评估，渠道管理者就可以较完整地把握整个渠道体系。这将为今后制定切实可行的渠道目标，特别是对公司未来的营销策略规划以及确定渠道中各渠道成员的作用，提供非常有用的信息。

（1）渠道成员过去的绩效是否表明制造商产品的销售情况能与为渠道成员所在的销售地区或贸易区所规划的销售情况保持同步？

（2）一个时期以来，渠道成员的整体业绩是否与该地区商业活动的一般水平保持一致？

（3）渠道成员的组织机构是否在扩展，是否表现出在设施、资本运作、库存保持和展示产品的质量上有改进的迹象？

（4）渠道成员的销售人员是否不仅在数量上有所增加，而且素质也在提高？

（5）渠道成员以及制造商在该地区的代表是否有可能在未来某一天由于渠道成员的管理、年龄、健康状况或继任者的安排，而陷入某种危险境地？

（6）渠道成员是否有适应能力和接受能力以满足该地区有可能出现的市场营销扩张？

（7）渠道成员对自己中期和长期的展望有哪些预测或估计？

三、绩效审计实施

在制造商制定了一系列渠道成员的绩效评估标准以后，渠道管理者就要根据这些指标对其渠道成员进行评估。

（一）绩效审计实施的一般方法

制造商根据其制定的绩效评估标准来对渠道成员进行考评时，主要可以采取以下三种方法。

1. 独立绩效评估法

独立绩效评估法指的是制造商通过一项或多项指标来对渠道成员的绩效进行评估。这种方法适合应用于密集分销的渠道体系中，即当制造商渠道成员的数目较大，并且制造商所采取的只是销售绩效、库存维持和销售能力这些指标时，这种方法则更适用。制造商将这三项指标用于绩效评估时各项具体指标是单独进行考核的，一旦制造商获得了某项考评指标所需的数据信息，就可以对该指标独立地进行考核，而没有必要等收集了所有考核数据后再做考评，以提高考评的效率。采用这种方法的优点就是使制造商对渠道成员的考评变得相对简单、及时、快捷且更有条理。

不过这种方法也有一定的缺陷，因为在追求条理和快捷的同时，必然会使绩效评估的综合性有所下降，不能很好地提供综合绩效的深入分析，特别是当渠道成员在各项评估指标方面的表现不平衡时就更为突出。比如现有一渠道成员，从它的销售数据来看，它是有较好的销售业绩的，但同时该渠道成员的库存水平确实很低，这也许能说明该渠道成员能以较低的库存完成较好的销售业绩。而事实上该渠道成员可能是将它的“库存”存在制造商那里，使自己的库存管理相对轻松。这种情况在相对较短的时期内制造商可能还能接受，但从长期看来，这无疑是增加了制造商的成本，渠道成员的这一行为必定会暴露出问题。也就是说，它的所谓好的业绩是没有经过综合评价的，是以牺牲制造商的库存成本来换取的。

2. 非正式的多重标准组合评估法

非正式多重标准组合评估法比独立绩效评估法更科学，它将各类标准组合起来对渠道成员的绩效进行综合考核。这种方法就是将每个标准以非正式的形式组合起来的，其主要优点是简单而且灵活。当根据不同的标准进行绩效考评后，渠道管理者再根据自己对渠道管理的经验，来决定它们的权重，而不需要对每个标准都做明确的权重分析。所以这样就使考评工作变得简单。而这种方法的灵活性表现在，当这个标准的相对重要性发生变化时，权重也可做相应的调整来反映这种变化。

但是这种方法也存在一定的问题。首先是渠道管理者在给渠道成员绩效打分时，当渠道成员有一些方面做得很好而另一些方面做得不行，由于渠道管理者在打分时并没有正式对每个指标分别打分，这样就会在综合绩效考核评分上出现很大的主观性和任意性。其次，这种非正式的多重标准组合评估法最终也仍然不能提供反映综合绩效的定量指标。

3. 正式的多重标准的组合评估法

该方法的实施首先要求制造商为考评制定相关的标准和操作方法；其次要根据各个指标的重要性分别定出相应的加权数；最后将各项指标的加权分数加起来，就得到了每个渠道成员的综合绩效的总分。

该方法的主要优点是对每一个标准的各项指标的绩效衡量都做了明确的权重分析，正好解决了非正式标准组合的缺陷。但是也有其不足之处，如果制造商对渠道成员的绩效评估采用多种标准，而且每个标准中都有很多操作条款，那么用这种方法就会给渠道管理者带来相当大的工作量。

（二）绩效审计的财务方法

前面我们所讲的绩效审计的方法可以说是从宏观层面上来讨论的，是凭借渠道管理者的经验得到的综合绩效数据，这些数据的得出可能多少带有一点主观感情色彩。下面将从财务方面就成员的绩效进行评估，也就是通常所说的财务绩效。

制造商和渠道分销商在渠道体系中处于不同的位置，它们分别作为独立的经济实体而存在。所以，在进行渠道绩效分析评估时，双方关注的内容是不一样的，这样在对渠道成员的绩效进行评估时，各自采用的方法也不是完全相同的。下面针对只适合于制造商的财务绩效方法——贡献率法，做一定的讨论。

运用贡献率法可以帮助制造商就不同的分销方式、不同的分销渠道和不同的渠道中间商对净利润的贡献度来进行比较对照，可为制造商的决策提供可靠的依据。

贡献率法将与渠道相关的所有成本分为四个部分：固定成本、变动成本、直接成本和间接成本。这里所讲的固定成本指的是在短期内不会发生变化的成本，要与管理会计中的固定成本相区别。例如，公司工作人员的工资，在短期内是不会变化的，属于贡献率法中的固定成本。变动成本指的是在一定时间内会随一些指标的执行情况变化的成本。

现以国内某手机制造商的分销为例，对不同的分销渠道的贡献率进行比较分析，如表 10-4 所示。

表 10-4　　某手机制造商的分销渠道贡献率

	运营商专柜分销	零售商店分销	总计
销售收入（万元）	120 000（①）	180 000（③）	300 000（⑤）
间接变动成本（万元）	48 000	85 000	133 000
直接变动成本（万元）	1 200	14 000	13 200
直接固定成本（万元）	16 000	28 000	44 000
渠道净贡献（万元）	54 800（②）	53 000（④）	107 800（⑥）
间接固定成本（万元）			15 000
净利润（万元）			92 800
渠道贡献率（%）	45.7（②÷①）	29.4（④÷③）	35.9（⑥÷⑤）

从表 10-2 中所列出的各项数据，我们能较清楚地了解到该手机制造商的渠道贡献率的具体数据资料。表中的间接变动成本是与每个渠道中的各种产品组合形式有关的变动成本，主要包括制造产品所需的各种原材料，制造产品所包含的直接劳动成本以及在制造商供货时消耗的运输成本等。直接变动成本包括销售所需的佣金、产品的折扣以及其他随产品销售量的变动而引起变化的项目。直接固定成本指的是包括与渠道的存在直接相关的一些成本，主要有销售人员的基本工资以及实现销售所需的费用、为促进销售而对渠道投放的促销费用和其他费用。间接固定成本指的并不是由于本渠道的存在而发生的固定成本，如公司为增加销售而投入的广告费用、公司各级管理人员的工资等。从表中数据可以看出，在分别计算各渠道的净贡献率时，间接固定成本的那部分没有被扣除，而只是在计算整个分销渠道为制造商所贡献的总净利润时扣除。这就反映了贡献率法的不足，因为它没有指明间接固定成本在制造商各条不同的销售渠道

的分摊问题。

另外，从表中数据还可以看出，该手机制造商利用运营商专柜分销这条渠道所得到的贡献率比从零售商店这条渠道所得到的贡献率高，也就是说，对于这家手机制造商来讲，零售商店这条分销渠道的财务绩效比不上运营商的专柜分销。但是这并不意味着零售商店的这条分销渠道的绩效差而要将这条分销渠道取消，因为进行更为深入的分析后可知，造成这种渠道贡献率差异的最主要原因是间接变动成本占销售额的比例不同，运营商专柜分销中占 40%，而零售商店分销中该比例则为 47.2%。若制造商对零售商店分销这条渠道进行一定的整合，对前面所提及的间接变动成本包含的几个项目进行调整，则间接变动成本就会降低，也就可以提高该渠道的贡献率。若是制造商不进行较深入的分析，而只是凭借最终的贡献率指标这一项来衡量渠道的贡献，进行渠道的决策，就会造成制造商自己的损失。

第四节 渠道改进策略

一、渠道改进的必要性

渠道改进又称为渠道调整或渠道创新。企业内外部环境的变化为渠道创新提供了动力，也提供了条件。渠道创新是以价值链增值最大化的理念创新为指导，以实施目标管理机制的扁平化组织创新为基础，以营销管理信息系统的技术创新为工具的系统工程。一味地盯住传统的销售通路不放，或者一味地追求渠道扁平化，甚至自建终端，都可能流于片面，甚至会由于竞争的变化或利益的驱使而导致大部分经销商一夜之间倒戈。以下五种信号标志着渠道需要创新或存在创新的可能。

（1）最终用户不满意。如在电脑行业，戴尔正是在经历了从分销商处购买电脑的不愉快后才创造了电脑直销模式，开创了个人电脑业的神话。现代社会人们对分销系统的要求越来越高，不合格的分销渠道将招致最终用户越来越多的不满。而让最终用户满意是对分销渠道的最低要求。

（2）存在许多可供利用的分销渠道。新的分销渠道会给企业带来全新的顾客期望，并可以重新确定分销成本或服务标准。由于我国消费者众多、消费水平参差不齐，企业运用单一的渠道策略很难达到理想的营销效果，于是多渠道策略便应运而生，它是提升业绩和降低费用的良好手段。一般而言，不同的分销渠道服务于不同的细分市场，这就意味着如果企业放弃一种分销渠道，就有可能错过整个细分市场，从而造成市场覆盖中的空白，因此，企业需要不断地探索新渠道的可行性。

（3）渠道费用持续上升。随着市场竞争的加剧，企业需要发掘每一寸利润空间，而市场开拓带来的销售费用上升，如何通过渠道创新降低分销费用也就成为企业关注的问题之一。

（4）现有分销商不胜任。在许多成熟的行业中，当制造商力争取得增长或面对竞争挑战时，那些不愿意主动适应新市场却收入颇丰且贪图安逸、不思进取的分销商则会成为企业发展的最大障碍。事实上，当分销商不全力去扩大销量时，企业的任何努力都会付之东流。

（5）客户关系管理方法落后。信息技术的发展为管理分销商的购销调存创造了十分优越的条件，但许多企业还继续使用尽管重要但并不到位的“走动式”的人员管理。电子信息交换系统和顾客快速反馈系统能帮助分销商管理库存，还可以帮助企业减少成本，最大限度地密切厂商关系，提高管理效率。信息网络已经能够使产品、服务提供者跳过传统分销商与最终客户直接打交道，例如，在线机票预订渐渐取代了传统的旅行社机票预订便是“非中介化”的一个例证。此外，物流领域也涌现出大量革新，包括可靠、高效的隔夜快递和即时跟踪分销商库存状况的信息系统等，这些革新开始淘汰原有的产品和部件库存系统，并为分销渠道网络的再造创造了条件。

二、渠道改进的策略

在分析了调整分销渠道的必要性之后，必须根据理想的渠道结构对现有渠道结构进行调整。调整分销渠道可以分以下四个层次进行。

（一）调整渠道政策，但不增减渠道成员

这是渠道的“软性”改进。调整的范围包括但不限于价格政策、铺货政策、市场推广政策、信用政策、激励政策等。

（二）增减个别渠道成员

在考虑渠道的调整与改进时，通常会增减某些中间商。生产企业在做出这项决策时要进行渠道改进分析，考虑增减某个中间商会给生产企业的利润带来什么影响。如一家打印机生产企业在做出增加一个打印机经销商的决策时，应该用该打印机经销商的销量除以总销量，以评估经销商对生产企业的重要程度，如果比例较低，则比较容易做出增减决策。渠道改进的常用分析方法有下面几种。

1. 渠道结构的调整分析

渠道结构调整的原因在前面已经讨论过，所有原因的最终目的都是要通过调整结构，为生产企业创造更多的利润。因此，应该通过对渠道结构存在的问题进行分析，确定是否应在渠道结构上进行适当的调整。例如，生产企业决定剔除中间商，直接供货给零售商，缩短渠道长度，一般需要分析结构与市场环境，再得出结论。

2. 边际问题分析

生产企业进行渠道调整时的一个重要指标是渠道成员的边际影响力，生产企业应该分析如增加或减少某一中间商会对整体销量、利润及成本产生什么影响与变化。

3. 中间商替换的影响分析

生产企业的各种经营活动不是独立存在的，往往有着千丝万缕的联系。改变渠道结构不仅会影响渠道的正常运作，也会对销售部门、财务部门、物流部门等产生很大的影响，因此，生产企业在进行渠道结构改变前要对因中间商的替换产生的各方面影响进行分析，同时要考虑除销售、利润、成本外，这种替换对渠道整体性功能所产生的影响。

（三）增减某些市场渠道

偶尔会出现很多经销商不能完成销售任务的情况，这种结果往往是由于生产企业设定的目标与实际不符造成的，但也不排除其他原因造成经销商懒惰或有意抵抗。例如，竞争者给予渠道商更多利润时，渠道商就更倾向于销售竞争者的产品，对生产企业的产品关注度则会降低。生产企业有权减掉不合格的市场渠道，但是必须考虑删减市场渠道带来的下列负效应。

（1）为保持一定的库存，减少渠道意味着缩减生产。由于制造费用和管理费用被分摊在较少的产品上，单位产品的生产成本将会提高。

（2）可能闲置部分设备，引起有限资源的人为浪费。

（3）原来占有的一些市场机会可能会转到竞争者手中，增强竞争企业的经营实力。

（4）会引起其他经销商的不安和不稳定感。

在考虑到以上因素后，如果根据一定的标准，删减渠道利大于弊，生产企业就可以做出删减渠道的决策。

（四）改进整个渠道系统

这是最复杂的一种渠道改进决策，因为此时它不仅涉及改进，还涉及整个分销系统的修正，比如杉杉集团从自由渠道转为特许经营模式，这种决策通常由企业的最高层来制定。

调整渠道，尤其是较大的变革，对企业及整个渠道的影响都很大，而且如果决策失误，短时间内又难以补救，损失将更大。所以，在渠道调整以前一定要做好可行性分析与渠道评价工作：认真考虑这种调整是否可行，中间商的反应如何，是否会引起某些重大冲突等问题。对新渠道的费用、收益及利润的分析也要从整个渠道系统角度统筹考虑，权衡利弊。

有时，限制因素的变化只是暂时的现象，不久又会基本恢复原状，这时不要急于调整渠道。有时，限制因素虽已变化，但未来的情况难以预测，这时应尽量通过渠道管理消化这些变化，注意监测这些因素的进一步变化。渠道的调整基本上表现为中间商的增减，而中间商的增减常常引发许多问题，所以事先必须周密考虑，以防患于未然。比如说，每利用一条新渠道便可增加销售，但也要冒疏远原有渠道的危险。终止与商业伙伴的合作可能会导致更严重的冲突。

从实践上说，与中间商的合作一般不会轻易开始，也不会随便终止。在美国，终止与中间商的关系很简单。但在很多国家，中间商往往会受到某种法律保护，使生产商难以随便终止同它们的关系。例如，在挪威，生产商在终止与某个中间商的关系前，通常必须提出有关中间商过失的有力证据。即使经历千辛万苦达到了与某代理商终止关系的目的，企业往往还要赔偿该代理商在建立客户关系和商品信誉方面所付出的投资。在某些国家或地区，终止与代理商的合作必须通过一个仲裁委员会，如果该委员会不同意，则不得终止。所以，最好的办法是在选择中间商时多做一些努力，以避免以后解除关系时的麻烦。

本章小结

本章是全书的最后一章，也是企业渠道管理工作的总结和新的起点。在目前市场竞争日趋激励下，企业要想完成自己的销售目标，使销售渠道高效率运作，就要对渠道的绩效进行定期的评估，以便为更科学的管理决策提供依据，而且，绩效评估还具有重要的战略性意义。这一意义可用对一个问题的回答来表达，即：渠道设计与管理中的各项条款是否能确保有效地对渠道绩效和渠道成员的表现进行评估？这一问题的回答应该能够使渠道管理者将表现评估看作市场分销渠道发展与管理中不可缺少的一部分，而不是一种事后的思考。渠道绩效是一个多维概念，既包括渠道的系统绩效又包括渠道成员的绩效。因此，渠道绩效评估是指生产企业通过系统化的手段和措施对渠道系统及其渠道成员的效率和效果客观地进行考核和评价的行为。它属于管理学中的“控制”环节。渠道整体绩效评估可分为宏观层面和微观层面。从宏观方面来说，渠道绩效就是指渠道系统表现出来的对社会的贡献；从微观方面来说，渠道绩效则是指渠道系统或渠道成员对厂商所创造的价值或服务增值。评估的流程是：明确渠道目标、设定评价指标、应用评价方法、识别差距并进行渠道调整。从企业的角度考察整个渠道，可以从渠道管理组织、渠道的运行状况、渠道的服务质量和渠道的经济效果四方面进行。前三者主要是定性分析，后者是从财务角度定量分析。

对渠道成员的评估范围和次数受到四个因素的影响：制造商对渠道成员的控制程度、成员的相对重要性、产品特性和成员数目。评估标准包括渠道成员的销售业绩、库存状况、销售能力、成员态度、竞争状况和成员的发展前景。渠道绩效评估的方法包括与预定目标比较、与历史数据比较、渠道成员绩效的横向对比。应用绩效标准包括独立的绩效评估、非正式的多重标准组合的评估、正式的多重标准的组合评估。企业在对分销渠道进行了评估之后必须进行必要的调整与改进，提高分销渠道的绩效，增进渠道成员的活力。分析了调整分销渠道的必要性之后，必须根据理想的渠道结构对现有渠道结构进行调整。调整渠道分为以下三个层次进行：增减个别渠道成员，增减某些市场渠道，改进整个营销渠道。

思考题

1. 渠道绩效评估可从哪几个方面展开?各有何特点?
2. 简要谈谈作业成本法在渠道绩效评估中的应用。
3. 简述渠道成员综合评价的主要方法。
4. 谈谈你对渠道绩效评估在渠道管理中地位的认识。

【案例分析】

大华公司的渠道评估

李明辉是大华公司销售部经理，正在紧锣密鼓地为即将召开的由董事长主持的“下一年公司战略发展讨论会”做准备。公司分管营销的副总经理陈南已经通知他，让他主要谈谈如何调整公司目前的分销渠道，以达到进一步减少公司营销成本和提高公司干性、湿性农业用途化学产品的销售渠道质量和售后服务质量等问题。

1. 大华公司的组织结构和销售系统

如图 10-7 所示，大华公司的组织和销售系统由以下几部分构成，其中 2 家直属的公司是全年生产的工厂，5 家签约的公司属于季节性生产的工厂，3 个负责内部流通的仓库，分布在全国的 10 家全天候的销售中心，分布在全国各地的约 100 家特约经销商。大华公司主要销售 49 种不同商品和库存物品。对于销售而言，这些商品可分为两大类：A 类和 B 类。A 类由 13 种库存商品组成，这类商品的销售具有很强的季节性，占据了公司 85%的收入。B 类由其余 36 种商品组成，虽然是全年都在销售，但同 A 类商品一样，也具有较强的季节性，这类商品虽然只占销售额的 15%，却贡献了 30%的税前利润。

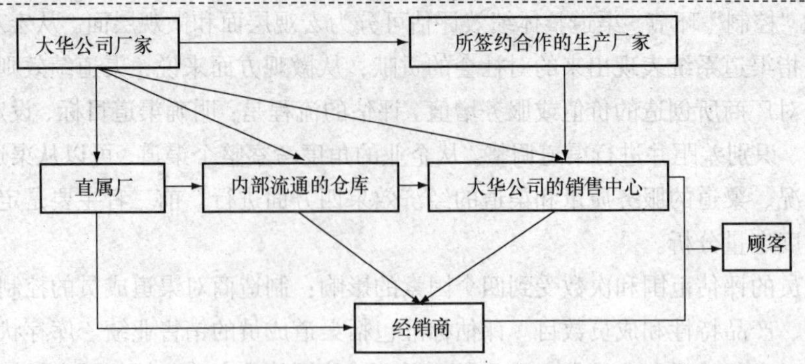

图 10-7　大华公司的组织和销售系统

2. 公司现行的销售政策和销售业绩

为了更好地利用现有的销售渠道，公司对提前 90 天以上向公司订购产品的经销商提供了大量的库存津贴和折扣奖励。因此，目前预先订购的销售额占总销售额的 30%～40%。然而对经销商而言，这一政策的实施意味着将积压更多的存货。事实上，库存津贴对于全年销售的商品而言是一种特别折扣。为了避免这一优惠的滥用，公司规定了适用于这类优惠措施的最低订购量；公司也接受低于预先订购量 15%的退货，同时承担货物的运输费用。

显然，这一政策的实施有两点好处：公司可以比较准确地预计装载的货物量，有利于节省运输费用；实施预先订购的销售商可以享受额外的折扣，可以削减一定成本。

实施预先订购的销售商可以享受额外的折扣，可以削减一定成本。经销商在季节性商品预购期 90 天内向公司订购产品的占销售额的 60%～70%。这样，季节性商品的销售量在很大程度上取决于公司运输货物的速度。在季节性商品的销售旺季，大多数经销商希望厂商能够在一天内把货物从销售中心送达商家。对于大华公司的特约经销商而言，更希望厂家能够将货物连夜送达。当然，在销售旺季，这类服务的花费非常高，但经销商仍有利可图，因为在这个季节农民往往会以较高的价格购买产品。对于经销商来说，选择一个能够快速送货的公司是至关重要的。这类商品的 80%的需求集中在中东部各省。

大华公司的销售系统相对比较简单，通过公司的 10 家销售中心销售的商品占整个销售额的 33%，也就是说，特约经销商的销售渠道对大华公司的销售额贡献率达 67%。表 10-5 列举了公司各销售渠道的销售额和成本花费的情况。

表 10-5　　大华公司各销售渠道的销售额和成本　　单位：元

	传统供销社	新兴专业农药零售店	总体情况
销售额	71 522 500	30 652 500	102 175 000
间接变动成本	23 602 425	12 874 050	36 476 475
直接变动成本	7 152 250	4 291 350	11 443 600
直接固定成本	12 874 050	4 904 400	17 778 450
间接固定成本			3 780 475

3. 分销现状评估

根据副总经理陈南的要求，此次对整个分销系统进行评估，主要突出两个重点：对公司的现有营销成本和服务成本进行评估。尽管就整体而言，整个分销系统运行良好，但在每个订货季节之后，仍有一大部分分销售商抱怨它们的要求得不到满足，同时还有一部分销售商在退货。但通过新兴专业农药销售商销售的商品退货少，相比较而言，该分销渠道的客户服务质量比较高。李明辉分析这也许和新兴农药销售商具有较高素质和较强的顾客意识分不开，这是他从平时所接触到的经销商的抱怨中得到的感觉。

为了制定有效提高公司分销渠道销售绩效和顾客满意度的策略，李明辉决定首先考察每条分销渠道的渠道贡献率，找出公司现行渠道结构中，哪条分销渠道的财务绩效比较高，同时搞清楚哪个渠道结构的顾客满意度比较高以及高的原因。他相信，只有在掌握事实的基础上，才可能提出有效的改进策略。

问题：

1. 请结合案例分析渠道评估的流程。
2. 结合案例探讨渠道系统的成本可划分为哪几个方面？

参考文献

[1] 郭国庆. 市场营销学通论（第四版）. 中国人民大学出版社，2011.
[2] 张传忠. 分销渠道管理. 广东高等教育出版社，2004.
[3] 李先国. 分销渠道管理. 清华大学出版社，2007.
[4] 常永胜. 营销渠道：理论与实务. 电子工业出版社，2009.
[5] 卜妙金. 分销渠道决策与管理. 东北财经大学出版社，2001.
[6] 张广玲、邬金涛. 分销渠道管理. 武汉大学出版社，2005.
[7] 滕宝红. 渠道管理：如何激活经销商. 人民邮电出版社，2008.
[8] 吕一林. 营销渠道决策与管理. 中国人民大学出版社，2008.
[9] 周莹玉. 营销渠道与客户关系. 中国经济出版社，2003.
[10] 李敬. 渠道营销. 西南财经大学出版社，2007.
[11] 李飞. 分销渠道设计与管理. 清华大学出版社，2003.
[12] 李克芳，李严锋. 营销渠道管理. 武汉大学出版社，2011.
[13] 胡娟. 销售渠道管理. 北京工业大学出版社，2004.
[14] 杨群祥. 市场营销概论. 高等教育出版社，2011.
[15] 车慈慧，彭庆环. 市场营销策划实务. 大连理工大学出版社，2007.
[16] 吴健安. 市场营销学. 高等教育出版社，2000.
[17] 施娟. 营销渠道管理. 上海交通大学出版社，2010.
[18] 郑锐洪. 营销渠道管理. 机械工业出版社，2012.
[19] 庄贵军，周筱莲，王桂林. 营销渠道管理. 北京大学出版社，2004.
[20] 安妮・T・科兰（Anne T.Coughlan），埃林・安德森（Erin Anderson），路易斯・W・斯特恩（Louis W.Stern）. 营销渠道（第7版）. 蒋青云，译. 中国人民大学出版社，2008.
[21] 朱利安・丹特. 渠道分销：建立适应新经济的分销赢利模式. 灵思泉，杨博，译. 京华出版社，2012.